Trotzdem
Oscar Bronner. Eine Biografie.

JM STIM
EVA WEISSENBERGER

Trotzdem

Oscar Bronner. Eine Biografie.

rde – redelsteiner dahimène edition
rdedition.com
© rde 2013, wien
design: tricksiebzehn kreativagentur, ried im innkreis
coverfoto: jacqueline godany
lektorat: thomas unger
ISBN 978 3 9503359 0 3
zweite auflage, 2015

Für Lillian, Mika und Nils

Prolog

Es ist zu spät, und er weiß es. Aber er kann nicht aufhören. Nicht mehr. Er weiß, dass sein Trainer längst das Handtuch in der Hand hält. Aber er hat ihm nach dem Gong noch einmal befohlen, es ja nicht zu werfen, unter keinen Umständen. Egal, was passiert. Er muss weitermachen, obwohl er fast nichts mehr sieht. Seine Augen sind so zugeschwollen, dass er seinen Gegner nur mehr als eine sich ständig bewegende Hülle wahrnimmt. Nur die Schläge spürt er, jeden einzelnen. Es sind viele. Manchmal zwei, drei in der Sekunde. Er klammert, lässt sich in die Seile fallen, bis wieder der Ringrichter dazwischengeht und ihn zurück in die Mitte zwingt. Dort geht es weiter, Schlag für Schlag. Auf die Brust, auf den Bauch, aber vor allem auf den Kopf. Er kann nur noch einstecken. Ausgeteilt hat er, solange er konnte.

Er hat keine Chance mehr, aber er kann jetzt nicht umfallen. Wenn er umfällt, war alles umsonst. Weitermachen, weiterkämpfen. Durchhalten, bis zum letzten Gong. Koste es, was es wolle. Es ist eine kalte Jännernacht im Jahr 1997, und Oscar Bronner kann nicht einschlafen. Wieder einmal. Das passiert ihm seit einem halben Jahr öfter. Und wenn er es schafft, wacht er nicht selten schweißgebadet auf. Seine Frau muss ihn dann beruhigen, ihm gut zureden; ihm dabei helfen, jenes Selbstvertrauen zurückzugewinnen, das ihn berühmt gemacht hat; das ihn Dinge tun ließ, die mithalfen, ein Land und seine Gesellschaft zu verändern; das ihn Wagnisse eingehen ließ, für die ihn andere, auch die

Freunde, für verrückt erklärt hatten; und die er am Ende, ebenso verlässlich, immer eines Besseren belehrte. Bis jetzt. Es ist zu viel zusammengekommen in letzter Zeit. Zu viele Probleme der wirklich schlimmen Sorte. Die Art von Problemen, über die man keine Kontrolle hat, deren Lösung nicht von einem selbst, sondern von anderen abhängt. Von teilweise dubiosen Figuren, mit denen man nie im Leben freiwillig auf einen Kaffee gehen würde. Aber sie sind da, sie lassen sich nicht mehr ignorieren. Sie verfolgen ihn, bei Tag und neuerdings auch bei Nacht: der Kredit, von dem die Zukunft des Unternehmens abhängt, für das er alles riskiert hat. Eine Klage, die, wenn sie scheitert, Folgen hat, die ihn für alle Zeiten ruinieren können.

Die Geschäfte, die zwar immer besser laufen, aber noch längst keine Garantie dafür bilden, dass der Kopf seinen Weg aus der Schlinge findet. Oscar Bronner hat sich zeit seines Lebens kaum für Sport interessiert. Fürs Boxen schon gar nicht. Und trotzdem bleibt er in diesem Moment beim Zappen durch die Kanäle auf Eurosport hängen. Jetzt sieht er ihn. Er schafft es kaum noch, sich auf den Beinen zu halten, aber er kämpft weiter. Es ist zu spät. Oscar Bronner will umschalten, aber er schafft es nicht, den Blick abzuwenden. Er schaut dem namenlosen Boxer zu, der mittlerweile halbtot in den Seilen hängt. Oscar Bronner denkt sich: „Das bin ich."

I

Das Jahr 1943 ist gerade einmal zwei Wochen alt, als in der kleinen Wohnung des Taxifahrers Erich Lessing um elf Uhr vormittag das Telefon klingelt. Lessing fröstelt. Es ist für die Hafenstadt Haifa ein ungewöhnlich kühler Tag. Auch wenn unten an der Küste die Sonne ihre Strahlen seit Stunden aufs Mittelmeer wirft, zeigt das Thermometer nur sieben Grad Celsius an. Am anderen Ende der Leitung bittet ihn eine Stimme, die er im ersten Moment nicht einordnen kann, um einen Gefallen. Der Anrufer gibt sich geheimnisvoll: Es gehe um die Erfüllung eines „besonderen Auftrags". Lessing stutzt. Als sich der Mann hinter der Stimme zu erkennen gibt, ist ihm leichter. Er sagt: „Erich, bitte hol mir doch die Lisl ab und bring sie zu mir. Die hat gerade einen Sohn bekommen." Lessing antwortet: „Aber gerne, Gerhard, sofort, kein Problem. Gratuliere!"

Er geht hinunter auf die Straße, steigt in sein Auto und macht sich auf den Weg zum jüdischen Krankenhaus der Stadt. Der Weg führt ihn quer durch das alte Araberviertel, ein paar Gassen den Berg Karmel hinauf. Keine Viertelstunde nachdem er aufgelegt hat, ist er an seinem Ziel angekommen. Vor den Toren des Krankenhauses erwartet ihn schon die Frau des Anrufers mit einem Bündel im Arm. Nach einer herzlichen Begrüßung bittet Lessing die Mutter und ihr Neugeborenes in seinen Wagen. „Und? Wie heißt er? Wie nennt ihr ihn?", fragt Lessing, während die Frau und das

Baby auf dem Rücksitz Platz nehmen. Es ist der 14. Jänner 1943. „Oscar", antwortet Lisbeth. „Oscar Bronner."Den Taxifahrer Erich Lessing hat Gerhard Bronner Anfang der Vierzigerjahre in einem der zahlreichen Hafenlokale Haifas kennengelernt, in denen dieser sein Geld als Klavierspieler bei einer britischen Militärband verdiente. „Als wir uns das erste Mal getroffen haben, haben wir zuerst zehn Minuten lang Englisch miteinander geredet. Aber nachdem wir gemerkt haben, dass wir beide Deutsch sprechen, haben wir uns sofort gut verstanden", sagt Lessing. „War ja kein Wunder. Schließlich waren wir fast gleich alt. Und wir stammten beide aus jüdischen Wiener Familien."

Erich Lessing war 1923 in Österreichs Hauptstadt als Sohn eines Zahnarztes und einer Konzertpianistin in gutbürgerliche Verhältnisse hineingeboren worden. Wie Gerhard Bronner war er Anfang 1939, ein halbes Jahr nach dem „Anschluss" Österreichs an Nazideutschland, nach Palästina geflüchtet, wo der Teenager zunächst Radiotechnik lernte. Weil er mit dieser Arbeit aber nicht genug zum Leben verdiente, landete er in einem der Kibbuzim, die durch die Strahlkraft der zionistischen Bewegung und das Geld des Jüdischen Nationalfonds seit 1910 überall in Palästina aus dem Boden schossen. Als er genug Geld für ein Auto beisammen hat, macht er sich in der boomenden Hafenstadt am nördlichen Abhang des Karmelgebirges als Taxifahrer selbstständig. Für ihn gilt bis heute das in Israel bekannte Klischee, nach dem in Jerusalem gebetet, in Tel Aviv gefeiert und in Haifa gearbeitet wird. „Haifa in den Vierzigern war trotz aller Probleme eine Stadt im Aufbruch. Wenn man sich nicht zu dumm anstellte, hatte man viele Möglichkeiten weiterzukommen." Für den 1943 zwanzig Jahre alten Lessing besteht eine dieser Möglichkeiten im Erlernen der Technik eines noch immer relativ jungen Mediums, dem er neben seinem Brotjob mehr und mehr von seiner Freizeit widmet: der Fotografie. Auf den Straßen der Stadt gibt es in jenen Jahren viel zu dokumentieren. Das Haifa, in dem sich Erich Lessing erstmals in jenem Beruf übt, der ihn später berühmt machen wird, ist ein Pulverfass.

Zwischen dem Beginn des 20. Jahrhunderts und dem Jahr, in dem Oscar Bronner auf die Welt kommt, hat sich die Demografie Haifas radikal verändert. Um 1900 stellten die arabischen Muslime mit rund achtzig Prozent der Bevölkerung noch die Mehrheit in der damals rund 20.000 Menschen beherbergenden Stadt. Rund vier Jahrzehnte später bilden Juden – bedingt durch die von den Zionisten geförderte Zuwanderung, dann durch die aus Europa vor den Nazis Fliehenden – die Mehrheit in der nunmehr rund 146.000 Einwohner zählenden Boomtown.

Im Jahr 1920 hatte Großbritannien vom Völkerbund das Mandat zur Verwaltung des zuvor zum Osmanischen Reich gehörenden Territoriums Palästina erhalten. Das Mandatsgebiet umfasst die heutigen Staaten Israel und Jordanien, den Gazastreifen, das Westjordanland sowie Teile der Golanhöhen. Je länger sich das Mandat – dessen Satzung ab 1922 die „Errichtung einer nationalen Heimstätte für das jüdische Volk" vorsieht – aber hinzieht, umso mehr gerät die Sicherheitslage außer Kontrolle. Arabische wie jüdische Nationalisten nutzen die Situation, um das Erreichen ihrer jeweiligen politischen Ziele voranzutreiben. Während auf zionistischer Seite die paramilitärische Untergrundorganisation Hagana (hebräisch, „Die Verteidigung") eine vergleichsweise defensive Position einnimmt, die sich vor allem auf den Schutz jüdischer Siedlungen beschränkt, haben deren radikale Abspaltung Irgun Tzwai Le'umi („Nationale Militärorganisation") unter ihrem Kommandanten Menachem Begin und deren Ableger, die antiimperialistische Lechi („Kämpfer für die Freiheit Israels", besser bekannt als „Stern-Gang", nach ihrem Führer Avraham Stern), längst den offenen Kampf gegen die britischen Besatzer aufgenommen: Attentate auf Soldaten und Polizeioffiziere, teilweise auch auf jüdische Kollaborateure. Ein weiteres Ziel dieser frühen Form des Guerillakampfes bildet die Infrastruktur: Sabotage von Brücken, Eisenbahngleisen, Ölraffinerien.

Als Palästinas wichtigster Umschlagplatz für Menschen und Material konnte Haifa von diesen Aktionen nicht verschont bleiben. Am Vormittag des 25. November 1940 sprengt ein Kommando der Hagana – als Protest gegen neue Einwanderungsbeschränkungen für jüdische Zuwanderer – in der Bucht Haifas den Überseedampfer MS Patria. Seine Mitglieder wollen verhindern, dass rund 3.600 zuvor aus Europa nach Palästina geflüchtete Juden nach Mauritius überführt werden. Die Operation gerät zu einem der verheerendsten Anschläge in der Geschichte des jüdischen Befreiungskampfes: Weil die Hagana-Leute die Menge des Sprengstoffs falsch kalkuliert haben, sinkt das 12.000-Tonnen-Schiff binnen fünfzehn Minuten auf den Grund der Bucht von Haifa. Am nächsten Tag werden 260 Tote gezählt.

Der überlebende Augenzeuge Ji_í Polá_ek, der damals aus der von den Nazis besetzten Tschechoslowakei geflüchtet war, beschrieb im Rahmen einer 2001 abgehaltenen Gedenkfeier der jüdischen Gemeinde von Prag die Momente nach der Explosion: „Wenn Sie den Film ‚Titanic' gesehen haben, haben Sie die Panik gesehen und wozu Menschen fähig sind. In Wirklichkeit ist es viel schlimmer."

Der Musiker und Komponist Gerhard Bronner, wiewohl er sich der Gefährlichkeit des Pflasters bewusst ist, kommt kurz nach der Katastrophe in Haifa an. Von der angespannten Situation lässt sich der gebürtige Favoritner wenig beeindrucken. Zu viel hat er bereits auf dem Weg hierher erlebt. Nachdem Bronner nach dem „Anschluss" zuerst seine Stelle als Lehrling bei einem Schaufensterdekorateur verloren und dann die Gefahr für sein Leben in Wien erkannt hatte, beschloss er, gerade einmal fünfzehn Jahre alt, seiner Heimat den Rücken zu kehren. Unter großen Gefahren – einmal ertrinkt er beinahe beim Durchschwimmen der Donau – flüchtet er über die Tschechoslowakei, Rumänien und die Ukraine nach Palästina.

In Haifa versucht er mit seiner Frau Lisbeth, die er zu Neujahr 1941 in Natanja geheiratet hat, ein für Künstlerverhältnisse so beschauliches Leben wie möglich zu führen. Materielle Sicherheit steht dabei an erster Stelle. Die Tage der Familie Bronner in Haifa verlaufen oberflächlich besehen monoton. Tagsüber schläft Gerhard Bronner, am Abend rückt er aus, um mit seiner Band Konzerte zu geben. Nachdem die Briten das musikalische Talent des „strange guy from Austria" erkennen und schätzen, wird er es später bis zum Leiter des Musikprogramms des BBC-Ablegers in Palästina bringen. Lisbeth sucht indes ihr Auskommen als Schneiderin. Oscar Bronners erste Erinnerung an den Ort seiner Geburt ist jener Moment, in dem seine Familie Haifa hinter sich lässt. Im Februar 1948 – drei Monate bevor David Ben Gurion im alten Kunstmuseum auf dem Rothschild-Boulevard in Tel Aviv die Unabhängigkeitserklärung des neuen Staates Israel verliest – treten seine Eltern die Rückreise nach Europa an.

Im Gepäck hat Gerhard Bronner ein Angebot der BBC, künftig in der Zentrale in London zu arbeiten. Im Hafen von Haifa werden die Passagiere zuerst auf kleine Boote verladen. Wegen des niedrigen Kielwassers und nicht zuletzt wegen der Gefahr von Anschlägen sind die Mittelmeerdampfer gezwungen, mindestens einen Kilometer vor der Küste zu ankern. Am Fuß des Schiffs angekommen, werden die Passagiere mit Seilen und Körben über die Reling gehievt. Oscar Bronner ist fünf Jahre alt, als er von einem Matrosen in Empfang genommen wird. Er wird hochgehoben und blickt auf die Wellen des Mittelmeers herunter, das sanft die Boote der Auswanderer schaukelt, die das alte Palästina verlassen.

II

Die Wurzeln der Bronners von Wien liegen am Rand der Donaumonarchie, in einem Land, das es heute nicht mehr gibt. „Der jüdische Witz war hier zu Hause und die chassidischen Wunderrabbis, die im ‚Städtel‘ die uneingeschränkte Macht darstellten", schreibt der Schriftsteller Martin Pollack in seinem Buch „Galizien" über jene Zeit im nordöstlichsten Teil des k.u.k Reichs, in dem 1849 Oscar Bronners Urgroßvater zur Welt kommt. Der Ort, in dem David Leib Bronner aufwächst, zählt zu jenen Marktflecken Westgaliziens, in denen sich im Laufe der Jahrhunderte abertausende aus Spanien und Russland vertriebene oder ausgewanderte Juden angesiedelt haben. Knapp hundert Jahre nach der Geburt von Oscar Bronners Urgroßvater sollte dieser Ort zur Chiffre für den größten Völkermord der Geschichte werden: Oświęcim, auf Deutsch Auschwitz.

Auch wenn im Westgalizien des 19. Jahrhunderts weniger Juden leben als im Osten des Kronlandes, wächst David Leib Bronner in einem klassischen „Shtetl" auf, dem es zwar an einer ordentlichen Kanalisation und befestigten Straßen mangelt, in dem die jüdische Kultur aber offen gepflegt werden kann, Jiddisch gesprochen wird und das, nach Manès Sperber, „kein Ghetto war, sondern wesensgemäß ebenso wie definitionsgemäß das Gegenteil". Um 1870 zählt Auschwitz rund zweitausend jüdische Einwohner, die sich im Lauf der Zeit ihre eigene materielle und geistige Infrastruktur geschaffen haben: Zwei Synagogen mit ebenso vielen Rabbinern, einen Friedhof, eine Schule für zweihundert Schüler, die von drei Lehrern betreut werden. Nachdem er die Schule abgeschlossen hat, lernt David Leib Bronner den Beruf des Kaufmanns, der mit Waren aller Art handelt. Er lernt ein sieben Jahre jüngeres Mädchen namens Hendel Gichner kennen und heiratet sie. Am 11. April 1885 kommt in dem nahe Krakau gelegenen Dorf Siepraw ihr gemeinsamer Sohn Jakob Hirsch Bronner zur Welt.

Wann genau und warum sich Hendel und David Leib Bronner entschlossen, mit ihrem Sohn nach Wien zu gehen, lässt sich nicht mehr feststellen. Vermuten lässt sich aber, dass die Familie dem zeitgenössischen Trend folgte. In der zweiten Hälfte des 19. Jahrhunderts hatten die unter zunehmender Armut und dem aufkeimenden polnischen Nationalismus leidenden galizischen Juden massenhaft das Land verlassen.

Als Ziel bietet sich allen voran die Hauptstadt jenes Reiches an, dessen Bürger sie sind: Wien. Infolge der Zuwanderung steigt die jüdische Bevölkerung der Stadt stark an. Lebten 1857 laut Volkszählung noch 6.217 Juden in Wien (rund 1,3 Prozent der Gesamtbevölkerung), waren es vier Jahre vor dem Ausbruch des Ersten Weltkriegs 175.294 (8,6 Prozent). Ihren ersten Wohnsitz findet die Familie Bronner in der Kirchstetterngasse 35 in der Ottakringer Vorstadt. Bevor die Bronners aber endgültig in Wien sesshaft werden dürfen, zwingt sie die Bürokratie des k.u.k.-Reichs zu einem kuriosen Schritt: David Leib Bronner und Hendel müssen im Jahr 1911 noch einmal heiraten. Weil die Verwaltung die Ehen der galizischen Juden oft nicht anerkennt, bestätigt erst ein Eintrag des niederösterreichischen Statthalters – Wien wurde erst 1920 zum Bundesland – die amtliche Anerkennung ihrer Ehe. Im März 1911 ziehen sie in die Schiffamtsgasse 14 im zweiten Bezirk um.

Ihr Sohn Jakob Hirsch Bronner, nunmehr Mitte zwanzig, hat noch in Galizien das Tapeziererhandwerk gelernt und schlägt sich in Wien als Hilfsarbeiter durch. Seit 1909 muss er seine eigene Familie erhalten: Am 8. August hat er Rosa Spitzer geheiratet, eine ungarische Jüdin, die ihr Geld als Näherin verdient. Spitzer und ihre Familie stammen aus einer Kleinstadt, die damals zu ungarischem Hoheitsgebiet zählte und heute in der Slowakei liegt. Rosa Spitzer wurde zwei Tage vor Weihnachten 1887 als Tochter von Solomon Spitzer und Netti König in Selmecbánya (Schemnitz) im gleichnamigen Komitat geboren.

Ein Jahr nach der Hochzeit bekommt das Paar, das eine kleine Wohnung in der Sechshauserstraße bezogen hat, sein erstes Kind. Die Freude von Jakob Bronner und Rosa Spitzer ist nicht von Dauer. Am 21. Oktober 1910, 49 Tage nach seiner Geburt, stirbt der Säugling im Kindbett. Sein Name: Oskar Bronner. Zum Glück wird Rosa Spitzer schnell wieder schwanger. Am 6. Februar 1912 bekommt sie ihren zweiten Sohn. Sie geben ihm den gleichen Namen wie ihrem Erstgeborenen. Zwei Jahre später, in jenem Sommer, in dem der Erste Weltkrieg ausbricht, zieht die Familie in den Bezirk Favoriten. Das Tapeziererdasein hat Jakob inzwischen aufgegeben. Gemeinsam mit seiner Frau betreibt er jetzt ein kleines Textilgeschäft, in dem Kleider verkauft und genäht und Socken gestopft werden. Am 23. Oktober 1922 bekommt das Ehepaar Bronner in der Senefeldergasse 42 seinen dritten Sohn. Sie geben ihm den Namen Gerhard. Wie der Vater von Oscar Bronner seine Kindheit und Jugend in Favoriten erlebte, legte er in seinen 2004 erschienenen Memoiren „Spiegel vorm Gesicht" so dar: „Der zehnte Bezirk war damals ein Proletarierbezirk mit einer sozialistischen Majorität, die man sich heute gar nicht mehr vorstellen kann. Und selbstverständlich war ich auch bei den ‚Pfeiferlbuam', bei den ‚Roten Falken', und mein Bruder war bei der Sozialistischen Arbeiterjugend, und mein Vater stand regelmäßig auf der Liste von den sozialistischen Gemeinderäten, ist aber nie gewählt worden."

Das Favoriten der Zwanziger- und Dreißigerjahre ist stark von der Kultur der böhmischen Ziegelarbeiter geprägt. Ein Gutteil der damals 150.000 Einwohner des Bezirks ist aus den tschechischen Teilen der Habsburgermonarchie zugewandert. Gerhard Bronners Bruder Oskar, den das Melderegister als „Erzeuger chemisch-kosmetischer Produkte" führt, hilft in dem kleinen Betrieb seiner Eltern aus. Am Silvestertag 1933 heiratet er im Alter von 21 Jahren die um ein Jahr jüngere Antonia „Toni" Teller, deren Familie ebenfalls um die Jahrhundertwende aus Galizien eingewandert ist. Das Eheglück ist nur von kurzer Dauer. Am späten Vormittag des 3. November 1935 stirbt Oskar Bronner im Allgemeinen Krankenhaus an den Folgen einer Wirbelsäulentuberkulose. Gerhard Bronner wird seinen Bruder ehren, indem er seinem Erstgeborenen dessen Namen gibt – mit c, weil in Palästina zum Zeitpunkt seiner Geburt die Briten regieren. Später wird er ihm auch in seinen Memoiren ein Denkmal setzen. Die Krankheit Oskar Bronners war laut seinem Bruder die Folge einer nie ausgeheilten Schusswunde, die der sich bei den Februarkämpfen 1934 zuzog, als er aufseiten der Sozialisten gegen die Klerikalfaschisten unter Kanzler Engelbert Dollfuß kämpfte. Gerhard und Oskar Bronners Großvater, der Kaufmann David Leib Bronner, war zu diesem Zeitpunkt bereits beinahe drei Jahre tot. Im Herbst 1930 war er in die Seegasse im neunten Bezirk übersiedelt, wo die Israelitische Kultusgemeinde ein Spital und ein Altersheim betrieb, in dem er am Vormittag des 3. Juni 1931 starb. Seine Frau wird ihn um zehn Jahre überleben. Am 19. September 1941 stirbt Hendel Bronner im Altersheim Malzgasse, einem damals längst „arisierten" Spital der Israelitischen Kultusgemeinde, an Altersschwäche. Ihr bleibt das Grauen erspart, das ihren Sohn und ihre Schwiegertöchter erwartet – und dem ihr jüngster Enkel nur durch seine Flucht nach Palästina entgehen wird.

Der letzte in Österreich gemeldete Wohnsitz von Jakob Hirsch Bronner, Rosa Spitzer und ihrem Sohn Gerhard ist von 1927 bis zum „Anschluss" die Mommsengasse im vierten Bezirk, der Wieden. Oskar Bronners Frau Toni, die ebenfalls dort wohnte, war kurz nach dem Tod ihres Manns aus der Wohnung der Schwiegereltern ausgezogen.

In Wien geblieben sind nur die Eltern Gerhard Bronners. Als ihre letzte Wohnadresse verzeichnet das Meldeamt die Franz-Hochedlinger-Gasse 25 in der Leopoldstadt. Der Meldezettel enthält den Vermerk: „Abgemeldet: Minsk." Am 27. Mai 1942 werden Jakob Hirsch und Rosa Bronner in das nahe der weißrussischen Hauptstadt gelegene Vernichtungslager Maly Trostinec deportiert. Zwei von insgesamt rund 9.000 Österreichern, die zwischen 1938 und 1945 in die ehemalige Kolchose geschafft werden. Die Deportierten werden auf Anordnung Reinhard Heydrichs, des Chefs des Sicherheitsdienstes und der Sicherheitspolizei, unmittelbar nach ihrer Ankunft in einem Kieferwald ein paar Kilometer außerhalb des Gutes Maly Trostinec erschossen. Toni Teller und ihr neuer Lebensgefährte werden Ende 1942 im Konzentrationslager Auschwitz ermordet.

Als Gerhard Bronner drei Jahre nach dem Ende des Zweiten Weltkriegs den Dampfer Richtung Genua besteigt, weiß er, dass seine Eltern tot sind. Aufgrund der Briefe, die sie ihm bis zuletzt geschrieben haben, hat er sich keine Illusionen mehr über ihr Schicksal gemacht. Als Gerhard Bronner beschließt, nach Europa zurückzukehren, ist er 25 Jahre alt. Im Gegensatz zu seiner Familie hat die seiner Frau überlebt. Lisbeth Kreutzer, Jahrgang 1923, stammt wie Gerhard Bronner aus einer jüdischen Wiener Familie. Ihr Vater Fritz hatte bis 1938 als Kaufmann in Wien gearbeitet, ihr Großvater in seiner Marchfelder Heimatgemeinde Lassee und den umliegenden Dörfern als Dorfrabbiner gedient. Fritz und Franziska Kreutzer erkannten die Gefahr im letzten Moment und retteten sich Ende der Dreißigerjahre mit Lisbeths jüngerem Bruder Herbert in die seit 1937 von den Japanern besetzte chinesische Hafenstadt Shanghai, in der bis zum Angriff auf Pearl Harbor vier Jahre später zehntausende europäische Juden Zuflucht fanden. Nicht zuletzt dank einer Handvoll beherzter Diplomaten, die entgegen den Weisungen Tokios Visa ausstellen. Weil die Zahl der Einwanderer plötzlich explodierte, mussten sich die Ankommenden auf furchtbare Lebensbedingungen im „Shanghaier Judengetto" gefasst machen. Hunger, katastrophale hygienische Verhältnisse und kaum Gelegenheit, sich den Lebensunterhalt mit Arbeit zu verdienen, machten das Exil für viele zur Hölle auf Erden. Doch trotz der Sprachbarrieren, der Armut und regelmäßig ausbrechender Epidemien waren die Geflüchteten in der Lage, ein funktionierendes Gemeinwesen aufzubauen: Schulen wurden eingerichtet, Zeitungen verlegt, sogar Theateraufführungen, Kabaretts und Sportwettkämpfe veranstaltet. Fritz und Franziska Kreutzer schaffen es, ihre Eltern nachzuholen. Anders als sie kommen diese aber nicht mit den Lebensbedingungen im Getto zurecht: Beide sterben in China.

Nach dem Krieg kehren Fritz, Franziska und Herbert Kreutzer heim nach Wien. Nicht zuletzt deswegen wollen Gerhard und Lisbeth Bronner einen Zwischenstopp in ihrer alten Heimatstadt einlegen, bevor es nach London geht. „Maximal einen Monat", wie Gerhard Bronner später erzählen wird, wollen sie sich dafür Zeit nehmen. In Genua angekommen, geht es zum Bahnhof und dann in den Zug Richtung Wien. Die Reise dauert fast einen ganzen Tag. Als der fünfjährige Oscar Bronner am Morgen aufwacht, sieht er seltsame weiße Flocken, die ungestüm ans Zugfenster klatschen, aber offenbar keinen Schaden anrichten. Aufgeregt weckt er seine Mutter und berichtet ihr von dem wilden Treiben da draußen. Zum ersten Mal in seinem Leben sieht Oscar Bronner Schnee.

III

In Wien mieten sich die Bronners in der Pension Vrtel, heute Pension Pertschy, in der Habsburgergasse im ersten Bezirk ein. Als Erstes besuchen sie die Eltern von Lisbeth, die sich nach ihrer Rückkehr aus dem Exil eine Wohnung in der Schegargasse in Döbling genommen haben. Das Wiedersehen fällt so freudig wie tränenreich aus. „Sie sind sich um den Hals gefallen und haben sich nicht mehr ausgelassen. Ich bin nur überflüssig daneben gestanden. Ich hab die alle ja bis dahin nicht gekannt", wird Gerhard Bronner fünf Jahrzehnte später erzählen. Wann aus dem einen Monat, den er und seine Frau geplant haben zu bleiben, Jahre werden, weiß später niemand mehr. Am allerwenigsten Gerhard Bronner selbst: „Es haben sich einfach Dinge ergeben. Ich habe Leute getroffen."

Nachdem Anfang 1949 klar ist, dass sie in Wien bleiben wollen, mieten Gerhard und Lisbeth Bronner eine Dachwohnung am Passauer Platz 9 in der Innenstadt, nahe der Kirche Maria am Gestade. Ein Schlafzimmer, ein Wohnzimmer, ein Kinderzimmer, ein Dienstmädchenzimmer: Für das Wien der unmittelbaren Nachkriegszeit relativ komfortable Verhältnisse, wären da nicht die kleinen Schönheitsfehler. „Es war eine Wohnung mit schrägen Fenstern, durch die es immerzu hereingeregnet hat. Im Wohnzimmer standen Töpfe, um das Wasser aufzufangen", erinnert sich Oscar Bronner. Nicht zuletzt deshalb verbringt er die ersten Jahre in Wien nicht nur bei seinen Eltern, sondern auch bei den

Großeltern. „Hin- und herschlafen" nennt der Sechsjährige das Pendeln zwischen der Innenstadt und Döbling. In der Wohnung am Passauer Platz kümmert sich die meiste Zeit ein Dienstmädchen um ihn. Seinen Vater und seine Mutter sieht er nur am Nachmittag, wenn er von der Schule nach Hause kommt. Wirklich Zeit für ihn finden sie aber auch dann kaum. Beide sind entschlossen, sich eine neue Existenz aufzubauen, und dafür arbeiten sie hart.

In der Nacht spielt Gerhard Bronner als Pianist und Unterhalter in der von den Freunden Kurt und Marietta Mackh betriebenen Marietta-Bar im ersten Bezirk; Lisbeth hilft als Kellnerin und Bardame aus. Marietta Mackh hat den Krieg als „Halbjüdin" in Wien überlebt, weil es ihrem Mann gelungen war, gefälschte Papiere zu besorgen, die ihre wahre Identität verschleierten.

Bis in den frühen Nachmittag hinein schläft das Ehepaar Bronner. Dann muss der Vater proben und die Wohnung füllt sich mit Gästen: Musiker, Sänger, Kabarettisten, die mit Gerhard Bronner arbeiten. Ständig werden neue Lieder komponiert und Sketches ausgeheckt, deren Wirksamkeit oft am gleichen Abend in der Marietta-Bar erprobt wird. „Wir hatten sicher nicht genug Zeit für den Ossi. Aber das war damals nichts Ungewöhnliches, dass Eltern wenig Zeit für ihre Kinder hatten", erzählt Gerhard Bronner später. Oscar Bronner tut sich anfangs schwer mit den Leuten, mit denen sein Vater befreundet ist. Nicht nur, weil sie älter sind. Der kleine Oscar Bronner spricht kein Wort Deutsch. Obwohl er so gut wie alles versteht, weil seine Eltern auch in Haifa in österreichischem Deutsch miteinander gesprochen

haben, spricht er nur Hebräisch. Selbst mit seinen Großeltern kann er sich anfangs „buchstäblich nur mit Händen
und Füßen verständigen". Aber das Kind lernt schnell. Als
Oscar Bronner im Herbst 1949 in der Volksschule Börsegasse eingeschult wird, beherrscht er die neue Sprache so
gut wie perfekt. Den Klassenraum teilt er sich mit 48 Mit-
schülern und einer Lehrerin namens Maria Frey. Sein Vater
nutzt indes die wenige Freizeit, die er hat, um seinem Sohn
ein Spiel beizubringen, das der sein Leben lang lieben wird:
Schach.

Aber auch wenn Oscar Bronner keinen Mitspieler zur
Hand hat, wird ihm alles andere als langweilig. Das Viertel
rund um den Concordiaplatz ist vom Krieg schwer mitgenommen, die Straßen gesäumt von Ruinen. Die Kinder des
Grätzels freilich sehen in dem sie umgebenden Chaos keinen Ort der Zerstörung, sondern einen großen Abenteuer-
spielplatz, auf dem sie ungestört herumklettern, Räuber und
Gendarm und Verstecken spielen können. „Es hat da einen
Menschen gegeben, der dort gehaust hat. Er hat alle Ziegel
eingesammelt, die noch brauchbar waren, und hat die dann
weiterverkauft." Der Ziegelputzer lockt die Buben mit einem Job: Wenn sie ihm helfen, die Ziegel sauberzumachen,
will er sie entlohnen. Oscar Bronner nimmt das Angebot
an – und bekommt fortan dreißig Groschen für jeden Ziegel, den er auf Vordermann gebracht hat. Die ersten beiden
Volksschuljahre bringt Oscar Bronner problemlos hinter
sich. Bis Anfang des dritten Jahres etwas passiert, das ihn
für ein halbes Jahr aus der Bahn wirft. Bei dem Achtjährigen
wird eine geschlossene Tuberkulose diagnostiziert. Ohne

sofortige Behandlung droht er an Schwindsucht zu erkranken. Gerhard und Lisbeth Bronner schicken ihren Sohn in eine Lungenheilanstalt vor den Toren der Stadt, nach Altlengbach im Wienerwald. Was sie nicht wissen: Das Regiment dort wird von einem Korps streng katholischer Nonnen geführt. Als sich Oscar Bronner eines Tages nach dem Essen übergeben muss, zwingen ihn die Ordensschwestern, das Erbrochene vom Boden aufzuessen. Nach ihm unendlich scheinenden sechs Monaten ist der Spuk vorbei.

Im Einvernehmen mit Kurt und Marietta Mackh betreiben die Bronners die Marietta-Bar inzwischen selbst als Pächter, was an ihren Arbeitsstunden nichts ändert. Bis Oscar Bronner nach seiner Heimkehr aus Altlengbach von einem Tag auf den anderen einen Mitbewohner bekommt, der so unregelmäßig erscheint wie er verschwindet. Weil ein 25-jähriger Sänger und Kabarettist, der mit seinem Vater zusammenarbeitet, ständig Probleme mit seinen Vermietern hat, hat ihm Gerhard Bronner angeboten, zu ihm zu kommen, wenn er wieder einmal ein Bett braucht. Mangels Platz wird der junge Mann kurzerhand im Kinderzimmer einquartiert. Oscar Bronner erinnert sich, „kein großes Problem damit gehabt zu haben. Im Gegenteil, das war eine willkommene Abwechslung." Entgegen den Erwartungen der Eltern versteht sich das ungleiche Paar prächtig. Der neue Zimmergenosse des kleinen Bronner trägt den Namen Helmut Qualtinger. Im Gegensatz zum Verhältnis zwischen „Quasi" und Bronner senior wird sich das ihre über die Jahrzehnte hinweg nie trüben. Oscar Bronner glaubt zu wissen, warum: „Der Quasi hat mit mir damals nicht geredet wie mit einem Kind, sondern wie mit einem Erwachsenen. Er hat nie Sachen zu mir gesagt wie: ‚Na, Kleiner, wie geht’s dir denn so?‘ So, wie man eben normalerweise mit Kindern redet. Ich hab mich von ihm ernst genommen gefühlt. Und das habe ich schon als Stöpsel sehr geschätzt.“

Ansonsten verläuft das Leben in ruhigen Bahnen – bis die Sommer kommen. Den Juli verbringt die Familie Bronner zwar ebenfalls in der Marietta-Bar, aber nicht der in Wien, sondern in dem gleichnamigen Etablissement am Wörthersee in Kärnten, das ebenfalls der Familie Mackh gehört. Den August verbringen die Bronners in der Lobau. In dem Wiener Naherholungsgebiet hat der Vater ein kleines Grundstück gepachtet, auf dem er jeden Sommer das Familienzelt aufstellt. Oscar Bronner empfindet diese Urlaube als „das Paradies. Bis zu sechs Wochen im Zelt zu leben hatte eine eigene Romantik.“ Auch die Freunde der Familie finden sich regelmäßig in der Lobau ein, wenn sie dort nicht selbst ihre Zelte aufschlagen. Das Sommeridyllen-Ritual wiederholt sich die gesamte restliche Volksschulzeit lang. Nach vier Jahren schließt Oscar Bronner die Volksschule Börsegasse ab, ausnahmslos mit Einsern im Zeugnis. Seine Eltern beschließen, ihn aufs Gymnasium zu schicken. Nicht auf irgendeines.

Die Bar wirft inzwischen so viel Gewinn ab, dass es sich Gerhard und Lisbeth Bronner leisten können, ihren Sohn in einer der besseren Schulen Wiens anzumelden. Das heute in der Liechtensteinstraße am Alsergrund gelegene Lycée Français wurde unmittelbar nach dem Krieg von den Franzosen gegründet. Unterrichtet wird dort ausschließlich nach französischem Lehrplan und in französischer Sprache. 1953 befindet sich der Sitz des Lycée noch in der Breitenseer Straße in Penzing. Die Mehrheit der Schüler stellen die Kinder von Besatzungssoldaten. Die Schule steht direkt neben der Kaserne, in der Frankreichs Soldaten untergebracht sind. In den Pausen schaut ihnen Oscar Bronner beim Exerzieren zu.

Damals wie heute kommen die einheimischen Kinder des Lycée in der Regel im Alter von drei Jahren in den schuleigenen Kindergarten, um sich an die Unterrichtssprache zu gewöhnen. Oscar Bronner hat diesen Startvorteil nicht. „Das System der Schule war ein Schock. Ich bin in die Klasse gekommen, und alle haben Französisch geredet. Ich habe kein Wort verstanden." Jahre später erzählt ihm seine Mutter von seinem ersten Schultag, an den Bronner selbst keine Erinnerung mehr hat: „Sie hat gesagt, ich sei total frustriert heimgekommen und hätte gesagt: ‚Mama, ich verstehe nichts von dem, was die da reden. Aber ich muss mir jetzt ein cahier jaune kaufen und ein cahier rouge für Mathematik und ein cahier bleu." Es dauert keine drei Monate, bis Oscar Bronner dem Unterricht halbwegs folgen kann. Aber kaum ist der Bub dabei, sich an die neue Umgebung zu gewöhnen, wird er abrupt aus ihr herausgerissen.

Gerhard Bronner hat ein lukratives Angebot vom Norddeutschen Rundfunk (NDR) in Hamburg bekommen. Er soll beim Aufbau eines Mediums namens Fernsehen helfen, unter dem sich die Mehrheit der Europäer noch wenig vorstellen kann, dem aber eine große Zukunft vorausgesagt wird. Konsequenz: ein sofortiger Umzug in die Bundesrepublik. Im Herbst 1953 besteigt die Familie Bronner am Westbahnhof den Zug Richtung Hansestadt. Hamburg hat sich zu diesem Zeitpunkt noch weniger von den Zerstörungen des Zweiten Weltkriegs erholt als Wien. Als die Familie eine Wohnung in der am Eilbekkanal gelegene Eilenau mietet, liegt die Hälfte der Stadt nach wie vor in Trümmern. Ihrem Haus gegenüber stehen provisorische Hütten, in denen acht Jahre nach der Kapitulation Nazideutschlands immer noch „Ausgebombte" leben: Menschen, die im Zuge der Flächenbombardements der Alliierten alles verloren haben und darauf warten, von der Stadt eine Wohnung gestellt zu bekommen.

Die Hamburger nennen die schlauchartigen Gebilde, auf deren Dächer man zwecks Schutz vor dem Regen Teer geleert hat, „Nissenhütten". Frisch angekommen, steht der zehnjährige Oscar Bronner indessen vor einem Problem, das er schon kennt: „In der Schule ging's halbwegs. Aber sonst sprachen die Leute damals noch zum Großteil Plattdeutsch." Und noch eine andere Umstellung macht ihm zu schaffen. Er muss wieder in die Volksschule gehen, weil die in Hamburg nicht vier, sondern sechs Jahre dauert. Privat bekommt er indes seine ersten Lektionen in politischer Bildung. Es ist die Zeit, in der die junge Bundesrepublik über die Wiederaufrüstung diskutiert und über die Mitgliedschaft im westlichen Militärbündnis NATO, dem Gegenstück zum von den kommunistisch regierten Ländern gebildeten Warschauer Pakt. Ein ständiger Gast im Hause Bronner, der leidenschaftlich gern politisch debattiert, ist der Wiener Anwalt Peter Wehle. Gerhard Bronner hat ihn kurz nach seiner Rückkehr aus Haifa kennengelernt. Eigentlich hätte Wehle die väterliche Kanzlei übernehmen sollen, war aber während des Studiums der Musik verfallen und hatte sich einen Namen als Barpianist, Komponist und Autor von Nummernrevuen gemacht. Wehle gehört zu dem kleinen Österreicher-Tross, den der NDR nach Hamburg gelotst hat und zu dem auch der Theater- und Filmregisseur Michael Kehlmann zählt. Oscar Bronners Sorge während des ersten Jahres in Hamburg gilt aber weniger der Weltpolitik als dem Verhältnis seiner Eltern. Nach zahlreichen Affären des Vaters zerbricht die Ehe zwischen Gerhard und Lisbeth Bronner.

Plötzlich geht alles ganz schnell. Binnen ein paar Wochen wird die Wohnung in der Eilenau aufgelassen. Die Mutter zieht in eine andere Stadt, der Vater, mit seiner neuen Freundin, der Schauspielerin Brunhilde „Bruni" Melitta Löbel, nach Wellingsbüttel, einem Dorf vor den Toren Hamburgs. Damit er die sechste Klasse ordentlich abschließen kann, bleibt Oscar Bronner vorerst in der Obhut des Vaters. Um ihn aufzumuntern, lässt der ihm in der Freizeit eine andere Art von Unterricht angedeihen. Michael Kehlmann bringt dem kleinen Oscar Bronner die Grundzüge des Boxens bei. Nachdem er die Klasse abgeschlossen hat, übersiedelt Oscar Bronner zu seiner Mutter – die unmittelbar nach der Scheidung einen Mann namens Harald Grün geheiratet hat – in jene Kleinstadt am Rhein, die die Fügungen der Geschichte zur Kapitale haben werden lassen. Als Oscar Bronner, inzwischen zwölf Jahre alt, nach Bonn kommt, steht die Regierung des konservativen Kanzlers Konrad Adenauer und seines Finanzministers Ludwig Erhard, des Erfinders der sozialen Marktwirtschaft, im Zenit ihrer Macht. Jedes Mal, wenn Oscar Bronner einen der beiden am Rücksitz einer Limousine vorbeifahren sieht, ist er fasziniert von dem Wagentross, der ihnen folgt. Seine Schule befindet sich unweit der heute legendären „SPD-Baracke", die diesen Namen damals noch verdient: „Es war ein heruntergekommenes Gebäude, das heute eher an ein Obdachlosenasyl erinnern würde als an die Zentrale einer Volkspartei." An der Politik kommt der Schüler Bronner, der aufgrund des nordrhein-westfälischen Schulsystems in der dritten Klasse Gymnasium landet (weshalb er mit Hilfe eines Nachhilfelehrers zwei Jahre Englisch aufholen muss), auch im „Bundeshauptdorf" nicht vorbei. Als frischgebackenes Mitglied des Chors seiner neuen Schule muss er eines Tages dem deutschen Bundespräsidenten Heinrich Lübke ein Ständchen bringen. Eine nicht untypische, grausige Ironie der Nachkriegsgeschichte: Ein junger Jude, dessen Großeltern im KZ umgekommen sind, muss jenem Mann ein heiteres Liedchen vorsingen, der im Stab des Nazi-Architekten Albert Speer am Bau der Konzentrationslager mitgearbeitet hat.

Seine Freizeit verbringt Oscar Bronner zwischen dreizehn und fünfzehn zum Großteil beim Schachspielen mit Schulkameraden und mit einem neuen Hobby: Zeitung lesen. Zu seiner ersten regelmäßigen Lektüre zählt die Lokalzeitung „Bonner Rundschau", im Laufe der Teenagerjahre kommen die „Welt" und die „Süddeutsche Zeitung" dazu. Irgendwann stolpert er auch über ein seit 1952 in Hamburg erscheinendes Nachrichtenmagazin, dessen Stil ihn beeindruckt. „Das Flapsige, dieser respektlose Ton war etwas, das ich bis dahin so nicht gekannt habe", sagt Oscar Bronner. Mehr als über jedes „Spiegel"-Abo freut er sich aber über das Geschenk seiner Mutter zum sechzehnten Geburtstag: ein Moped, das ihm den Weg zur relativ weit von der Wohnung entfernten Schule erleichtert. Das Dorf Venusberg/Ippendorf, wo er und seine Mutter leben, bilden damals die Peripherie der deutschen Hauptstadt. Die großen Ferien verbringt Oscar Bronner bei seinem Vater in Wien.

Gerhard Bronner hat Bruni Löbel am 1. September 1955 geheiratet. „Meine Mutter hat natürlich auf die Löbel geschimpft, und ich habe mich dann quasi aus Solidarität eher zurückgehalten", erzählt Oscar Bronner über sein Verhältnis zu seiner ersten Stiefmutter. Viel Zeit, sie näher kennenzulernen, bleibt ihm nicht. Die Ehe zwischen seinem Vater und der Schauspielerin währt nur eine Handvoll Jahre. Nachdem sich Gerhard Bronner in Margaret Karg-Babenburg verliebt hat, lässt er sich scheiden. Am 29. März 1961 heiratet er, nunmehr 38 Jahre alt, zum dritten Mal. Ende der Fünfziger ist auch die Ehe von Lisbeth Kreutzer mit Harald Grün zerbrochen, woraufhin sie, die nie einen Beruf erlernt hatte, sich als Verkäuferin für Damenwäsche durchschlagen muss. Kurz nach der Trennung fragt Oscar Bronner seine Mutter, „warum wir jetzt eigentlich noch in Bonn sind", wo doch ihr Vater – ihre Mutter war inzwischen nach langer schwerer Krankheit verstorben – und all ihre Freunde in Wien leben. Nachdem sie ihren Sohn im ersten Moment verständnislos angesehen hat, fragt sich Lisbeth Kreutzer dasselbe. Kurz darauf kehren die beiden nach Österreich zurück.

IV

Gerhard Bronner, der nach seiner Rückkehr in Wien zum Unterhaltungsstar geworden ist, hat inzwischen eine Anzahlung auf ein Reihenhaus in der damals neuen Siedlung Mauer im Westen Wiens geleistet. Weil es noch nicht bezugsfertig ist, überlässt er seiner Ex-Frau und ihrem gemeinsamen Sohn nach deren Rückkehr vorläufig jene Wohnung in der Rustenschacherallee in der Leopoldstadt, in die er selbst kurz nach seiner Rückkehr aus Hamburg gezogen war. Er selbst hat sich mittlerweile ein Haus in Breitenfurt gebaut, einem Dorf vor den südlichen Toren der Hauptstadt. Oscar Bronner steigt in die siebte Klasse des Rainergymnasiums im Bezirk Wieden ein. Weil er aus Bonn ein gutes Zeugnis mitbringt, hofft er, die Klasse abschließen und im Jahr darauf die Matura machen zu können. Nach dem Willen des Vaters hat er eigentlich ins Kollegium Kalksburg gehen sollen, eine der traditionsreichsten Eliteschulen der Stadt. Der Plan scheitert an kuriosen Umständen.

Nachdem das Bewerbungsgespräch erfolgreich abgeschlossen ist, macht Gerhard Bronner den für die Aufnahme zuständigen Jesuitenpater darauf aufmerksam, dass die Familie nicht katholisch sei. Der erwidert, dass das ein Problem darstelle, „weil, wir nehmen nämlich keine Protestanten in Kalksburg". Darauf Gerhard Bronner, zeit seines Lebens berüchtigt für seinen Sarkasmus: „Wir sind keine Protestanten. Es ist noch viel ärger." Dem Kollegium Kalksburg bleibt der Schüler Oscar Bronner erspart. Am Rainergymnasium findet er sich mit einem ganz anderen Problem konfrontiert. Weil sich die Lehrpläne des Rheinlands von denen in Wien bei weitem mehr unterscheiden, als er sich das ausmalte, kommt er im Unterricht nicht mit. „In Bonn habe ich zu den Klassenbesten gehört, und hier war ich plötzlich eine Niete." Um den Rückstand aufzuholen, lässt er sich eine Klasse zurückversetzen, gibt nach kurzer Zeit aber endgültig auf. Weil Oscar Bronner aber unbedingt studieren will, entschließt er sich im Einvernehmen mit den Eltern, eine Externistenmatura an der Maturaschule Dr. Roland in Angriff zu nehmen. Nebenbei verdient er sich ein Taschengeld, indem er seinem Vater in dem von ihm frisch übernommenen Neuen Theater am Kärntnertor in der Walfischgasse tagsüber als Regieassistent und abends als Beleuchter aushilft.

Noch vor der Reifeprüfung war Oscar Bronner nach Israel zurückgekehrt. 1960 war sein Vater von alten Freunden eingeladen worden, dort eine Handvoll Auftritte zu absolvieren. Mit dem Zug fuhren sie zuerst nach Neapel und von dort aus mit dem Schiff nach Haifa, wo der Vater dem Sohn die Stadt zeigte, an die der so gut wie keine Erinnerung hatte. Zwischen den Auftritten Gerhard Bronners fuhren die beiden durchs Land: Tel Aviv, Jerusalem, Naharyia. Während sich der Vater sein Hebräisch bewahrt hatte, sprach der Sohn kein Wort mehr. „Ich habe während dieser drei Wochen verzweifelt darauf gewartet, dass es zurückkommt. Aber da war nix mehr." Eigentlich müssen junge Juden, wenn sie dreizehn werden, zumindest rudimentär die Schrift lernen: Dann feiern sie Bar Mizwa („Sohn des Gesetzes"), im Rahmen derer sie sich verpflichten, die Gesetze des Judentums einzuhalten. Weil aber seinem Vater wie der Mutter Religion zeitlebens ein Gräuel gewesen ist, bleibt dem Sohn der Passageritus erspart. Aber dass er jene Sprache nicht beherrscht, die die erste seines Lebens war, wurmt ihn. Ein paar Jahre später wird er an der Universität Wien einen Sprachkurs belegen, um sie wieder zu lernen.

Als ihm der Professor nach den ersten paar Unterrichtseinheiten eine Frage stellt, versteht Oscar Bronner kein Wort. Ein hinter ihm sitzender Kommilitone flüstert ihm eine Antwort ein. Bronner plappert sie nach, sie ist richtig. Als er sich umdreht, um sich beim Einsager zu bedanken, erstarrt er. Hinter ihm sitzt ein Pfarrer in schwarzer Soutane und lächelt. Oscar Bronner lässt das Hebräischlernen daraufhin für immer sein: „Dass ein katholischer Priester einem in Israel Geborenen soufflieren muss, das war mir dann wirklich zu blöd."

Vom Israel-Ausflug zurück in Wien gerät Oscar Bronner unfreiwillig in eine neue Rolle: die des – im Empfinden vieler Schauspieler, mit denen er zusammenarbeitet – logischen Nachfolgers seines Vaters. Von dieser Wahrnehmung zeugt unter anderem ein berühmter Sketch von Helmut Qualtinger und Johann Sklenka aus dieser Zeit, den die beiden im Rahmen einer Probe folgendermaßen abwandeln: Zwei verkrachte Schauspieler, die ihre besten Tage hinter sich haben (so sie überhaupt welche erlebt haben), kommen am Ende einer Vorstellung in der Garderobe zusammen und unterhalten sich, während sie sich abschminken. Irgendwann im Laufe des Gesprächs sagt Sklenka: „I werd amol sagen kennen, I hab no beim oidn Bronner gorbat."

In dieser Form erblickt der Sketch freilich nie das Licht der Öffentlichkeit. Nur bei der Probe bringen die Darsteller den liebevollen Seitenhieb auf die Rolle des „jungen Bronner" an, der ihrem Empfinden nach bereits angefangen hat, in die Fußstapfen des Vaters zu treten. Tatsächlich kokettiert Oscar Bronner mit dieser Vorstellung. Allerdings nur, was den kreativen Teil der Arbeit angeht. Als ihm sein Vater die Führung seiner Geschäfte anbietet – zu denen mittlerweile die in „Fledermaus" umbenannte Marietta-Bar, ein Schallplattengeschäft und das Theater gehören –, lehnt er ab.

Die Arbeit des Vaters führt Oscar Bronner Anfang der Sechzigerjahre auch über Österreichs unmittelbare Grenzen hinaus. Als Gerhard Bronner ein paar Tage in Prag gastiert, arbeitet sein Sohn mit einem ihm sympathischen, etwas älteren Tschechen namens Václav zusammen, der am Theater am Geländer aushilft. Als Oscar Bronner Mitte der Neunziger den inzwischen zum Politstar gewordenen Mann auf jenen Abend anspricht, bestätigt ihm der, dass tatsächlich er es war, mit dem er damals gemeinsam den Vorhang für den Auftritt seines Vaters gezogen hat. Der Nachname des 2011 verstorbenen Dichters, Revolutionärs und langjährigen tschechischen Staatspräsidenten lautet Havel.

Im Frühsommer 1961 besteht Oscar Bronner die Maturaprüfung. Einem Studium steht allerdings noch eine Kleinigkeit im Weg, die zu dieser Zeit keinem jungen Österreicher erspart bleibt. Im Herbst rückt er in der Hietzinger Maria-Theresien-Kaserne, die damals noch Fasangartenkaserne heißt, zum Bundesheer ein. Mit seinem Vater vereinbart er, dass er mit dem Assistieren und Beleuchten aufhört, solange er der jungen Republik als Soldat dienen muss. Das Abkommen hält nicht lange. Oscar Bronners Stellvertreter wird nach nur zwei Wochen wegen Diebstahls verhaftet und muss ins Gefängnis. Der Vater bittet seinen Sohn um Hilfe. Oscar Bronner bekommt eine Sondergenehmigung, er darf die Kaserne am Abend verlassen, um am Theater auszuhelfen. Die Doppelbelastung Grundausbildung (er ist in einer Funkerkompanie gelandet) und abendlicher Nebenjob bekommt dem Wehrmann Bronner gar nicht gut. „Ich war die ganze Zeit hundemüde. Beim Marschieren habe ich immer Seitenstechen bekommen und damit regelmäßig die ganze Kompanie durcheinandergebracht."

Nachdem er wieder einmal den Anschluss an die Truppe verpasst hat, findet er einen pragmatischen Ausweg. Er hält den Daumen raus und lässt sich von einem Autofahrer mitnehmen. In voller Kampfmontur, Tarnfarbe im Gesicht, Gebüsch auf dem Helm. So holt er seine Kameraden nicht nur ein, er überholt sie sogar, was seinem Ausbildner nicht entgeht. Bronner bekommt eine Standpauke, die sich gewaschen hat. Als das Unvermeidliche eine Woche später wieder passiert, entschließt er sich, diesmal die Straßenbahn zu nehmen. Das Ergebnis ist dasselbe wie beim ersten Mal. „Ich habe denen dann vorgeschlagen, dass es besser für beide Seiten sei, wenn sie mich gehen lassen." Die zuständigen Unteroffiziere erwidern darauf etwas gestern wie heute Unglaubliches: Sie stimmen ihm zu. „Eine Zeit lang haben sie noch versucht, mich anzutreiben. Aber nachdem ich weiter stur geblieben bin, haben sie mich gehen lassen." Nach nicht einmal einem Monat Wehrdienst ist Oscar Bronners Soldatenkarriere Geschichte. Er hat nun genug Zeit zu überlegen, welches Studium er anfangen soll. Trotzdem weiß er bis zuletzt nicht, welches Fach er inskribieren soll: „Mich hat in dieser Zeit einfach so viel interessiert." Seine erste Wahl scheint trotzdem logisch: Theaterwissenschaft.

V

An Erfahrung mit Bühnenarbeit mangelt es Oscar Bronner nicht. Kurz nach der Inskription findet er erstmals Gelegenheit, aus dem Schatten seines Vaters zu treten. Am Theater in der Josefstadt findet er (unbezahlte) Arbeit als Assistent des Regisseurs Dieter Hauck. Privat hängt er inzwischen nahezu täglich mit Gleichaltrigen in jener Handvoll Lokale ab, die heute zu den Legenden des Wiener Nachtlebens zählen, allen voran dem Café Hawelka. Obwohl viele seiner Freunde und Studienkollegen aus dem Umfeld des sozialistischen Studentenverbandes (VSStÖ) kommen, hegt Oscar Bronner keinerlei Ambitionen, Mitglied einer politischen Vorfeldorganisation oder einer Partei zu werden. „Wenn man jung ist, neigt man zu Theorien, die einem ein gefestigtes Weltbild bieten. Aber das war schon damals nicht meins. Ich war schon immer einer, der schnell in Opposition geht, und damit politisch vollkommen unbrauchbar. Und Sozialist war ich sowieso keiner."

Dementsprechend zählen auch viele Konservative zu seinen Freunden. Im Hawelka begegnet Bronner in jener Zeit zum ersten Mal einem gewissen Karl Schwarzenberg: „Ich hab mich in eine Klischeewelt versetzt gesehen. Da steht mir plötzlich einer gegenüber, der nicht nur aussieht, wie man sich einen Aristokraten vorstellt, sondern auch so spricht und sich darüber hinaus auch noch so titulieren lässt." Bronner stichelt gegen den Erbprinzen aus böhmischem Adel – und ist überrascht, dass der trotzdem höflich bleibt. Nach einer Stunde Unterhaltung ist Bronner beschämt: „Ich habe erkannt, dass nicht er der Dumme ist und ich der Gescheite, sondern umgekehrt." Als sich das Engagement in der Josefstadt als Intermezzo herausstellt, hilft Oscar Bronner weiter im Theater seines Vaters aus. Der hat eines Tages einen Bekannten zu sich nach Hause eingeladen, den er seinem Sohn vorstellt: den Journalisten Franz Kreuzer, damals leitender Redakteur bei der „Arbeiter-Zeitung", dem Parteiorgan der Sozialisten, dessen Chefredaktion er kurz darauf übernehmen wird. Die beiden kommen ins Gespräch, in dessen Verlauf Bronner merkt, „dass der Journalismus eines von den vielen Dingen ist, die ich schon immer mal ausprobieren wollte", und an dessen Ende ein folgenreiches Angebot steht. Kreuzer bietet ihm an, ein Volontariat in der Redaktion zu absolvieren.

Oscar Bronner nimmt an. Kurz darauf führt ihn sein erster Weg in die Chronikredaktion. Für ein bescheidenes Zeilenhonorar schreibt er über Unfälle, Brände, hört den Polizeifunk ab. Obwohl ihm die Lokalberichterstattung nicht wirklich zusagt, macht ihm die Arbeit mehr Spaß, als er erwartet hat.

„Das Geschichten aufnehmen und wiedergeben, die Essenz des Journalismus: Das hat mir von Anfang an getaugt." Nach nur drei Monaten bekommt Oscar Bronner ein Angebot von der Konkurrenz. Er soll ins innenpolitische Ressort des „Express" wechseln, einer 1958 von Fritz Molden und Gerd Bacher gegründeten Boulevardzeitung, die zwei Jahre nach dem Start in den Besitz der SPÖ übergegangen ist. Bronner überlegt nicht lange: „Ich war noch keine zwanzig und hatte Aussicht auf eine Anstellung mit 3.500 Schilling im Monat. Und vor allem hat mich Innenpolitik viel mehr interessiert als Chronik." Der „Express" steckt Anfang der Sechzigerjahre in Schwierigkeiten. Nach dem Abgang der Gründer und vieler Redakteure muss die Redaktion neu aufgestellt werden. Bronners erster Ressortleiter ist Kurt Tozzer, der sich ein Zimmer mit Günther Zelsacher teilt, der unter anderem die Niederungen der Wiener Lokalpolitik zu seinen Spezialgebieten zählt.

Trotz der täglichen Arbeit beim „Express" will Oscar Bronner seine anderweitigen Ambitionen nicht vernachlässigen. Dabei hilft ihm ein Mann, den er Anfang der Sechziger kennengelernt hat und der den Krieg als Kind einer „arischen" Mutter und eines jüdischen Rechtsanwalts in einem Keller in der Wiener Innenstadt versteckt überlebt hatte: der Maler und Puppenspieler Arminio Rothstein, der im ersten Bezirk ein kleines Marionettentheater betreibt. Die Art, wie sich Oscar Bronner plötzlich in der Rolle eines Puppentheater-Regisseurs wiederfindet, erzählt ebenso viel über die Arbeitsweise Rothsteins wie über das Selbstbewusstsein Bronners. „Der Arminio hat mich irgendwann gefragt, ob ich ihm helfen könnte, seine Puppen zu adjustieren. Dann hat er mich gebeten, mich auf die Publikumsbänke zu setzen, um zu checken, ob das, was auf der Bühne zu sehen ist, auch gut aussieht. Ich bin nach Hause gegangen, und als ich am nächsten Morgen eine Zeitung aufgeschlagen habe, stand drin, dass ich der Regisseur des nächsten Stücks sein werde." Dem nicht genug, gibt es von dem Stück zum Zeitpunkt des Erscheinens der Zeitungsannonce lediglich den

Titel: „Menschen, Puppen und Ganoven". „Ich hab dann zum Arminio gesagt: Okay, wenn du nichts hast, dann schreiben wir es eben schnell." Heraus kommt eine Produktion, in der auf der Bühne Puppen wie Menschen spielen. Im Herbst 1962 feiert „Menschen, Puppen und Ganoven" Uraufführung. Fünf Jahre später wird Arminio Rothstein das „Arlequin-Theater im Café Mozart bei der Oper" eröffnen und kurz darauf zum ersten Mal im ORF-Fernsehen in jene Rolle schlüpfen, die ihn für Generationen junger Österreicher unsterblich machen wird: die des Clowns Habakuk.

1962 liegt das Alter, ab dem man in Österreich wählen darf, noch bei 21 Jahren. So kommt es, dass der frischgebackene Innenpolitikjournalist Oscar Bronner über eine Nationalratswahl berichtet, bei der er selbst noch nicht stimmberechtigt ist. Im Zuge des Wahlkampfs kommt er zum ersten Mal mit jenem Mann ins Gespräch, der die Zeitung gegründet hat, bei der er arbeitet. Der Verleger Fritz Molden, ein ehemaliger Widerstandskämpfer aus bürgerlichem Haus – seine Mutter Paula von Preradovic hat den Text der österreichischen Bundeshymne gedichtet –, versucht sich als Politiker. Er ist Wiener Landeschef der Europäischen Föderalistischen Partei (EFP), die sein Bruder Otto gegründet hat. Vom Einzug in den Nationalrat durften sie nur träumen. 1962 geben der EFP gerade mal 21.530 Österreicher ihre Stimme, knapp 0,5 Prozent der Wahlberechtigten. Die erste große Geschichte Bronners bildet aber ein Interview mit dem ÖVP- Finanzminister Josef Klaus, der sich als einer der „jungen Reformer" in der Volkspartei gerade anschickt, deren Vorsitz zu übernehmen. Was ihm im September 1963 gelingt und den Bäckersohn aus Kärnten in der Folge zum Kanzler der ersten Alleinregierung der Zweiten Republik machen wird. Im Gespräch mit dem Politprofi macht Oscar Bronner eine für ihn überraschende Erfahrung: „Ich war ganz baff, wie schwer es ihm gefallen ist, ein Interview zu geben." Als Bronner Klaus darauf anspricht, erwidert der: „Als Kanzler wird's mir wohl leichter fallen. Da werde ich dann nicht mehr so kritisch gefragt werden."

Die Anekdote erzählt weniger eine Geschichte über die Fragekünste Bronners als über die Arbeit österreichischer Journalisten Mitte der Sechziger. „Politiker wurden von fast allen wie Halbgötter behandelt, die man ja nicht allzu kritisch befragen durfte. Haus- und Hofberichterstattung war die Regel, nicht die Ausnahme", fasst einer die Verhältnisse zusammen, der damals bereits die Grundlagen für eine Karriere geschaffen hatte, die ihn später zum berühmtesten Journalisten Österreichs machen sollte: Hugo Portisch, der Chefredakteur des „Kurier". Schon rein rechtlich sind damals einer wirklich freien Presse Schranken gesetzt. Portisch: „Beschlagnahmungen waren durchaus nichts Ungewöhnliches." Die prominenteste ereignet sich im Zuge einer Geschichte, die die Republik verändern wird, und in der Oscar Bronner eine besondere Rolle spielt.

In der Zwischenkriegszeit hatte Taras Borodajkewycz, nunmehr Professor an der Wiener Hochschule für Welthandel, der heutigen Wirtschaftsuniversität, als Mitglied des Cartellverbands (Verbindung Norica) noch dem katholischen Lager angehört; zahlreiche CV-Mitglieder waren aber bereits Mitte der Dreißigerjahre in den Bann der zu diesem Zeitpunkt in Österreich illegalen NSDAP geraten. Nach dem „Anschluss" 1938 mutierte Borodajkewycz zum eingefleischten Nazi. Der Krieg und der Holocaust änderten daran auch nach 1945 nichts. Seiner Karriere im Nachkriegsösterreich tat das keinen Abbruch. In seinen Vorlesungen gab er bis weit in die Sechzigerjahre hinein Aussagen zum Besten, die vor Antisemitismus nur so strotzten. Unter den mehrheitlich rechtsgerichteten Studenten fanden sich nicht trotzdem, sondern genau deshalb viele Borodajkewycz-Fans. Im Sommersemester 1962 kommt es zum Skandal. Ein junger Student namens Heinz Fischer greift Borodajkewycz in einem Zeitschriftenartikel an, auf Grundlage von Mitschriften eines Kommilitonen namens Ferdinand Lacina. Weil sich Fischer in der Folge weigert, den Urheber der Protokolle zu nennen – Lacina fürchtet um seinen Studienabschluss – wird er in einem von Borodajkewycz angeregten Gerichtsverfahren wegen Ehrenbeleidigung zu einer Geldstrafe verurteilt.

Seit dem Urteil sind drei Jahre (und der Studienabschluss Lacinas) ins Land gegangen, als Fischer eine neue Idee hat, Borodajkewycz zu desavourien. Er wendet sich mit einer Bitte an seinen Bekannten Oscar Bronner: „Du, dein Vater macht doch neuerdings diese Fernsehsendung. Vielleicht kann der mit den Mitschriften was anfangen." Er kann. Für die ORF-Kabarettserie „Zeitventil" entwerfen Oscar und Gerhard Bronner einen Sketch, in dem ein fiktiver Reporter Borodajkewycz Fragen stellt, die dann ein Schauspieler, der ihn mimt, mit Zitaten aus den Protokollen Lacinas beantwortet. Als die Sendung mit dem Sketch Mitte März 1965 ausgestrahlt wird, gehen die Wogen hoch. Plötzlich stürzen sich auch die Tageszeitungen auf das Thema, allen voran der „Kurier", der wegen seiner – nach Meinung des Justizministeriums allzu kritischen – Berichterstattung gar beschlagnahmt wird. Am 31. März 1965 demonstrieren linke Studentenorganisationen, ehemalige Widerstandskämpfer und zahlreiche Gewerkschaftsmitglieder für die Absetzung von Borodajkewycz. Auch Oscar Bronner nimmt teil. Im Verlauf der Demo kommt es zu einem Zusammenstoß mit Mitgliedern des Rings Freiheitlicher Studenten (RFS), der Studentenorganisation der FPÖ, bei dem der – nicht an dem Raufhandel beteiligte – Ernst Kirchweger von einem RFS-Mitglied schwer verletzt wird. Wenige Tage später erliegt der ehemalige Widerstandskämpfer seinen Verletzungen: das erste politische Todesopfer der Zweiten Republik. Borodajkewycz wird kurz darauf – gegen den Widerstand von ÖVP-Unterrichtsminister Theodor Piffl-Perčević – bei vollen Bezügen pensioniert.

Oscar Bronners Arbeitsalltag beim „Express" Anfang der Sechzigerjahre verläuft deutlich weniger abenteuerlich. Abgesehen von sich eher zufällig ergebenden Reportagen wie der zum einjährigen Jubiläum des Mauerbaus – am 13. August 1962 weilt er auf Urlaub in West-Berlin – beschränkt er sich aufs Lernen des Handwerks eines Innenpolitikjournalisten. 1963 führt Bronner ein Interview mit dem Außenminister, den in der 1962 gebildeten Großen Koalition unter ÖVP-Bundeskanzler Alfons Gorbach die Sozialisten stellen. Nach dem Gespräch erzählt Bruno Kreisky Bronner, dass er seinen Onkel Oskar gekannt habe, und fragt, wie viel der junge Journalist eigentlich über seinen 1935 verstorbenen Onkel wisse. „Wenig bis gar nichts", antwortet der. Kreisky bietet ihm daraufhin ein Privatissimum in Sachen Familiengeschichte an – und zitiert ihn bei nächster Gelegenheit ins Parlament, mit der ausdrücklichen Order, ihn aus der Plenarsitzung herauszuholen. Als Bronner tut, wie ihm geheißen, begrüßt ihn Kreisky mit den Worten: „Gut, dass Sie gekommen sind. Es ist eh gerade so fad."

Kreisky und Bronner ziehen sich in ein Besprechungszimmer zurück, in dem ihm der Außenminister über seine einstige Freundschaft mit dem Onkel erzählt, den Oscar Bronner bis dahin nur aus den Erzählungen des Vaters kennt. „Diese Begegnung war typisch für das PR-Genie Kreisky. Einerseits war er tatsächlich mit meinem Onkel befreundet. Andererseits war es sicher nicht blöd, zu versuchen, einen jungen Journalisten für sich zu gewinnen", erzählt Bronner. Das ist aber noch nicht alles.

Kreisky macht ihn auf seine Verwandtschaft mit einem Mann aufmerksam, bei dessen Erwähnung Oscar Bronner stutzt. „Sie kennen diesen Mann, der mit den Rosen herumgeht?", fragt Kreisky. In der überschaubaren Welt der Restaurants und Bars der Wiener Innenstadt ist damals ein Mann allseits bekannt, den die Leute alle nur „den Teller" nennen und der sein Auskommen als Rosenverkäufer findet. Auch Oscar Bronner ist ihm schon oft begegnet. „Die Schwester des Teller hat den Namen Antonia getragen", sagt Kreisky. Antonia „Toni" Teller. Die Ehefrau von Oscar Bronners Onkel, die in Auschwitz ermordet wurde.

Die damalige Medienpolitik der SPÖ unterscheidet sich kaum von der heutigen. Aus Sicht der meisten Parteimitglieder gibt es, was Zeitungen anlangt, nur zwei Sichtweisen: Entweder sie sind gegen einen oder für einen. Weil Kurt Tozzer namhaften Wiener Funktionären im „Express" zu wenig Parteipropaganda verbreitet, wird er kurzerhand entlassen. Für den jungen Oscar Bronner ein Erlebnis, das ihn prägt: „Ich habe mir gedacht: Aha, wenn das hier so ist, dann muss ich woandershin." Kaum hat Tozzer seinen Schreibtisch geräumt, greift Bronner zum Telefonhörer und lässt sich den Chefredakteur des „Kurier" geben. „Ich habe zuerst bei einer Parteizeitung und dann bei einer camouflierten Parteizeitung gearbeitet. Aber für mich selbst habe ich immer das gemacht, was man unabhängigen Journalismus nennt. Und beim ‚Kurier' hatte ich das Gefühl, dass der dort am ehesten stattfindet."

Hugo Portisch, „hörbar verwundert" über den selbstbewussten jungen Mann am anderen Ende der Leitung, lässt sich vorerst auf nichts festnageln. „Kommen S' zuerst einmal vorbei, und dann schauen wir, was wir machen können", bescheidet er ihm. Als Bronner eine Woche später im „Kurier"-Büro aufkreuzt, bietet ihm Portisch für eine Gage von 4.500 Schilling brutto eine Stelle in der Redaktion der damals neuen Samstagsbeilage „Weekend" an. „Ein für die Zeit revolutionärer Name, der schwer durchzusetzen war, weil vom Herausgeber bis zur Sekretärin alle gesagt haben: ‚Das Wort wird in Österreich kein Mensch verstehen'", erzählt Portisch. Als Bronner ein paar Wochen später seinen Dienst in der Redaktion in der Lindengasse im Bezirk Neubau antritt, wird ihm zuerst sein neuer Ressortleiter vorgestellt. Auftritt eines strengen Herrn mit Hornbrille und Dreiteiler, eines bekennenden Konservativen und Wirtschaftsliberalen, der den Journalistenberuf vor allem als Service am Leser begreift. Der Name des strengen Herrn lautet Jens Tschebull. „Die Chemie zwischen uns war nicht wirklich gut. Aber ich habe von Anfang an seine Professionalität akzeptiert", sagt Bronner. Der Respekt beruht auf Gegenseitigkeit. Bronner ist gerade einmal zwanzig, als ihn Tschebull zum Alleinverantwortlichen für die Bücherseite ernennt. In der Literaturberichterstattung findet Oscar Bronner ein Feld, das ihn begeistert.

Fürs „Weekend" führt er Gespräche mit jenen großen alten Männern der österreichischen Literatur, die in den Jugendjahren der Zweiten Republik der Vergessenheit anheimzufallen drohen, obwohl sie nach wie vor arbeiten. Als 1964 das bereits 1939 verfasste Buch „Das große Protokoll gegen Zwetschkenbaum" erscheint, nachdem es zuvor 16 Verlagen abgelehnt haben – darunter 1947 die Wiener Verlegerin Ilse Luckmann mit der Begründung, „dass die Zeit noch nicht reif ist für ein Buch, in dem ein Jude gut wegkommt", spricht Bronner mit Albert Drach. Nach dem Erscheinen der „Tangenten", die tagebuchartige Notizen und Reflexionen aus den Jahren 1940 bis 1950 versammeln, interviewt er im März 1965 Heimito von Doderer;. Erstmals in seiner beruflichen Laufbahn hat Oscar Bronner eine Arbeit gefunden, die ihn erfüllt. Nicht für lange.

VI

Wenn es heute ein allgemeingültiges Urteil über das kreative Epizentrum des Wien der Sechziger gibt, dann herrscht unter jenen, die diese Dekade am eigenen Leib erfahren haben, seltene Einigkeit über dessen Lage. Im letzten Jahrzehnt in Österreich, in dem die Abtreibung ein Verbrechen, eine Scheidung schandhaft, die Pfarrer noch Autoritäten und die Medien willfährige Diener ihrer wirklichen oder gefühlten Herren waren, wurde in der Hauptstadt ein Mythos geboren, dessen Strahlkraft bis heute abertausende Touristen in die Dorotheergasse 6 zieht. Jener überschaubare Kreis junger Leute, die von der Spießigkeit und Fadesse des Wiener Alltags die Nase voll hatten, schienen an der Eingangstür des Café Hawelka alles abzustreifen, was sie an den Verhältnissen hassten.

Um, drinnen angekommen, das genaue Gegenteil dessen zu erleben und zu leben: eine Atmosphäre prinzipieller Aufgeschlossenheit gegenüber neuen kulturellen Strömungen; eine manchmal gespielte, manchmal wirkliche Polyglottheit und eine Vielzahl so hedonistischer wie intellektueller Gesprächspartner. Das alles bei leidlich gutem Kaffee, internationalen Zeitungen und jener Atmosphäre der Überschaubarkeit und Geborgenheit, die in Österreich seit jeher unabdingbar für kreatives Schaffen ist. „In Wahrheit war die Szene, die dort verkehrt hat, ja wahnsinnig klein. Deshalb hat irgendwann einmal gleich jeder jeden gekannt. Das Hawelka konnte nur deshalb so wichtig werden, weil es das einzige Café war, wo man als halbwegs vernünftiger Mensch hingehen konnte. Alle, die keine Lodenmäntel, Burberry-Hemden und Schuhe von der Firma Nagy getragen haben – das war die ‚Uniform' der Konservativen –, sind ins Hawelka gegangen", erzählt der Architekt Luigi Blau, mit dem Oscar Bronner das Café schon zu Teenagerzeiten entdeckt hatte. „Der Ossi ist damals in die Maturaschule gegangen mit einem Kollegen, der bei mir im Haus gewohnt hat. Wenn wir so um zwei herum von der Schule heimgekommen sind, haben wir die Schultaschen auf die Kellerstiege gestellt und sind schnurstracks ins Hawelka gegangen. Am Nachmittag Kaffee, am Abend Birnenschnaps und Wein. Für uns war's eine Art Akademie: eine Institution, in der wir das Erwachsensein geprobt haben. Als Junger bist du ins Hawelka gegangen, hast dir eine Gitanes angesteckt und einen Mokka und eine Zeitung bestellt. Eine große, damit's gut ausgeschaut hat."

An der Wand des Lokals wechseln ständig die Poster, die die neuen Ausstellungen, Konzerte und Lesungen bewerben; die restliche Innenfassade füllt sich mehr und mehr mit den Bildern, die der malende Teil der Gäste dem Inhaber Leopold Hawelka überlässt. Selten aus Zuneigung, oft, weil sie nicht genug Geld haben, um ihre Rechnungen zu begleichen. Zu den Gästen gehören Mitglieder der Wiener Gruppe, Friedrich Achleitner, Gerhard Rühm, Oswald Wiener; der Dichter H. C. Artmann; die Schauspieler Joe Berger und Oskar Werner; der Dirigent Nikolaus Harnoncourt, der Sänger Georg Danzer. Die Malerfraktion, die sich gerade anschickt, den Phantastischen Realismus zu erfinden

– Friedensreich Hundertwasser, Ernst Fuchs, Rudolf Hausner, Hubert Aratym, Wolfgang Hutter –, vertreibt sich die Zeit im verrauchten Leseraum des Lokals. Ein paar Tische weiter wälzt der junge Industriellenerbe André Heller mit seiner Freundin Erika Pluhar Pläne für einen Film; und der Fotograf Franz Hubmann, der das Hawelka durch seine Bilder unsterblich machen wird, richtet sein Objektiv ein. Und Oscar Bronner: „Wenn man sich einen Stammplatz erarbeitet hatte, war man akzeptiert. Und dann war's halt so, dass man das eine Mal neben dem Konrad Bayer zu sitzen kam, das andere Mal neben dem Ossi Wiener und das nächste Mal neben dem Hundertwasser. Und wenn der Elias Canetti in Wien war, ist er halt auch dort zum Sitzen gekommen."

Unter all den Leuten, von denen manche in den darauffolgenden Jahrzehnten in ihren jeweiligen Metiers zu Stars werden, wenn sie es nicht schon sind, lernt Oscar Bronner im Hawelka einen Mann kennen, dessen Philosophie, Allgemeinwissen und nicht zuletzt dessen Kunst ihn sein Leben lang faszinieren werden und der ihm bis zu seinem Tod ein väterlicher Freund sein wird: den Maler, Grafiker und Aquarellisten Kurt Moldovan. Als Bronner den 1918 geborenen Künstler kennenlernt, ist der bereits prominent. Spätestens seit 1952, als er den österreichischen Beitrag zur Biennale in Venedig gestaltet hat, kann er von seiner Arbeit leben. Dass Moldovan „immer jedem Rock nachgerannt ist, das hat zeitweise unendlich genervt" (Luigi Blau), sieht ihm Oscar Bronner, selber alles andere als ein Kind von Traurigkeit, nach. Für ihn zählen andere Dinge. „Wir haben endlos Schach miteinander gespielt und uns über Kunst unterhalten. Das bisschen zeichnerische Ausbildung, das ich bekommen habe, stammt alles vom Kurti. Ich habe ihm beim Zeichnen buchstäblich über die Schulter geschaut." Was Bronner an dem Mann fasziniert, der zur Generation seines Vaters zählt, ist vor allem die Radikalität, mit der dieser seinem Beruf nachgeht. „Er hat immer gesagt: Ich brauche keine Kinder, keine Familie, keine Verantwortung. Wenn ich die hätte, könnte ich mich nicht auf meine Arbeit konzentrieren. So brauch ich kein schlechtes Gewissen haben, wenn ich in meiner Kunst lebe."

Ende der Siebzigerjahre wird sich Oscar Bronner an diese Worte erinnern, als er in New York Pierre Matisse kennenlernt, den jüngeren von zwei Söhnen des französischen Malers Henri Matisse. Pierre Matisse führt zu jener Zeit im Fuller Building in Midtown Manhattan eine bedeutende Galerie für moderne Kunst aus Europa. Als das Gespräch auf das Leben als Sohn eines berühmten Mannes kommt, erzählt er Bronner folgende Geschichte: „Mein Vater war schon am Anfang seiner Karriere ein relativ erfolgreicher akademischer Maler. Er hat gut verdient und konnte sich folglich eine Ehe leisten." Henri Matisse, der aus einer früheren Beziehung eine Tochter namens Marguerite hatte, hatte im Jahr 1889 Amélie Parayre geheiratet. Aus der Ehe gingen zwei Söhne hervor: Jean und Pierre. „Dann hat er von einem Tag auf den anderen beschlossen, Avantgardemaler zu werden und hat mit einem Schlag kein Geld mehr verdient. Meine Mutter hat er daraufhin putzen geschickt und die Kinder zu den Schwiegereltern, bei denen ich dann aufgewachsen bin. Wir haben so lange dort gelebt, bis er wieder genug verdient hat.

Erst dann hat er uns wieder zu sich geholt." Oscar Bronner zieht daraus seine eigenen Schlüsse: „Als Vater war Henri Matisse ein Katastrophe. Wenn er aber nicht getan hätte, was er getan hat – die Familie zurücklassen, um sich selbst zu verwirklichen – hätte die Welt wahrscheinlich nie von ihm gehört, und die Kunstgeschichte sähe anders aus."

Außer Kurt Moldovan gibt es noch einen anderen Menschen, der Oscar Bronner in den Jahren im Hawelka zur wichtigen Bezugsperson wird. Viktor Matejka, Sohn eines Heurigensängers und eines Dienstmädchens, hatte sich in der Ersten Republik nach dem Studium der Chemie, der Geschichte und der Geografie als Pionier der Volkshochschulenbewegung im „Roten Wien" und als Bildungsreferent der Arbeiterkammer einen Namen gemacht, wofür ihn die Austrofaschisten zeitweise mit Berufsverbot belegten. Er zählt zu den letzten Überlebenden des sogenannten „Prominententransports", jener ersten Deportation prominenter österreichischer Nazigegner, die Hitlers Schergen sofort nach dem Einmarsch durchführten, um jeglichen Widerstand im Keim zu ersticken. Von 1938 bis 1944 war Matejka in den Konzentrationslagern Dachau und Flossenbürg inhaftiert. In Dachau hatte Matejka in seiner Funktion als Häftlingsbibliothekar aus verschiedenen Zeitschriften sogenannte „Pickbücher" gebastelt.

Er klebte Artikel, die die Verlogenheit des NS-Regimes bloßstellten, auf Buchseiten, die befreundete Häftlinge in der Buchbinderei des Lagers zu Büchern in Postkartengröße banden. Nach Kriegsende bestellte ihn die unter dem Einfluss der russischen Besatzungsmacht stehende KPÖ zum

Stadtrat für Kultur und Volksbildung. Als solcher sprach er jene berühmt gewordene Einladung an alle vom NS-Regime vertriebenen Österreicher aus, die diese zur Rückkehr aus dem Exil bewegen sollte. Als Oscar Bronner den genialen Raconteur und Querkopf kennenlernt, hat sich dieser ebenfalls der bildenden Kunst zugewandt – allerdings nicht als Schaffender, sondern als Sammler. „Der Viktor hatte ein unglaubliches Talent, Menschen an sich heranzuziehen. Aber was ihn für uns Junge so attraktiv gemacht hat, war, dass er fantastisch Geschichten erzählen konnte. Da war dieser Mann, der Jahre im KZ gesessen ist, der unglaubliches Leid erlitten und gesehen hat. Und trotzdem, wenn er seine Geschichten erzählt hat, sind wir teilweise vor Lachen am Boden gelegen", erzählt Luigi Blau. So kommt es, dass Bronner im Verbund mit André Heller und Blau mit Matejka nicht nur im Hawelka beisammensitzt, sondern sie ihn auch in ihre jeweiligen Wohnungen einladen. „Einfach nur so, zum Geschichtenerzählen", wie sich Oscar Bronner erinnert. „Er ist immer vom Hundertsten ins Tausendste gekommen. Und unsere Aufgabe bestand dann darin, ihn zu bremsen, so nach dem Motto: Bitte, Viktor, erzähl doch zuerst die eine Geschichte fertig… aber da hat er schon wieder gesagt: Na ja, Moment, aber da muss ich erst noch die andere Geschichte erzählen, sonst versteht man das ja gar nicht…"

Kunst und Kaffee, Literatur und Zeitgeschichte im Selbststudium, und Frauen, endlos viele Frauen: Oscar Bronner führt Mitte der Sechzigerjahre das Leben der jungen Wiener Boheme. So kommt es fast zwangsläufig, dass die Vorschläge für die Geschichten, die er seinem Ressortleiter beim „Kurier" anträgt, zunehmend aus der eigenen Lebenswelt kommen. Mitte 1964, das Sommersemester hat gerade begonnen und Bronner neben Theaterwissenschaft auch Jus belegt, schlägt er eine Geschichte über eine der wie Pilze aus dem Boden schießenden studentischen Diskussionsrunden vor, in denen von soziologischen Fragen über die Innenpolitik bis zu Umweltfragen nichts ausgespart bleibt. Im Rahmen dieses Zirkels wird Oscar Bronner einen vier Jahre älteren Kollegen aus einer Familie ehemaliger Widerstandskämpfer kennenlernen, mit dem er sich in der Folge anfreundet. Sein Name ist Peter Michael Lingens.

Auch im „Kurier" selbst bricht 1964 eine turbulente Zeit an. Chefredakteur Hugo Portisch hat das erste Volksbegehren in der Geschichte der Zweiten Republik ins Leben gerufen, das sogenannte „Rundfunkvolksbegehren". Dieses zielt darauf ab, den ORF mittels eines klar definierten Gesetzes aus den herrschenden politischen Verhältnissen herauszuhalten und ihn zu einem wirklich unabhängigen Medium zu machen. Als Vorbild dient die BBC, die als öffentlich-rechtliches Rollenmodell in Sachen unabhängiger Journalismus gilt. Bis in die Sechzigerjahre wurde die ORF-Spitze nach dem großkoalitionären Proporzsystem besetzt. Bekam ein Sozialdemokrat einen hohen Posten, musste der nächste zu vergebende Job an einen ÖVP-Parteigänger gehen. Hatte die Volkspartei gemäß dem Spruch ihres langjährigen Bundeskanzlers Julius Raab („In des Kastl schaut eh kana eini. Des überlass' ma den Roten") den ORF lange links liegen gelassen, sollte ein 1964 vom „Kurier" aufgedecktes Geheimabkommen zwischen Raabs Nachfolger Alfons Gorbach und SPÖ-Chef Bruno Pittermann der neuen Wichtigkeit des Mediums Tribut zollen. Der Übereinkunft gemäß sollte fortan praktisch jeder einzelne Posten im ORF doppelt besetzt werden, vom Generalintendanten bis zur Putzfrau. Motto: Wo ein Schwarzer sitzt, muss ein Roter daneben stehen und vice versa. Nachdem seine Zeitung den Deal aufgedeckt hatte, initiierte Portisch das Rundfunkvolksbegehren. Zur Überraschung nicht weniger Österreicher sprangen die mit Parteigängern von SPÖ und ÖVP durchsetzten Redaktionen der „Presse", der „Kleinen Zeitung", der „Salzburger Nachrichten" und der „Wochenpresse" auf den Zug auf. Im Gegensatz zu den ORF-Redakteuren selbst, die das Volksbegehren in ihren Sendungen einfach totschwiegen. Als „Kurier"-Mitarbeiter stellt sich auch Oscar Bronner auf die Straße, um Zettel mit dem Aufruf zum Unterschreiben zu verteilen: „Es war eine richtiggehende Euphorie. Man tat etwas, für das man hundertprozentig einstehen konnte."

Die Eintragungsfrist dauerte vom 5. bis zum 12. Oktober 1964. Das Ergebnis übertraf alle Erwartungen. Jene 200.000 Unterschriften, die damals erforderlich waren, um das Parlament zu einer Auseinandersetzung mit dem Thema zu zwingen, wurden weit übertroffen. 832.353 Österreicherinnen und Österreicher unterschrieben. Bronner feierte seinen kleinen Anteil am Erfolg mit seinen Freunden an dem damals einzig dafür vorstellbaren Platz: im Hawelka. Der Begeisterung darüber, dass sich erstmals in der Zweiten Republik so etwas wie eine Zivilgesellschaft formiert hatte, folgte schnell die kalte Dusche. Das von Portisch und Co. ersehnte Gesetz kam im Nationalrat nicht über das Entwurfsstadium hinaus. Nicht zuletzt, weil im damit befassten Ausschuss genau jene Politiker saßen, die um ihren Einfluss fürchteten. Erst im Wahlkampf zur Nationalratswahl 1966 griff die ÖVP das Thema ORF-Gesetz wieder auf. Nachdem Josef Klaus die absolute Mehrheit gewonnen hatte, löste er sein Wahlversprechen ein. Ein neues Rundfunkgesetz wurde beschlossen, das mit 1. Jänner 1967 Gültigkeit erlangte. Mit dem darauffolgenden Amtsantritt des konservativen Autokraten Gerd Bacher änderten sich die Dinge zum Besseren. Erstmals schien ein wirklich unabhängiger öffentlich-rechtlicher Rundfunk in Österreich möglich. Das Zeitfenster würde sich aber in den kommenden Jahren durch eine nochmalige Änderung des Rundfunkgesetzes schnell wieder schließen – und unter anderem dazu führen, dass der ORF bis heute unter dem Einfluss der Parteien leidet.

Das Engagement fürs Rundfunkvolksbegehren wird eine der letzten Taten Oscar Bronners beim „Kurier" sein. Anfang 1965 muss er endgültig einsehen, dass sich Job und Studium nicht vereinbaren lassen: „Ich bin jeden Tag um zehn in die Arbeit gekommen. Da ging es einfach nicht, dass man sich mittags verabschiedet, um mal schnell in die Vorlesung zu gehen. Ich hab mir dann auch noch eingebildet, dass ich Soziologie studieren muss und habe gekündigt. Außerdem wollte ich prinzipiell mehr Zeit haben, ein freierer Mensch werden." Sein Geld will Bronner künftig als freier Journalist zu verdienen. Seiner Mutter, die die Karriere ihres Sohnes bis dahin wohlwollend begleitet hat, passt das gar nicht. „Sie hat bis dahin alles akzeptiert, was ich gemacht habe. Aber nachdem ich beim ‚Kurier' gekündigt hatte, hat sie geschimpft: ‚Warum gehst du da weg? Du bist doch das Liebkind vom Portisch! Eine Anstellung aufgeben! Das darf doch nicht wahr sein!'" Oscar Bronner macht sich zu diesem Zeitpunkt wenig Sorgen um die Zukunft. „Ich dachte, ich komme als Freier auf das Monatseinkommen, das ich bis dahin verdient habe. Und siehe da, es war nicht so."

VII

Obwohl er als einer der ersten freien Journalisten in Österreich nach einer Methode arbeitet, für die man später das
Wort „crossmedial" erfinden wird – er bereitet verschiedene
Geschichten zum gleichen Thema für Zeitungen, fürs Radio, manchmal auch fürs Fernsehen auf –, reicht das Geld
oft nicht bis zum Monatsende. Das Problem besteht dabei
weniger in seinem Arbeitseifer als in seiner nahezu krank-
haften Akribie. Oscar Bronner recherchiert „jede Geschichte
zu Tode. Ich habe mir schon immer schwergetan, einen Text
aus der Hand zu geben. Ich habe fast nie eine Story ausrei-
chend recherchiert gefunden und immer alles endlos umge-
schrieben. Das ist auch einer der Gründe, warum ich heute
praktisch nichts oder nur ganz wenig schreibe. Ich bin als
Autor für eine Tageszeitung gänzlich ungeeignet." Für jene
Geschichten, die einem die nötige Zeit zum Recherchieren
und viel Raum zum Schreiben geben, gibt es im Österreich
der Sechzigerjahre nur ein Medium. Der Zufall will es, dass
Oscar Bronner zu diesem leicht Zugang findet.

In seinem Haus in Breitenfurt hat Gerhard Bronner
einen Mann zum Nachbarn, der ihm bis zu dessen Tod
1979 einer der engsten Freunde sein wird: den Schriftsteller Friedrich Torberg, eigentlich Friedrich Kantor-Berg. Der
Autor des Weltbestsellers „Der Schüler Gerber" hatte bis
1938 als Publizist und Theaterkritiker in seiner Heimatstadt Prag und in Wien gearbeitet und war anschließend
über die Schweiz nach Frankreich und 1940 in die USA ge-

flüchtet, wo er sein Geld unter anderem als Drehbuchautor in Hollywood und New York verdiente. „Er war einer der weltläufigsten Leute, die ich bis dahin gekannt habe. Und Torberg war, wie der Matejka, ein begnadeter Geschichtenerzähler, der seine Zuhörer nächtelang im Alleingang unterhalten konnte. Die Geschichten, die später in der ‚Tante Jolesch' gestanden sind, hat er mir und meinem Vater oft erzählt. Bis wir ihn dann irgendwann einmal gedrängt haben, sie aufzuschreiben." 1954, kurz nach seiner Rückkehr nach Wien, hatte der Sohn einer deutsch-jüdischen Familie die Monatsschrift „Forum – Österreichische Monatsblätter für kulturelle Freiheit" gegründet, die trotz einer Verkaufsauflage, die selten mehr als tausend Stück erreichte, bis zu ihrer Einstellung im Jahr 1995 zum Vorzeigeblatt des intellektuellen Wien der Zweiten Republik werden sollte. Die erste Geschichte, die Oscar Bronner Torberg fürs „Forum" vorschlägt, nimmt dieser mit Freuden an. Sie wird trotz der begrenzten Leserschaft der Zeitschrift weltweit zitiert. Und das, obwohl sie eigentlich fürs ORF-Fernsehen gemacht wurde – in dem sie nie ausgestrahlt werden durfte.

Franz Novak, Jahrgang 1913, lebte nach dem Ende des Zweiten Weltkriegs bis Anfang der Sechzigerjahre unbehelligt in Wien, wo er als Betriebsleiter einer Druckerei arbeitete. Zwischen 1940 und 1945 hatte er einen anderen Job: Novak war federführend an der Organisation der Deportationen hunderttausender Juden in die Vernichtungslager beteiligt, die von der damaligen Hauptstadt der Ostmark und von Budapest ausgingen. Im Zuge von Ermittlungen der

Staatsanwaltschaft Frankfurt/Main waren im Jahr 1961 ein paar Dutzend Haftbefehle gegen ehemalige NS-Verbrecher erlassen worden – unter ihnen Novak, der bis in die späten Fünfziger unter falschem Namen in Wien gelebt, aber Ende der Dekade wieder seinen richtigen Namen angenommen hatte. Nicht zuletzt, weil er nicht mehr damit rechnete, dass sich jemand an ihn und seine Taten erinnern würde. Er hatte sich verrechnet. Ende 1964 wurde dem aus der Kärntner Kleinstadt Wolfsberg stammenden „Fahrdienstleiter Adolf Eichmanns" der Prozess gemacht, im Rahmen dessen er sich darauf ausredete, „nicht gewusst zu haben, was mit den Menschen in den Zügen passiert. Auschwitz war für mich nur ein Bahnhof."

Das Urteil betrug nur acht Jahre Haft, weil die Geschworenen Novak im Anklagepunkt der Beihilfe zum Mord freisprachen und ihn nur wegen § 87 des österreichischen Strafgesetzes, dem sogenannten „Eisenbahnerparagraphen", verurteilten, der es unter Strafe stellte, „die Unversehrtheit von Passagieren bei einem Eisenbahntransport vorsätzlich zu gefährden". „Irgendjemand (es war Simon Wiesenthal, Anm.) hat damals ausgerechnet, dass der Novak gut dreieinhalb Minuten für jeden Toten, den er mitzuverantworten hatte, in der Zelle verbringen würde. Ich war wie viele andere über das Urteil zornig und habe mit meinem Vater darüber gesprochen, ob wir das nicht in einer seiner Sendungen verwerten wollen. Am Ende haben wir uns entschlossen, nicht zu lamentieren, sondern die Geschichte quasi ‚umzudrehen'", erzählt Oscar Bronner über seine Gefühle unmittelbar nach der Urteilsverkündung.

An einem kalten Jännervormittag des Jahres 1965 stellt sich Oscar Bronner mit einer Spardose in die Wiener Einkaufsstraße Wollzeile und sammelt Spenden für das „Justizopfer" Franz Novak. In der dem Standplatz Bronners gegenüberliegenden Buchhandlung Heger hält eine versteckte Kamera das Geschehen fest. Nach gut zwanzig Minuten hat Oscar Bronner 160 Schilling in seiner Dose und ein neonazistisches Flugblatt in der Hand, das ihm ein Passant gegeben hat. Als der Fernsehbeitrag fertig geschnitten ist, verweigern die ORF-Sendungsverantwortlichen die Ausstrahlung. Begründung: Die Geschichte sei zu verstörend, als dass man sie den Zuschauern zumuten könne.

Oscar Bronner nimmt's zur Kenntnis und schreibt eine Reportage über das Erlebte. „Das ‚Forum' hat damals die einzige Möglichkeit geboten, diese Geschichte zu veröffentlichen. Es gab ja noch kein ‚profil' und kein ‚Datum', nur die ‚Wochenpresse' und die ‚Furche'. Und die kamen aufgrund ihrer konservativen Richtung nicht in Frage." Die Story erscheint im Februar 1965 in der „Forum"-Ausgabe 134. Ein Auszug: „Etwa 45 Prozent der Passanten wussten nicht, für wen ich sammelte, und spendeten trotzdem. Weitere 45 Prozent wussten es und spendeten deshalb. Bei zehn Prozent stieß ich auf Widerstand, der aber keine nachhaltigen oder gar heftigen Formen annahm. Hingegen wurde auf der Wollzeile von sehr vielen Menschen gelächelt, denn die Wiener sind ein freundliches Volk. Zu der erwarteten Schlägerei kam es nicht. Die drei Pullover brauchten mich vor keinen blauen Flecken zu schützen. Und gegen das Frösteln, das ich noch lange spürte, hätten mir auch zehn

Pullover nicht helfen können." Einen Leser des „Forum"
beeindruckt das „Husarenstück eines jungen, mir damals
unbekannten Reporters" ganz besonders. Der 1956 über
Prag und Warschau aus Ungarn nach Österreich geflüchtete Journalist Paul Lendvai arbeitet seit Anfang der Sechzigerjahre für die in London erscheinende „Financial Times"
als Mittel- und Osteuropakorrespondent, schreibt aber ne-
benher zahllose Geschichten für andere englischsprachige
Medien auf der ganzen Welt. Mitte 1965 veröffentlicht Lendvai eine Story in dem zwei Jahrzehnte zuvor vom Ameri-
can Jewish Committee als Organ der antikommunistischen
Linken gegründeten Magazin „Commentary", die den Titel
„The New Austria and the Old Nazis" trägt und in dem der
damals 31 Jahre alte Lendvai Bronners „Forum"-Geschichte
ausführlich zitiert und kommentiert: „Der Fall Novak emp-
fiehlt sich noch immer als Ausgangspunkt für einen Über-
blick über die Fragen, die sich in Österreich in juristischer,
politischer und moralischer Hinsicht in Zusammenhang
mit den alten Nazis und den mannigfaltigen Bekundungen
des Neonazismus und des Rechtsextremismus ergeben."
Die Geschichte wird in zahlreiche Sprachen übersetzt und
in Magazinen auf der ganzen Welt nachgedruckt.

Durch die Novak-Geschichte hat sich Oscar Bronner
mit einem Schlag einen Namen gemacht. Was dazu führt,
dass ihn plötzlich ihm bis dahin unbekannte Leute auf einschlägige Storys aufmerksam machen. Kurz nachdem die
Geschichte die Runde gemacht hat, kontaktiert ihn ein
Mitglied des Verein Österreichische Widerstandsbewegung
(eines Verbunds ehemaliger Widerstandskämpfer, aus dem

Jahrzehnte später das Dokumentationsarchiv des österreichischen Widerstandes hervorgehen wird) und weist ihn darauf hin, dass der Verein über „ganze Aktenschränke mit Material über ehemalige Nazirichter verfügt, die noch nie jemand durchgearbeitet hat". Oscar Bronner sichtet ein paar Dokumente und bekommt so eine Idee für seine nächste große Story. Sein Weg führt ihn in die Nationalbibliothek, wo er die Amtskalender aus den Jahren 1938 bis 1945 durchforstet, in denen sämtliche Namen der damaligen Richter und Staatsanwälte verzeichnet sind. Anschließend ackert er die aktuellen Amtskalender durch, in denen er auf etwas stößt, das er schon vermutet hatte – das ihn deshalb aber nicht weniger schockiert.

Im Herbst 1965 erscheint im ersten „Forum-Sonderheft" der Geschichte unter dem Titel „Die Richter sind unter uns" die Geschichte, die seine Recherchen zusammenfasst. Darin weist Oscar Bronner nach, dass zahlreiche österreichische Staatsanwälte, die zwischen 1938 und 1945 hunderte Todesurteile veranlassten, ihre Karriere nach dem Ende der Nazi-Herrschaft fortsetzten, als ob nie etwas gewesen wäre. Viele von ihnen als Richter. Manche hatten es bis in den Obersten Gerichtshof geschafft oder waren in führende Verwaltungsposten aufgestiegen, wie Walther Hauke, der zum Zeitpunkt des Erscheinens der Geschichte im sozialdemokratisch geführten Justizministerium von Christian Broda die Personalabteilung leitet.

Wieder ist Bronner mit seiner Geschichte zuerst zu Friedrich Torberg gegangen. Der verweist ihn diesmal an einen jüngeren Kollegen, der trotz eines SPÖ-Parteibuchs keine Scheuklappen hat und der binnen kurzer Zeit zum „Forum"-Mitherausgeber avancieren wird. „Damals musste man vor Günther Nenning knien, so gut und pointiert konnte der schreiben und seine Argumente vortragen. Über den Weg, den er in den Jahrzehnten danach gegangen ist, mag ich nichts sagen. Zumindest hat er sich für die Kommentare, die er später für uns geschrieben hat (den ‚Standard', Anm.), sichtlich mehr Mühe gegeben als für die in der ‚Krone'", wird Oscar Bronner vier Jahrzehnte später sagen. Anders als im Fall Novak („Ich war verblüfft, dass die das genau so gedruckt haben, wie ich es geschrieben habe") wird Bronners Geschichte diesmal heftig redigiert.

„Der Nenning hat sich mit mir hingesetzt und wir haben sie von hinten bis vorne durchdiskutiert. Das Problem bei der ersten Version war, dass man der Geschichte zu sehr den Schaum vorm Mund angesehen hat, den ich beim Schreiben hatte. Der Nenning hat gut daran getan, ihn mir wegzuwischen. Er hat mich dazu gebracht, die Geschichte in jene coole Form zu bringen, in der sie letztendlich veröffentlicht wurde." Weil beide die Angst plagt, dass die „Forum"-Sonderausgabe vom Justizministerium beschlagnahmt werden wird, wendet Oscar Bronner einen Trick an, den er ein paar Jahre später zur Kunstform erheben wird. „Die Richter sind unter uns" erscheint im „Forum" nicht als „reguläre" Geschichte, sondern als Beilage, samt eigenem Impressum. Nachdem sie erschienen ist, wird Christian Broda, ein persönlicher Freund Nennings und bis dahin selber regelmäßiger „Forum"-Autor, seines Zorns kaum Herr: „Zu insinuieren, dass ich, Broda, beschlagnahmen werde!" Der

Justizminister schreibt Nenning einen Brief, in dem er wort-
reich ausführt, welche rechtlichen Rahmenbedingungen es
ermöglichen, dass die Nazi-Staatsanwälte nunmehr unter
anderem als Richter in einer Demokratie tätig sein dürfen
– und an dessen Ende er seine „Forum"-Autorenschaft zu-
rücklegt. Günther Nenning erwidert in einem offenen Brief,
der bis heute zu den publizistischen Meisterwerken der
Zweiten Republik zählt. Er bedauert „den Verlust des Autors und Freundes Broda", verteidigt aber die mit „unum-
stößlichen Fakten untermauerte" Geschichte Oscar Bronners auf Punkt und Beistrich. Die Reaktionen, vor allem
jene der SPÖ-Funktionäre, fallen nicht weniger heftig aus
als die Brodas. Oscar Bronner: „Der damalige Zentralsekre-
tär Leopold Gratz, der dann später Wiener Bürgermeister
und Minister geworden ist, hat mich allen Ernstes für einen
ÖVP-Agenten gehalten." Bronners Vater, der das Thema in
einer seiner Sendungen aufgreift, bekommt einen erzürnten
Brief von Walther Haukes Frau, in dem sie ihn ein „Dreck-
schwein" nennt. Seinem Sohn wird er davon nie erzählen.

Nach der öffentlichen Debatte geschieht das, was
die österreichischen Verhältnisse von jeher kennzeich-
net: nichts. Absetzen kann man die betroffenen Richter
und Staatswanwälte nicht, weil es dafür keine gesetzliche
Grundlage gibt, und von selber tritt auch keiner zurück.
Bronner: „Wenn diese Leute schon niemand absetzen kann,
hab ich mir gedacht, dass sie sich wenigstens genieren und
zurücktreten. Aber alle haben einfach so weitergemacht, als
ob nix gewesen wäre." Was er aber noch weniger begreifen
will, ist etwas, das für ihn damals eine Art Schlusspunkt

unter seine fortschreitende Desillusionierung setzt. Mit jener Heftigkeit, mit der das DÖW heute rechtsradikale Umtriebe im Land dokumentiert, hat der Verein damals, als er ausschließlich aus Leuten besteht, die noch aktiv gegen den Nationalsozialismus gekämpft haben, nichts zu tun. Im Gegenteil. Jenes Vorstandsmitglied der Widerstandsbewegung, das Bronner auf die Richter-Story gestoßen hatte, will nach dem Erscheinen der Geschichte, dass der Vereinsvorstand eine Protestnote gegen die Untätigkeit des Justizministers verabschiedet. Der Vorstand berät – und lehnt ab. Eine Entscheidung, die Oscar Bronner zugleich fassungslos macht und eine neue Erkenntnis gewinnen lässt. „Das waren Leute, die vor 1945 den Kopf für Österreich hingehalten haben und teilweise nur mit viel Glück überlebt haben.

Und zwanzig Jahre später hatten sie plötzlich nicht einmal mehr den Mut zu einer simplen Protestresolution. Warum? Weil die meisten von ihnen das Gefühl hatten, dass sie etwas zu verlieren haben. Von denen wollte sich keiner gegen Leute wie den Broda engagieren, weil das für die Karriere nicht besonders förderlich gewesen wäre." Tatsächlich befanden sich viele Vorstandsmitglieder des Vereins längst auf demselben Marsch durch die Institutionen wie die ehemaligen Nazis auch. Sie saßen mittlerweile selbst in diversen Ministerien und Magistraten, nicht zuletzt im Justizministerium. Dass sich Oscar Bronner mittlerweile einen Namen in der Journalistenbranche gemacht hat, spürt er im Geldbeutel nicht. In der zweiten Hälfte der Sechzigerjahre hilft ihm wieder der Vater aus, der ihn für Recherchen fürs „Zeitventil" und später für seine ab 1969 ausgestrahlte

Fernsehsendung „Die große Glocke" einspannt. An der Universität hat er inzwischen zusätzlich zu Soziologie Psychologie inskribiert. Vier Semester lang geht das Unternehmen gut, dann wird das Geld richtig knapp. Die Zeilenhonorare – Bronner schreibt meistens für seinen alten Arbeitgeber, den „Kurier" – und die Reportagen, die er fürs ORF-Radio produziert, werfen zu wenig zum Leben und zu viel zum Sterben ab. Einzig das Fernsehen scheint neue Perspektiven zu bieten. Für die Sendung „Horizonte" unter ihrem Chef Heinz Prantl, eine Art Vorläufer des „Report", produziert Oscar Bronner unter anderem einen kontroversen Beitrag über den Psychoanalytiker Otto Hartmann, dessen Spezialgebiet die Resozialisierung von Geisteskranken bildet. Zeitgleich vertieft er sich in eine Geschichte, „die ich nie zu Ende recherchiert habe. Sehr zu meinem Leidwesen". Eine Geschichte, die einen der potenziell größten Justizskandale der Zweiten Republik behandelt.

Anfang der Fünfzigerjahre war der 1910 in dem galizischen Dorf Pulawy geborene jüdische Kaufmann und Anwalt Gerszon Kupferblum im Zuge eines dubiosen Export-Deals, bei dem Steuern hinterzogen wurden, in Untersuchungshaft genommen worden. Sein Vergehen: In der Korrespondenz eines Tatverdächtigen war sein Name aufgetaucht. Obwohl schon nach wenigen Tagen feststeht, dass keine ausreichenden Gründe für die Verlängerung der U-Haft vorliegen, bleibt Kupferblum, der Ende der Dreissiger aus Polen nach Palästina geflüchtet war, als britischer Soldat in Ägypten kämpfte und anschließend in Wien gestrandet war, im Gefängnis. „Ich kann mich kaum an meinen Vater erinnern. Nur an die Heldengeschichten, die mir die Leute über ihn erzählt haben, die ihn gekannt haben", sagt der 1964 in Wien geborene Opern- und Theaterregisseur, Autor und Clown Markus Kupferblum, der diese Episode aus dem Leben seines Vaters im Jahr 2010 dramaturgisch verarbeitete. „In Wien gab es damals eine Bande, die sich Exportförderungen erschlichen hat, indem sie angab, die gleiche Ware zweimal ins Ausland verkauft zu haben, obwohl sie es nur einmal tat. Mein Vater hat für diese Bande ein Geschäft mit Uruguay abgewickelt. Aber als er bemerkt hat, dass die Sache nicht koscher war, hat er die Provision zurückgezahlt, weil er mit diesen Leuten nichts zu tun haben wollte. 1955 ist die Bande aufgeflogen und einer ihrer Mitglieder hat behauptet, dass auch mein Vater mit von der Partie gewesen sei. Obwohl er nachweisen konnte, dass seine Bücher sauber waren, wurde er verhaftet, von einem ehemaligen NS-Staatsanwalt angeklagt und von einem ehemaligen NS-Richter zu zweieinhalb Jahren Kerker verurteilt."

Obwohl er nicht gut Deutsch spricht, nutzt Gerszon Kupferblum die Zeit im Gefängnis, um sich ins österreichische Recht einzulesen. Binnen kurzer Zeit ist er imstande, eigenständig Eingaben zu machen, in denen er gegen seine Haft protestiert. Was über ihn kommt, ist nicht seine Enthaftung, sondern der Fluch der bösen Tat. „Irgendwann kam der Tag, an dem die Justiz Kupferblum nicht mehr freilassen konnte, ohne grobe Fehler ihrerseits zuzugeben und damit einen riesigen Skandal zu provozieren", sagt Oscar Bronner. Neben seinen Haftbeschwerden hatte Gerszon Kupferblum den Untersuchungsrichter Norbert Gärtner und den Polizeikommissär Walter Höllhummer wegen Korruption angezeigt, weil sie ihn hätten wissen lassen, gegen eine finanzielle Gegenleistung bereit zu sein, für einen schnellere Enthaftung zu sorgen. (Als sich danach schnell weitere Personen meldeten, die über Gärtner Ähnliches berichteten, wurde der Richter verhaftet.

Er erhängte sich kurz nach dem Haftantritt in seiner Zelle.) Zudem zeigte er Johann Neutzler, den Senatspräsidenten des Obersten Gerichtshofs, und sechs weitere Richter wegen Wiederbetätigung an. Neutzler hatte angesichts der Kupferblum'schen Eingaben gemeint, „dass man noch vor einigen Jahren gewusst hat, wie mit Zugereisten aus dem Osten umzugehen ist". Als sich der Untersuchungshäftling Kupferblum auch noch an den Europäischen Gerichtshof für Menschenrechte wandte, beantragte die Staatsanwaltschaft im April 1957 ein psychiatrisches Gutachten. Dieses zu erstellen oblag einem Mann namens Friedrich Stumpfl, der in Österreich seit 1933 illegal für die NSDAP tätig und in der Folge als Dekan des „Instituts für Rassenhygiene" an der Uni Innsbruck und als Berater des Münchner Gauleiters für das KZ Dachau zuständig gewesen war.

Das Gutachten des nach dem Krieg in den Rang eines honorigen Mitglieds des Bundes sozialdemokratischer Akademiker (BSA) aufgestiegenen Psychiaters: Kupferblum sei zwar schuldfähig, aber das Gericht brauche sich nicht mit ihm auseinanderzusetzen, weil er ein „typischer jüdischer Querulant sei." Nach 14 Monaten wurde Gerszon Kupferblum daraufhin aus der Untersuchungshaft entlassen. Ende der Sechzigerjahre ist Oscar Bronner nicht der erste Journalist, der sich des Falls Kupferblum annimmt. Vor ihm hat sich bereits ein Kollege von der „Presse" die Mühe gemacht, sich durch die zehntausenden Aktenseiten zu wühlen, die Kupferblums Kampf dokumentieren. Hans Zerbs ist im Wien der Sechzigerjahre ein respektierter Journalist, der sich, entgegen den Gepflogenheiten der Zeit, auch im investigativen Fach übt. Am Ende seiner Recherchen hat Zerbs ein 120-seitiges Dossier produziert, in dem er den Fall dokumentiert. Das Problem: Zerbs ist selber Jurist – und das Manuskript ist praktisch für jeden Menschen unleserlich, der nicht selbst mindestens zehn Semester Rechtswissenschaften studiert hat.

Gerszon Kupferblum, so sehr er Zerbs' Arbeit schätzt, verbietet ihm daraufhin, das Dossier einem Verlag zur Veröffentlichung anzutragen. Ihn plagt die Angst, dass seine Leidensgeschichte angesichts der Unleserlichkeit des Manuskripts nicht die Öffentlichkeit bekommt, die sie verdient. Oscar Bronner traut Kupferblum einen neuen Anlauf zu. Monatelang vertieft sich der junge Journalist daraufhin in das Privatarchiv des Mannes, der jedes einzelne Schriftstück, das mit seinem Fall zusammenhängt, aufbewahrt hat. „Mein Vater und der Ossi haben sich damals stundenlang unterhalten. Ich bin dabei auf seinem Schoß gesessen, und wir haben miteinander gespielt", erzählt Markus Kupferblum, der damals vier Jahre alt ist. Bronner verbringt Monate mit der Familie, aber am Ende muss er einsehen, „dass die Kraft nicht reicht". Er will die Sache perfekt machen, aber zu umfangreich ist das Kupferblum'sche Archiv, zu groß der Aufwand. Schweren Herzens gibt Oscar Bronner auf. Gerszon Kupferblum stirbt im Frühjahr 1970. Zeit seines Lebens hat er von der Republik weder eine Entschuldigung noch eine Entschädigung bekommen.

VIII

Es liegt nicht nur an seinem Perfektionismus, dass Oscar Bronner an der Abarbeitung des Falls Gerszon Kupferblum scheitert. Sie bleibt auch deshalb unvollendet, weil er zeitgleich bei einem Projekt mitmacht, das ihm einen Eintrag in der Internet Movie Database in der Kategorie Drehbuchautor sichert, dem virtuellen Lexikon nahezu aller jemals auf der Welt gedrehten Filme. Eines Abends im Sommer 1967 war Bronner im Wiener Innenstadtlokal Café Gutruf in der Milchgasse, „wo im Gegensatz zum Hawelka eher die arrivierte Künstlerklientel ihre Abende verbrachte", auf Peter Patzak und den Fotografen und Kameramann Walter Kindler gestoßen. Kindler arbeitet zu jener Zeit auch für die „Horizonte" und für Gerhard Bronner, „das war aber ein Arbeitsverhältnis, nicht mehr und nicht weniger. Wir haben uns nicht besonders gut verstanden. Der alte Bronner hat zum Beispiel die Beatles gehasst, und das ging gar nicht."

Kindler und Patzak basteln an einem Krimi und laden den jungen Bronner im Laufe des Gesprächs zur Mitarbeit ein. „Er war schon damals als zielstrebiger Einzelgänger bekannt, und wir haben uns gedacht, probieren wir's halt mit ihm", erzählt Kindler. So sitzen die drei ein paar Nächte lang in Bronners Haus in Mauer zusammen und entwerfen Plots und Dialoge. „Es war eine für die damalige Zeit typische Teamarbeit, eine lockere Partie. Der Bronner war halt ein klasser Bursch, mit dem man reden konnte. Wir waren ja alle Dilettanten auf dem Gebiet, haben alles mühselig herausgeklopft", erzählt Kindler. Bis zur Premiere des Films – der ersten Regiearbeit Peter Patzaks – sollten aber noch Jahre vergehen. Dazwischen hatte die Dreierbande unter anderem einen Stopp beim Filmfestival in Cannes eingelegt, wo sie versuchte, mit Geldgebern und Verleihern ins Geschäft zu kommen. Bronner: „Wir hatten dort nur ein Zimmer, und der Kindler und der Patzak, diese beiden baumlangen Kerle, haben in einem Bett geschlafen, während ich die Couch haben durfte." 1973 feiert „Die Situation" Premiere. In Österreich läuft der großteils in Hamburg und in den Alpen gedrehte Thriller, in dessen Mittelpunkt eine von der Engländerin Rita Tushingham gespielte Frau steht, die zuerst von einem ausgefuchsten Bankräuber (Mischa Hausserman) verführt, ihm in der Folge aber zum Verhängnis wird, eher bescheiden. Im Laufe der Jahre finden sich aber in Finnland, Spanien, Italien, Westdeutschland und sogar in den USA Verleiher, die ihn ins Programm nehmen und der Karriere des Regisseurs Patzak den Startschuss geben.

1968? „Ich war dabei, wenn man das für Wien überhaupt sagen kann. Aber immer als Außenstehender. Ich kann mich, ehrlicherweise, vor allem an die Musik erinnern. Ich bin bis heute ein großer Fan der Beatles, obwohl ich auch Elvis gehört habe. Ich hab mir ein Rolling-Stones-Konzert in der Stadthalle gegeben, bei dem die Leute auf den Sesseln gestanden sind. Daneben habe ich Simon&Garfunkel und Leonard Cohen gehört. Und die ersten Platten vom André Heller. Auf der anderen Seite habe ich schon damals viel Klassik gehört. Schubert, Mahler, Beethoven, Tschaikowsky, Rachmaninoff, Bruckner. Ich war viel im Burgtheater, im Volkstheater, im Ateliertheater von Veit Relin. Stücke von Boris Vian, Edward Albee, Jean Anouilh. Und viele, viele Klassiker unter der Regie von Leopold Lindberg. In der Kunst habe ich mich für Fritz Wotruba begeistert, anfangs auch für Arik Brauer."

Auch der Arbeit der sich ab Mitte der Sechziger formierenden Wiener Aktionisten, die mit ihren radikalen Werken die Öffentlichkeit schockieren, kann Oscar Bronner einiges abgewinnen. Mit dem Psychoanalytiker Josef Dvorak, als Mitherausgeber des Manifests „Blutorgel" eine Art früher Chefideologe der Aktionskunst, verbindet ihn eine lockere Freundschaft. Von einer der Einläutungen jener „heißen Viertelstunde", wie sie der Historiker Fritz Keller in seinem Buch „Wien, Mai '68" nennt, berichtet ihm noch am gleichen Abend sein Freund Kurt Moldovan mit den Worten: „Boa! Des hat gstunkn!" Moldovan ist einer von rund dreihundert Leuten, die dem Aufruf von Günter Brus gefolgt sind, der am 7. Juni 1968 im Hörsaal 1 der Uni Wien unter dem Titel „Kunst und Revolution" unter anderem auf Kommando aufs Professorenpult scheißt. Unter den Zuschauern und Mitwirkenden der Performance finden sich viele Stammgäste des Hawelka: Valie Export, Otto Mühl, Malte Olschewski, Peter Weibel, Oswald Wiener.

Obwohl er seine Leidenschaft daheim am Zeichentisch und in nächtelangen Gesprächen mit Moldovan und anderen Gästen des Hawelka auslebt, hat Oscar Bronner im Laufe des Jahres 1968 beschlossen, sein Glück vorerst nicht als Künstler zu suchen. Er ist 25 Jahre alt, als er „zum ersten

Mal ernsthaft" darüber reflektiert, was ihn am meisten interessiert. Er kommt zum Schluss, dass er gerne als Journalist bei einer österreichischen Ausgabe des „Spiegel" arbeiten würde. „Der ‚Spiegel' war das Vorbild, der Traum. Ich habe damals aber noch nicht im Leben daran gedacht, Verleger zu werden." Um sich sein Studium und sein Haus zu finanzieren, muss Oscar Bronner stattdessen weiter als freier Schreiberling Zeilen und Sekunden schinden. Den Ausweg aus diesem Hamsterrad sucht – und findet – er vorläufig in einem anderen Metier.

Ende der Sechzigerjahre gleicht der Werbemarkt in Österreich einer Wüste. Die großen amerikanischen Agenturen wie Thompson, Young & Rubicam oder McCann Erickson haben erst seit kurzem den Markt geentert, und sie betreuen ausschließlich Firmen, die nicht unmittelbar auf das Wohlwollen der Großparteien angewiesen sind. Private Agenturen in österreichischer Hand lassen sich an zwei Händen abzählen. Nicht zuletzt, weil auch in dieser Branche der Parteienproporz regiert. Konservative und Sozialisten teilen sich das größte Werbevolumen des Landes: jenes, das die öffentliche Hand vergibt. Den Löwenanteil vergeben sie an ihnen jeweils nahestehende Firmen. Die ÖVP hält sich die „Internationale Werbegesellschaft", die SPÖ die „Progress Werbe GmbH". Durch einen Studienkollegen hat Oscar Bronner Mitte 1967 einen jungen Mann kennengelernt, der ihm in puncto Selbstbewusstsein in nichts nachsteht und mit dem er darüber hinaus mehr teilt als das Interesse an Werbung und Medien. In Polen hatte die Familie von Jan Mariusz Demner eine Schokoladenfabrik und eine chemisch-pharmazeutische Fabrik besessen. Nachdem sie dem Holocaust nur knapp entgangen war, wurde sie 1945 von den kommunistischen Machthabern enteignet und flüchtete nach Österreich. Als sie in Wien ankommt, ist Mariusz Jan Demner vier Jahre alt. Während die Familie auf Visa für die USA wartet, ergibt sich für seinen Vater die Gelegenheit, sich als Partner in eine lokale Schokoladenfabrik einzukaufen. „Österreich war sicher nicht das Land, in dem wir leben wollten. Aber es hat sich halt so ergeben", erzählt Demner. Kurze Zeit später macht die Familie ein Juweliergeschäft in der Spiegelgasse auf, das es bis heute gibt. Nach der Matura inskribiert Demner Publizistik. „Das Studium war nicht ausfüllend, und ich hatte schon damals so etwas wie einen unternehmerischen Geist."

Demner hat die fixe Idee, eine Werbeagentur zu gründen. In Oscar Bronner findet er den Partner, mit dem er es packen will: „Er konnte schreiben, und nachdem wir uns gut verstanden haben, haben wir dann zu dritt – der Alfred Luger war damals noch dabei – ungewöhnliche Personalanzeigen fabriziert, mit einer damals neuen Art von Gestaltungsraster. Für einen Bekannten, der bei IBM gearbeitet hat. Der Alfred hat dann aber recht schnell eine akademische Laufbahn eingeschlagen, und wir haben beschlossen, zu zweit weiterzumachen."

Was Demner und Bronner außer einer gewissen Grundbefindlichkeit („Was der Ossi und ich sicher gemeinsam hatten, war, dass wir uns beide in Österreich nicht wirklich zu Hause gefühlt haben") eint: Sie wollen angesichts der verschlafenen Wiener Agenturlandschaft eine Firma „neuen

Typs" gründen, die sämtliche damals für Werbung geltenden Konventionen konsequent missachtet. „Wir haben angefangen, Freunde und Bekannte anzuagitieren, die uns Kunden vermitteln sollten. Aber als wir den ersten hatten und versucht haben, uns bei ihm anzubiedern, haben wir schnell gemerkt, dass das nicht funktionieren wird", erinnert sich Oscar Bronner. Was weniger an der Erwartungshaltung des potenziellen Kunden liegt – der Firma Vegetabile, die unter anderem das bekannte Speiseöl Osolio herstellt – als an den Möchtegern-Werbern selbst. „Das Problem war, dass wir, als wir zum Präsentieren unserer Ideen eingeladen wurden, keine Ahnung hatten, wie das geht. Wir waren ja totale Dilettanten", erzählt Demner. „Der zuständige Mensch hat uns gesagt: ‚Na, dann reden Sie mal.' Worauf ich gesagt habe: ‚Und was, wenn Ihnen unsere Ideen nicht gefallen?' Darauf er: ‚Na, dann wird's eben nichts mit dem Auftrag.' Darauf ich: ‚Na gut, aber der Aufwand und so …' Ich hatte vom Hörensagen erfahren, dass es absolut verpönt war, gratis zu arbeiten, und dass es so etwas wie ein Abstandshonorar gibt. Ich wollte sofort übers Geld reden, auch wenn's nix wird. Der Ossi hingegen wollte zuerst über unsere Ideen reden. Kurz und gut: Wir sind vor diesem Menschen gestanden und haben heftig miteinander gestritten."

Die Werbeagentur Bronner&Demner ist Geschichte, noch bevor sie einen Eintrag im Firmenbuch hat. „Auf unsere Freundschaft hat sich das aber zum Glück nicht ausgewirkt", sagt Mariusz Jan Demner. Auch wenn er aus Oscar Bronner manchmal nicht ganz schlau wird. „Ich habe nie verstanden, was er sich alles von seinem Vater gefallen hat lassen. Der hat ihn immer so herablassend und kalt behandelt. Den Ossi plagt deshalb, glaube ich, bis heute eine Urangst, dass er wie ein Petent, ein Bittsteller, behandelt werden könnte. Er wollte nie von irgendjemandem oder irgendetwas abhängig sein." Nachdem die berufliche Liaison mit seinem Freund gescheitert ist, findet Mariusz Jan Demner bald einen neuen Partner. 1969 gründen er und Franz Merlicek die Werbeagentur Demner&Merlicek (heute Demner, Merlicek&Bergmann), die sie in der Folge zur meistausgezeichneten Agentur Österreichs aufbauen.

Oscar Bronner beschließt, allein weiterzumachen. Auch wenn er längst für sich entschieden hat, dass die Werbung nur ein Intermezzo bilden wird. „Es war wie beim Schachspielen. Man zieht den einen Bauern, weil man glaubt, dadurch in eine bessere Position zu kommen, um den Gegner am Ende matt zu setzen. Der Traum, ein Nachrichtenmagazin zu machen, war längst da. Aber ich war ein kleines Würschtl, hatte vom Verlagswesen und vom Zeitungsmachen keine Ahnung. Abgesehen von meinen journalistischen Erfahrungen hat es mir praktisch an allem gefehlt: am Geld, am wirtschaftlichen Know-how, an der Marktkenntnis. Deshalb habe ich mir gedacht, ich schaue mir zuerst einmal diese Seite der Medaille an. Es war zwar kein streng zielgerichtetes Unternehmen. Aber ich habe mich schon damals klar in diese Richtung bewegt."

Obwohl zu Beginn ein Ein-Personen-Unternehmen, gelingt es Bronner schnell, ein knappes Dutzend Kunden für seine Werbeagentur zu gewinnen. Unter ihnen so namhafte wie die Sprachschule Berlitz, der Fenster- und Türenhersteller Hrachovina und der Heizölhersteller Gaskoks. Im Rahmen der Arbeit mit Hrachovina macht er seine erste Erfahrung mit der Inseratenpolitik der damals wie heute SPÖ-dominierten Wiener Stadtregierung. Eines Tages erhält Bronner den Anruf eines Mitarbeiters der großen Baufirma Bauring, die im Besitz der Gemeinde Wien steht und ein wichtiger Kunde von Hrachovina ist.

Der Anrufer teilt ihm mit, dass Hrachovina in der demnächst erscheinenden Baubeilage der – im Besitz der SPÖ befindlichen – „AZ" inserieren wird. Bronner erwidert, dass er davon nichts wisse. Der Anrufer, der sich nicht einmal mit Namen vorgestellt hat, wird daraufhin unwirsch und erklärt ihm abermals, diesmal in schärferem Ton, „dass es ganz klar ist, dass die Firma in der ‚AZ' inserieren wird". Bronner legt auf und ruft sofort seinen Kunden an. Seiner Schilderung des Gesprächs folgt ein langes Schweigen des Hrachovina-Geschäftsführers. Dann sagt der: „Ja, ja, ja, wir werden dort inserieren. Das müssen wir."

Abgesehen von solchen Episoden macht Bronner die Arbeit Spaß. Die Texte für die Anzeigensujets schreibt er selber, für die Grafik greift er, wenn er nicht selber zeichnet, auf Freunde und Bekannte zurück. Als Illustratoren beschäftigt er Luigi Blau, als Fotografen seinen Drehbuch-Koautor Walter Kindler, der wiederum auf die Dienste eines Assistenten namens Xaver Schwarzenberger zurückgreift. Als das Geschäft besser und besser läuft und die Zeit für die Neukundenakquise knapp wird, holt Oscar Bronner einen weiteren alten Bekannten aus dem Hawelka dazu: Peter Allmayer-Beck. „Ich hatte Glück. Mit der Werbung habe ich in relativ kurzer Zeit viel Geld verdient und konnte so auch jene Leute bezahlen, die bei der Gründung der Zeitschrift mitgearbeitet haben. Die standen ja anfangs alle auf der Payroll der Werbeagentur", erzählt Oscar Bronner über die entscheidenden Monate des Jahres 1969, in dem sein Leben jene Richtung nehmen wird, auf die er insgeheim hingearbeitet hat.

IX

Auf der Suche nach einer Grundfinanzierung für das erste unabhängige Nachrichtenmagazin Österreichs wendet er sich an seinen alten Freund Karl Schwarzenberg, der bereits Erfahrung im Mediengeschäft gesammelt hat. 1965 hat Schwarzenberg im Verbund mit Fritz Molden und einer Handvoll anderer Investoren erfolglos versucht, die sechs Jahre zuvor von Hans Dichand und Kurt Falk gegründete „Neue Kronen Zeitung" zu übernehmen. Bronner: „Ich und der Karl hatten in der Zwischenzeit immer wieder mal darüber gesprochen, ein Nachrichtenmagazin vom Schlag eines ‚Spiegel' zu gründen. Aber immer im Konjunktiv: ‚Man sollte doch...', ‚Jemand müsste...', ‚Könnte man nicht...' Es war klar, dass so ein Unternehmen wahnsinnig kompliziert und teuer sein würde."

Und noch etwas anderes beschäftigt Oscar Bronner: dass so eine Zeitschrift unter keinen Umständen parteipolitisch punziert sein dürfte. „Der Kary schien mir als Partner auch deshalb optimal. Ich hatte mit meiner Arbeit bei der ‚AZ' und beim ‚Express' ja eine eher linke Vergangenheit. So eine Konstellation hat die Absicht glaubwürdiger gemacht, dass wir eine überparteiliche Zeitung machen wollen." Ihm und Schwarzenberg ist bewusst, dass ein kritisches Nachrichtenmagazin nicht nur einen notwendigen Dienst an der Demokratie darstellen, sondern auch eine große Leserschaft finden könnte. Mit dem Ertrag aus Abonnements und Kioskverkäufen lässt sich in einem kleinen Markt wie Österreich gestern wie heute keine Zeitschrift finanzieren; das tun zu zwei Drittel die Anzeigenkunden. Bronner: „Es war deshalb klar, dass wir zuerst eine Marktlücke finden müssen, die für die Werbewirtschaft attraktiv ist. Und die lag in der Wirtschaftsberichterstattung."

Als das auch Schwarzenberg so sieht, stimmt er der Gründung eines monatlichen Wirtschaftstitels zu. Der Fürst steuert zu der Gesellschaft mit beschränkter Haftung (GmbH), die als Herausgeber fungieren soll, die Hälfte des damals gesetzlich vorgeschriebenen Grundkapitals von 100.000 Schilling bei. Bronner zahlt die andere Hälfte. Die Summe, die Schwarzenberg im Anschluss in die Firma investieren will, beläuft sich auf drei Millionen Schilling. Bronner verspricht dafür, die Werbeagentur weiterzubetreiben, um nicht zur Gänze am Tropf des Freundes zu hängen. Schwarzenberg: „Man soll seine eigene Rolle nie überschätzen. Wir haben von Anfang an ausgemacht, dass er das Risiko trägt, wenn die Sache in die Hose geht."

Als die rechtlichen und finanziellen Rahmenbedingungen feststehen, macht sich Oscar Bronner umgehend an die Entwicklung einer sogenannten „Nullnummer" – eines Dummys, der noch nicht für den Verkauf bestimmt ist, sondern einzig dem Zweck dient, den Werbetreibenden das neue Produkt zu präsentieren. Als erste Verstärkung holt er sich dafür einen alten Bekannten, mit dem er sich damals „noch immer nicht wirklich" verträgt, dessen Professionalität er aber über die Maßen schätzt. Jens Tschebull schlägt sich, seit er 1968 beim „Kurier" gekündigt hat, als freier Journalist durch. Sein dreifaltiges Credo, das er bis heute gegen alle Angriffe verteidigt: Service, Service, Service. „Journalisten sind nicht dazu da, um sich selbst zu verwirklichen, sondern dem Leser zu dienen", sagt Tschebull. Gemeinsam ackern sie teils in Bronners Büro, teils in Tschebulls Wohnung in Neubau die internationalen Vorbilder des Projekts durch: das deutsche „Capital", die französische „Expansion", aber vor allem das amerikanische Wirtschaftsmagazin „Fortune". Tschebull: „Ich habe mich am Anfang geziert, weil ich vom Konzept nicht überzeugt war. Sein ursprünglicher Plan war, ein Gratismagazin zu machen, das an die Führungskräfte der Wirtschaft verschickt werden sollte." Nach einem langen Gespräch rückt Oscar Bronner von dieser Idee ab, was bei Tschebull Eindruck hinterlässt: „Er war nicht stur, er hat zugehört. Er hatte ja selber noch keine genaue Vorstellung davon, was das werden sollte.

Ich war der Meinung, dass alles, was nichts kostet, nichts wert ist. Unser Produkt sollte ein Qualitätsblatt werden und dementsprechend sauteuer sein." Über Tschebulls Gehalt einigt man sich noch schneller: „Er hat mir 15.000 Schilling im Monat geboten, ich habe 20.000 verlangt. Bei 17.000 sind wir zusammengekommen. Wir haben dann nur mehr lose vereinbart, dass ich im Erfolgsfall mehr bekommen würde." Die Aufgabenteilung ist von Anfang an klar. Bronner sucht die Mitarbeiter aus, Tschebull soll sie führen. Es dauert keine drei Monate, bis das Team der ersten Stunde steht. Den Publizistik- und Geschichtestudenten Hans Rauscher kennt Oscar Bronner „über die Tische hinweg" aus dem Hawelka. Als er ihm von seinem Vorhaben erzählt, hat sich Rauscher gerade seine ersten Sporen im

Wirtschaftsjournalismus verdient. Er schreibt neben dem Studium als freier Autor für die Fachblätter „Der Österreichische Volkswirt" und die von Horst Knapp herausgegebenen, unregelmäßig erscheinenden „Finanznachrichten". Rauscher hat Bronners Gesprächseinladung schon allein deshalb angenommen, weil sich der Spaß an seiner bisherigen Arbeit in Grenzen hält: „Wirtschaftsjournalismus hat damals so ausgesehen: Du bist von irgendeiner Firma zu einer dreitägigen Pressereise eingeladen worden, hast in den besten Hotels gewohnt, hast gut gegessen und getrunken. Und am Ende hast du ein Geschenk dafür bekommen, dass du mitgefahren bist. Wenn du wieder daheim warst, hast du darüber geschrieben. Aber wenn du etwas Kritisches gefragt hast, bist du dir vorgekommen wie Dickens' ‚Oliver Twist' im Waisenhaus. So nach dem Motto: ‚Bitte, lieber Herr Generaldirektor, kann ich noch einen Teller Grütze haben.'"

Oscar Bronner erklärt dem damals 24-Jährigen sein Konzept – und bestätigt diesen in seiner Skepsis gegenüber dem fast gleichaltrigen Herausgeber: „Er hat gesagt: Wir machen ein Blatt, das die Generaldirektoren lesen müssen. Das habe ich ihm nicht geglaubt. Überzeugt hat mich erst der Tschebull, der gemeint hat: ‚Wir müssen ein Magazin für den Zahnarzt machen, der müde nach Hause kommt, mit seiner Frau streitet und seinen Sohn schimpft, weil der einen Fünfer in Mathematik hat. Wenn der ins Bett geht, muss der unser Magazin lesen wollen!' Das Wichtigste war aber, dass Bronner und Tschebull immer betont haben, dass es keine Tabus geben soll, dass wir witzig und frech schreiben sollen. Bis dahin gab es ja praktisch nur Berichterstattung über das, was die Wirtschaftskammer wollte. Die hatte damals eine unvorstellbare Macht. Die Kammer war praktisch die Wirtschaft." Hans Rauscher nimmt Bronners Jobangebot an. „Mein Studium war dann halt zum Leidwesen meiner Eltern beim Teufel."

Ein anderer, den Bronner engagieren will und der auch schon mit ein paar Werbetexten für seine Agentur ausgeholfen hat, ist Peter Michael Lingens. Der traut sich aber zunächst nicht, seine Anstellung beim „Kurier" aufzugeben. Lingens' Frau – er ist frisch verheiratet – hat gerade ein Kind bekommen. Dem aufstrebenden Jungjournalisten ist das Risiko zu groß, bei einem Blatt anzuheuern, das zum Zeitpunkt seines ersten Gesprächs mit Bronner noch nicht einmal einen Namen hat. Dafür vermittelt Lingens Bronner ein paar freie Schreiber, unter ihnen Lajos Ruff. Der aus Ungarn stammende Journalist, der in den folgenden Jahrzehnten ob seines ausgeprägten Sprachgefühls als einer der kreativsten Magazinschreiber des Landes Furore machen wird, war 1956 im Zuge des antikommunistischen Aufstands in seiner Heimat zunächst in die USA geflohen. Dort veröffentlichte er zwei Jahre später ein Buch mit dem Titel „The Brain Washing Machine", was unter anderem dazu führen sollte, dass er Zeit seines Lebens Anspruch auf die Erfindung des Wortes „Gehirnwäsche" erheben wird.

Ergänzt wird das Team kurze Zeit später auch um den jungen Georg Waldstein, den Tschebull von der „Wochenpresse" abwirbt und dessen Texte Bronner für „tauglich" hält; und um den damaligen „Ö3 Musicbox"-Mitarbeiter Erhard Stackl. Dessen Engagement geht auf einen Brief zurück, den der damals 21-Jährige Stackl an Bronner geschickt hat, nachdem er diesen im Fernsehen sein Projekt hatte anpreisen hören. „Der Wortlaut des Briefs hat so auf die Art gelautet: Ist ja alles schön und gut. Aber ohne mich werden Sie das kaum schaffen", erzählt Stackl. „Ich hatte denselben Brief ja schon der ‚Wochenpresse' geschrieben, weil ich gedacht habe, Frechheit siegt. Aber die haben komischerweise nie geantwortet." Bronner hingegen bittet ihn zum Gespräch, in dem er Stackl eröffnet, dass er als Bürobote und Aboverwalter aushelfen könne; dann werde man weitersehen. Stackl nimmt trotzdem an, „weil ich schon geahnt habe, dass sich das auszahlen wird. Und tatsächlich: Bis ich an der ersten Covergeschichte mitgeschrieben habe, ist kein halbes Jahr vergangen."

Für eine zeitgemäße Optik sollen die Grafiker August Krasa und Thomas Rusch sorgen, gepaart mit den Zeichnern Jean Veenenbos, Martin Menzl und Erich Eibl. Zeitgleich mit der Arbeit an dem neuen Magazin werkt Krasa für Bronners Werbeagentur. Als Fotochef dient der gelernte Werbe- und Modefotograf Roland Nowotny. Abgerundet wird das Team mit zwei Frauen. Als Dokumentaristin wird Rosemarie Starlinger angeführt, als Chefsekretärin Nora Ander-Öhler, die zuvor beim „Forum" in derselben Funktion gearbeitet hat.

Dem Einzug in den ersten Redaktionssitz, das Palais Schwarzenberg am gleichnamigern Platz im Bezirk Wien-Landstrasse, wo die Mannschaft dank der Hilfe des Fürsten ihre Zelte aufschlägt, folgen zwei Brainstorming-Runden, in deren Rahmen dem Kind ein Name gegeben werden soll.

Die Teilnehmer: Oscar Bronner, Jens Tschebull und Michael Sedivy, der einen gut bezahlten Job im Vertrieb der „Krone" gekündigt hat, um der erste Anzeigenleiter von Bronners Blatt zu werden. Sie einigen sich auf den Titel „Diagramm". Nachdem sie auseinander gegangen sind, geht Bronner die Liste mit den Vorschlägen trotzdem noch einmal durch. „Obwohl wir den Namen eigentlich beschlossen hatten, hat mir ‚Diagramm' plötzlich gar nicht mehr gefallen. ‚trend' dafür umso mehr."

Das Problem, das sich angesichts der kleinen Mannschaft schon bei der Produktion der Nullnummer stellt: Das Impressum, in dem alle Schreiber und administrativen Mitarbeiter aufgelistet sind, beträgt kaum drei Zeilen. Bronner, sich der damit einhergehenden Außenwirkung bewusst, findet schnell eine Lösung für das Problem. „Wir haben einfach noch ein paar Freunde von uns reingeschrieben. Dann hat's gleich nach mehr ausgeschaut." Neben der von Beginn an extrem hohen Arbeitsbelastung lassen sich die Redakteure auch von den widrigen räumlichen Gegebenheiten – ein Vorzimmer, ein Zimmer, ein Kabinett – nicht abschrecken. Hans Rauscher: „Weil im Büro so wenig Platz war, hat sich der Tschebull jedes Mal mit dem Diktafon in sein Auto gesetzt, wenn er nicht wollte, dass einer mithört, welche Geschichten er macht. An unsere Räume hat außerdem eine Wohnung gegrenzt, in der eine alte Dame gelebt hat. Die ist gelegentlich in ihren Schlapfen einfach mitten durch die Redaktion marschiert. Anfangs hatten wir nicht einmal Möbel. Wir haben auf Gartensesseln und -tischen gearbeitet, die sich der Ossi von einem Wirt'n aus der Nachbarschaft

ausgeborgt hatte." Bronners erster Auftrag an Michael Sedivy besteht dementsprechend im Aufstellen eines Gegen-
geschäfts mit einem Büromöbelhersteller. Obwohl die materielle Not groß ist, stoßen sich die Neo-Magazinmacher
nicht an den Zuständen. „Es war nicht so tragisch, weil es
noch keine fixen Redakteure gab, die den ganzen Tag an ihren Schreibtischen gesessen sind", sagt Erhard Stackl. „Die
meisten Schreiber, wie den Rauscher, hast du am Anfang
vielleicht zweimal im Monat gesehen. Einmal, wenn sie ihre
Geschichten ausgemacht haben, und beim zweiten Mal,
wenn sie sie abgegeben haben."

In dieser Atmosphäre tritt bei dem jungen Herausgeber
erstmals ein Wesenszug zutage, der fortan eine der großen
Konstanten seines Lebens bilden wird. „Der Ossi lebt damals wie heute in der Überzeugung, dass die Journalisten,
die für ihn arbeiten, einen Teil ihrer Bezahlung in Form des
Gefühls bekommen, dass sie bei etwas ganz Tollem dabei
sind. Mit jemandem mit dieser Einstellung Gehaltsver-
handlungen zu führen war dementsprechend nicht immer
leicht", sagt Hans Rauscher. Im Herbst und Winter 1969
verschwendet indes noch keiner einen Gedanken an die
etwaigen Folgen des schlimmsten anzunehmenden Falls:
dem des Erfolgs.

Die Suche nach einer geeigneten Druckerei fällt Oscar
Bronner leichter als die nach Journalisten, Grafikern und
Zeichnern. Michael Schmutzer kennt er seit 1968, „durch
eine gemeinsame Freundin, die Michelle Tschirren, mit der
ich als Teenager zusammen war. Ich und der Ossi haben
uns sofort gut verstanden. Ich war damals 23 und hatte ge-

rade ein Jahr in den USA verbracht. Die Michelle ist damals ein paar Monate mit ihm gegangen und hat mich in sein Haus in Mauer eingeladen. In der Siedlung wusste jeder, wo er wohnt. Alle anderen hatten wunderbare Blumenbeete mit Gartenzwergen und gepflegte Rasen. Beim Haus vom Ossi ist das Gras zwei Meter hoch gestanden, und Blumen gab's auch keine. Und drinnen haben sich tonnenweise Zeitungen und Zeitschriften gestapelt. Ihm war das völlig wurscht und mir zum Glück auch. Im Gegenteil. Ich war beeindruckt von so viel Verkommenheit. Aber vor allem vom Hausherrn, der total nett und so offensichtlich schlau war. Ich hatte ihn mir ja ganz anders vorgestellt. Auch deshalb, weil ich wusste, dass er es nicht leicht gehabt hatte. Wenn er damals jemand kennengelernt hat, hat die zweite Frage immer gelautet, ob er mit dem Gerhard Bronner verwandt ist. Und sein Erfolg bei den Frauen, der damals schon legendär war, war mir nach dem ersten Treffen auch sofort klar. Er war nett, fesch, und er hatte etwas zu sagen. Welche Frau steht nicht auf so einen Mann?"

Das private Treffen zeitigt berufliche Folgen. Für die Druckerei Rosenbaum, die Schmutzers Familie gehört, gestaltet Oscar Bronners Werbeagentur fortan Prospekte und Inserate. Die Druckerei blickt zu diesem Zeitpunkt auf eine fast 100-jährige Tradition zurück. 1874 in Böhmen gegründet, waren die Rosenbaums noch unter Kaiser Franz Josef mit ihrem Betrieb nach Wien übersiedelt. Hat Schmutzer bis 1969 wie Bronner das Leben der Bohéme genossen, wird ihm dieses Jahr zur Zäsur. Weil seine Mutter, die den Betrieb bis dahin geleitet hat, an Krebs erkrankt, muss er von einem Tag auf den anderen das Ruder übernehmen. Schmutzer tritt den Job unter Voraussetzungen an, „die schlimmer kaum hätten sein können. Nach der Matura war ich auf der Grafischen Lehr- und Versuchsanstalt, hatte noch keinerlei kaufmännische Erfahrung. Ich kannte nicht mal den Unterschied zwischen einer Rechnung und einem Lieferschein." Trotzdem schafft es Schmutzer, unter der tatkräftigen Mithilfe seiner Angestellten, den Herausforderungen des neuen Jobs gerecht zu werden. „Eine Druckerei war schon damals ein schwieriges Gewerbe. Damit wird keiner reich. Wenn du an einem Tag einen Schilling verdient hast, hast du am nächsten eineinhalb in neue Maschinen investieren müssen."

Weil die technischen Kapazitäten der Druckerei Rosenbaum für den Druck des „trend" nicht ausreichen, muss Schmutzer Geld in die Hand nehmen. Das Problem: Ende der Sechzigerjahre werden nirgendwo in Österreich Magazine gedruckt. Was nicht heißt, dass es keine gibt. Die deutsche Fernsehzeitschrift „Hör Zu" produziert einen eigenen Österreich-Ableger, die „Bunte" ebenso wie der „Stern". Aber deren Verleger drucken alle in Deutschland, überlassen den Österreichern nur den Vertrieb. Mit Ach und Weh schaffen es Schmutzer und seine Mitarbeiter am Ende trotzdem, eine herzeigbare Nullnummer zu produzieren. Zu diesem Zeitpunkt zählt die Druckerei Rosenbaum rund 30 Angestellte. „Als klar war, dass aus dem Blatt was wird, haben wir ein Zahlungsziel von 90 Tagen vereinbart. In Wahrheit waren's freilich 180. Das wäre anders gar nicht gegangen. Aber das kam weniger aus Freundschaft als aus Vertrauen dem Ossi gegenüber zustande. Und weil ich von dem Produkt überzeugt war. Ich hab's ja selber gelesen", erinnert sich Schmutzer, dem in dieser Zeit an seinem Freund aber vor allem eines auffällt: „Die Veränderung nach dem Erscheinen der Nullnummer war ihm schon rein äußerlich anzumerken. Plötzlich ist er mit Anzug und Krawatte hinterm Schreibtisch gesessen. So etwas hätte er früher nie angezogen."

Chefredakteur Jens Tschebull schaut indessen darauf, dass der neuen Seriösität auch im journalistischen Alltag jene Rolle zukommt, die sie seiner Meinung nach verdient. Der erste „trend"-Chef gibt eine klare Losung aus: „Ich hab den Leuten aufgetragen, dass sie, wenn bei Pressekonferenzen die Geschenke an die Journalisten verteilt werden, laut und deutlich sagen sollen: ‚Nein danke, ich bin vom ‚trend'.'Aus ethischen Gründen, aber das war auch ein PR-Gag. Das hat sich natürlich schnell in der Branche herumgesprochen."

Oscar Bronner enthält ihm wie dem Rest der Redaktion indessen eine Information vor, die das ganze Projekt infrage stellen würde. Karl Schwarzenberg hat ihm auf Druck seiner Berater, die die Angst plagt, dass der junge Erbe sein Geld mit unsicheren Unternehmungen verpulvert, mitgeteilt, dass er die vereinbarten drei Millionen Schilling doch nicht investieren wird. Bronner, der zu diesem Zeitpunkt mitten in der Entwicklung der Nullnummer steckt, steht unter Schock. „Ich bin vor der Wahl gestanden, das Projekt entweder aufgeben oder es de facto alleine weiterzumachen." In Wien hat sich indes längst herumgesprochen, dass sich der Fürst an dem Wirtschaftsmagazin beteiligen wird. Entsprechend hoch ist die Erwartungshaltung und, viel wichtiger, der durch den Namen Schwarzenberg garantierte Vertrauensvorschuss am Anzeigenmarkt. Motto: Wenn einer wie der millionenschwere Adelige in das Blatt investiert, muss etwas dahinter sein. Oscar Bronner und sein Kompagnon sind sich der Psychologie des Marktes bewusst. Und wählen deshalb eine Strategie, die so cool wie halsbrecherisch ist. „Ich habe ihn gebeten, nicht bekanntzugeben, dass er nicht investieren wird. Wenn das öffentlich geworden wäre, wäre das Projekt mit hoher Wahrscheinlichkeit gescheitert." Schwarzenberg stimmt nicht nur zu, er lässt auch die 50.000 Schilling Grundkapital in der gemeinsam gegründeten GmbH. Ein Freundschaftsdienst, den ihm Oscar Bronner nie vergessen wird: „Okay, es war ein Bluff. Und gleichzeitig war es rechtlich gesehen keiner. Karl Schwarzenberg war ja nach wie vor im Handelsregister als Gesellschafter aufgelistet. Nur war er halt nicht der große Financier, für den ihn die meisten gehalten haben. Wir haben die Leute im Glauben gelassen, dass er finanziell dahintersteht. Und das ist auch lange so geblieben."

Im September 1969 erscheint die Nullnummer des „trend". Eine zugekaufte Adressdatei sorgt dafür, dass das Heft an die Leute kommt, die es künftig lesen sollen. Firmenchefs, Selbstständige, Ministerialbeamte. Gemeinsam mit Peter Allmayer-Beck beginnt Michael Sedivy, Hunderte von potenziellen Anzeigenkunden abzuklappern. Allmayer-Beck, der „anfangs keine Ahnung von dem Geschäft hatte. Ich hatte ja gerade erst die Meisterklasse für Architektur abgebrochen und nicht wirklich gewusst, was ich mit meinem

Leben anfangen soll", wählt dabei den kürzesten Weg: den in den eigenen Freundeskreis. „Es gab ja bereits bestehende Netzwerke, wie man das heute nennt. Ich hatte im Kollegium Kalksburg maturiert, und manche meiner ehemaligen Mitschüler sind schon mitten im Berufsleben gestanden. Dann hab ich die getroffen und vorgefühlt, ob bei den Firmen, bei denen sie gearbeitet haben, etwas geht. Und meistens ging was." Oscar Bronner bringt sich wenig bis gar nicht ins Anzeigengeschäft ein: „Ich wusste schon immer, dass ich kein guter Verkäufer bin. Ich hatte ja sogar Hemmungen, kostenlose Inserate für die Nullnummer einzusammeln."

Die Zielgruppe des „trend" haben seine Macher inzwischen klar definiert: Menschen, die sich für Wirtschaft interessieren und die überdurchschnittlich viel Geld verdienen. Im Österreich Ende der Sechzigerjahre sind das ausschließlich Männer zwischen 30 und 60. Das Hauptproblem bei der Anzeigenakquise liegt aber weniger an den Überzeugungskünsten Sedivys und Allmayer-Becks als in der Technik. Es die alte Geschichte von Henne und Ei. Weil in Österreich keine Farbmagazine gedruckt werden, produziert auch keiner entsprechende Anzeigen. Bronner: „Der Chef einer großen Werbeagentur hat damals wörtlich zu mir gesagt: Ja, das ist schon ein tolles Ding, was Sie da haben. Aber warum soll ich meinen Kunden empfehlen, in Farbmagazinen zu schalten, wenn es sonst keine Farbmagazine gibt? Aber wenn Sie es schaffen, lange genug am Markt zu bleiben, lässt sich vielleicht etwas machen.'" Nachdem es Sedivy und Allmayer-Beck allen derartigen Widrigkeiten zum Trotz schaffen, die ersten paar Ausgaben des „trend" bereits zu einem Zeitpunkt mit – großteils in Schwarz-Weiß gehaltenen – Anzeigen zu füllen, als das Heft noch gar nicht das Licht der Welt erblickt hat, fiebern alle dem Startschuss entgegen; dem ersten Tag, an dem der „trend" am Kiosk erscheint. Bis ein Anruf von Inge Santner, der damaligen Wiener Korrespondentin des „Spiegel", zwar nicht das Unternehmen, aber dessen Namen in Frage stellt. Im Auftrag ihres Verlags macht die Journalistin dem Gründer ein verlockendes Angebot: Er solle dem „Spiegel" doch bitte den Namen „trend" überlassen. Bronner denkt darüber nach, lässt es am Ende aber bleiben. Noch vor der Produktion der Nullnummer war er zu einem Rechtsanwalt gegangen, der ihm bescheinigt hatte, dass er den Titel „trend" nicht schützen könne, weil der „zu landläufig" sei.

Der Spiegel-Verlag hingegen hatte den gleichen Titel in Deutschland wie in Österreich inzwischen als Marke schützen lassen. Nur: Mit der Herstellung der Nullnummer hatte sich Bronner den Titel in Österreich de jure gesichert. Die ersten Ausgaben erscheinen trotzdem „vorsichtshalber" unter dem Titel „Wirtschafts-trend", was sich später auch im Verlagsnamen niederschlagen wird. Im November 1972 wird in Deutschland ein Monatsmagazin mit Schwerpunkt Wirtschaft aus dem Spiegel-Verlag erscheinen, das bis heute besteht; das „manager magazin", das ursprünglich „trend" heißen sollte. Da es der Spiegel-Verlag nicht auf einen Rechtsstreit ankommen lässt, gibt es am 2. Jänner 1970 in Österreichs Trafiken zum ersten Mal den „trend" zu kaufen. Das Magazin kostet 25 Schilling. Im Herausgeberbrief folgen höflichen einleitenden Worten gleich einmal

„Klarstellungen", die intern wie extern die Leitlinien jener Art von Journalismus festlegen, die Oscar Bronner sich vorstellt: „Zum Thema ‚ideologische Brille': ‚trend' ist unabhängig von allen Machtblöcken, die den österreichischen Zeitungsmarkt zu beeinflussen pflegen. Dieses Magazin hat keine andere Aufgabe, als zu informieren. So gut, so verständlich, so pointiert wie möglich. (…) Im ‚trend' wird es keine Gefälligkeitsberichte geben, wie man sie da und dort im Zusammenhang mit Inserateneinschaltungen finden mag. Wenn eine Firma oder ein Unternehmer im ‚trend' genannt wird – und das geschieht fast auf jeder Seite –, darf dahinter keine kommerzielle Erwägung der Inseratenabteilung, sondern nur eine journalistische Entscheidung der Redaktion stecken. Wir wollen uns sogar den mir in Österreich bisher nicht bekannten Luxus leisten, eine kritisierenswerte Firma auch dann zu kritisieren, wenn sie zu den Inserenten gehört."

Dementsprechend eröffnet der „trend" Nummer eins (Cover: „Die tollen Siebzigerjahre") mit einer unbarmherzigen Story über den Monopolbetrieb Austrian Airlines und dessen Verluste im Langstreckenverkehr. In weiteren Geschichten werden ÖVP-Altbundeskanzler Alfons Gorbach als „Trumpfkarte" eines nebulösen Investmentfonds enttarnt und der Wert staatlicher Auszeichnungen für besondere wirtschaftliche Leistungen in Frage gestellt. Ebenfalls von Anfang an bilden beim Österreich-Ableger des deutschen Marktforschungsinstituts Fessel-GfK in Auftrag gegebene Meinungsumfragen einen fixen Bestandteil des Hefts. Frage Nummer eins lautet: „Sind Sie mit Ihrer Kammer zufrieden?" Die Rezeption des neuen Produkts fällt geteilt aus. Die Medienbranche lässt kaum ein gutes Haar an dem Newcomer. Das Gros der Lästerer bilden die Journalisten aus den großen Zeitungshäusern. „„Wirtschafts-Micky-Maus' war noch eine der charmanteren Bezeichnungen. Das war aber noch nicht die abfälligste. Aus der Szene lautete der Tenor: So was kann doch nicht seriös sein", erinnert sich Hans Rauscher.

Für Österreich stellt der „trend" nicht weniger als einen Kulturschock dar: dick, frech und mit so viel Farbe wie möglich. Von Anfang an setzt Grafiker August Krasa auf Weisung des Gründers auf Illustrationen und Cartoons. Sokol, Eibl, Schmögner und Veenenbos sorgen dafür, dass die Geschichten optisch kongenial umgesetzt werden. Während die Kollegen nörgeln, schlägt der „trend" am Lesermarkt heftiger ein, als es sich seine Macher erträumt haben.

Nach einem halben Jahr und sechs Ausgaben – die Auflage liegt im Schnitt bei 35.000 Stück – fühlt sich Oscar Bronner in seiner These bestätigt, dass „die Österreicher genau so sind wie alle anderen Westeuropäer. In jedem Land gibt es einen bestimmten Anteil an Idioten, einen bestimmten an Genies, viele Leute, die sich für etwas interessieren, und viele, die das nicht tun. Und das gilt auch fürs Konsumverhalten und damit auch für den Konsum von Medien." Die Arbeitsweise der „trend"-Redaktion der ersten Stunde stellt sich so simpel wie effektiv dar. „Wenn einer eine Idee hatte, hat er sie auf einem Waschzettel zusammengefasst und dann weitergegeben. Die anderen haben dann ihre Ideen dazugeschrieben, und am Ende hat so jeder seinen Input geliefert", erzählt Jens Tschebull. Die Repräsentanten der heimischen Wirtschaft müssen sich an die Methoden des neuen Mediums freilich erst gewöhnen. In der zweiten Ausgabe des „trend" erscheint eine wohlwollende Geschichte über die Firma Optyl der Gebrüder Anger, die ihr Geld mit der Herstellung von Brillengläsern und Brillenrahmen verdienen. Im Anschluss melden sich die Besitzer einer Handvoll anderer Firmen telefonisch beim Herausgeber, die ein Begehren eint: „Wir hätten auch gern so eine Geschichte. Wie viel kostet das?" Als ihnen Oscar Bronner beschert, dass es keine Storys auf Bestellung gebe, zeigen sie sich fassungslos. Der erste Eklat lässt ebenfalls nicht lange auf sich warten. Als der „trend" in einer Geschichte über die Creditanstalt (CA) das Alter des Generaldirektors erwähnt, hagelt es Beschwerden.

Erich Miksch, ein damals der ÖVP nahestehendes ehemaliges NSDAP-Mitglied und seit 1959 Chef der damals größten Bank Österreichs, ist zum Zeitpunkt der Veröffentlichung 69 Jahre alt und will das nicht in einer Zeitung stehen haben. Die CA belegt den „trend" umgehend mit einem Anzeigenboykott. Bronners Reaktion folgt im Editorial des „trend" Nummer drei: „Wir hatten es gewagt, eine der Geschäftsführung dieser Bank nicht genehme Notiz zu veröffentlichen." Den Luxus, die Nörgler und Neider aus der Branche zu ignorieren, will er sich aber nicht leisten. Im Herausgeberbrief der Ausgabe April 1970 schreibt Bronner: „Österreich ist ein Land, in dem die Pressefreiheit weniger zur Information als zur Beeinflussung der Öffentlichkeit genützt wird. Daher war uns klar, dass auch hinter dem

‚trend‘ irgendwelche politischen Hintermänner vermutet werden würden. Aber es war aussichtslos. Gerüchte sind eben interessanter als die Wahrheit, und so wurde bald von Adabeis und Leuten, die den ‚trend‘ als Konkurrenz betrachten, die Offenheit als besondere Raffinesse abgetan und stattdessen die seltsamsten – und zum Teil einander natürlich ausschließenden – Geheiminformationen weitergeleitet. Manche wussten von einer Auseinandersetzung und Trennung der Gesellschafter zu berichten.

Manche sahen in dem Umstand, dass in der vorigen Ausgabe der Artikel über Bruno Kreisky mehr Zeilen umfasste als der über Josef Klaus den eindeutigen Beweis für einen Linksdrall. Anderen fiel auf, dass zwar die ÖVP ein Wahlkampf-Inserat im ‚trend‘ aufgegeben hatte, nicht aber die SPÖ. Was sehr bezeichnend sei. Wieder anderen fiel ein, den Gesellschaftern sei die Luft ausgegangen und sie hätten ihre Anteile deswegen verkaufen müssen, natürlich an eine politische Organisation. Das war übrigens die beliebteste Version, nur herrschte keine Einigkeit darüber, welche Organisation das ist. Und es gab noch viel dümmere Gerüchte, wobei ich nicht sicher bin, ob ich alle erfahren habe. Es ist sinnlos, auf die einzelnen Gerüchte im Detail einzugehen. Mann kann niemand zwingen, die Wahrheit zu glauben.“ Die Erkenntnis, dass Österreich bereit ist für Veränderungen, spiegelt sich auch in der Politik wider. Am 1. März 1970 machen seine Bürgerinnen und Bürger die SPÖ zum ersten Mal in der Zweiten Republik zur mandatsstärksten Partei. Bruno Kreisky bildet eine Minderheitsregierung, die von den Freiheitlichen unter Friedrich Peter gestützt wird.

Auch Oscar Bronner hat sozialistisch gewählt, „obwohl ich, wie die meisten damals, mehr von der Figur Kreisky fasziniert war als von der Partei. Ich habe mich schon damals als Liberaler gefühlt und wenn man so dachte, erschien einem die SPÖ als kleineres Übel." Die Ernüchterung über den Umgang des künftigen „Sonnenkönigs" mit unabhängigen Medien wird nicht lange auf sich warten lassen.

Nachdem der „trend" die Geburt heil überstanden hat, stellt Jens Tschebull bei seinem Chef eine Veränderung fest. „Man hat immer mehr bemerkt, dass Bronners Herz nicht wirklich an dem Blatt hängt, sondern dass etwas anderes in seinem Kopf herumspukt. Was für mich umso besser war, denn umso mehr habe ich mich reingehängt." Tschebull hat auch noch eine andere Episode aus dieser Zeit in Erinnerung, „über den ansonsten sehr ernsthaften und misstrauischen Menschen Bronner". Eine, in der dieser so plötzlich wie unvermittelt auftaut. „Damals hat's beim Meinl Matzes gegeben, und als er mich zum ersten Mal beim Kauen erwischt hat, hat er mich angestrahlt wie nie zuvor oder danach. Das Einzige, was ihm über die Lippen gekommen ist, war: ‚Oh, Matzes.' Das muss in ihm irgendeine Kindheitserinnerung geweckt haben. Das war das erste und einzige Mal, dass ich das Gefühl hatte, dass er emotional berührt ist: angesichts einer Speise aus seiner Kindheit."

X

Das Gefühl, dass seinem Chef „etwas anderes im Kopf herumspukt", hat Tschebull nicht getrogen. Als sich der nachhaltige Erfolg des „trend" abzeichnet, plant Oscar Bronner längst das nächste Heft: ein Nachrichtenmagazin nach angelsächsischem Vorbild, das jede Woche ausführlich informieren soll, ohne eine klare politische Stellung zu beziehen. Bronner schweben große Politikanalysen vor; von Aufdeckerstorys ist noch keine Rede. Ein Magazin wie aus einer Feder geflossen, das die Eitelkeiten der Autoren hintanhält, indem es ihre Namen ausschließlich im Impressum und nicht unter den von ihnen geschriebenen Geschichten aufscheinen lässt.

Peter Michael Lingens ist inzwischen beim „Kurier" nicht zum Lokalchef befördert worden, wie er es gehofft hatte. Jetzt signalisiert er doch Interesse, bei dem neuen Magazin über Gesellschaftspolitik zu schreiben. Lingens kam 1939 in Wien zur Welt. Seine Eltern Kurt und Ella, beide Studenten aus wohlhabender Familie, gewährten von den Nazis verfolgten Juden Unterschlupf und verhalfen ihnen zur Flucht. Bis sie 1942 ein Gestapo-Spitzel auffliegen ließ. Kurt Lingens landete in einer Strafkompanie, Ella Lingens in Auschwitz. Dort wurde die Medizinerin von den Nazi-Aufsehern unter anderem gezwungen, über Leben und Tod von Mitgefangenen zu entscheiden. Als sie nach zweieinhalb Jahren im KZ befreit wurde und heimkehrte, hatte die junge Frau schlohweißes Haar. Ihr Sohn erkannte sie nicht wieder. Nachdem er schon als Mittelschüler außerordentliches Schreibtalent gezeigt hatte, wurde er Journalist. Zunächst schrieb er für die „Arbeiter-Zeitung", dann für den „Kurier". Seiner Mutter wird er bis zu ihrem Tod 2002 nahestehen.

Im Jahr 1970 versucht Lingens, noch bevor er selbst seine Mitarbeit zugesagt hat, einen Mitstreiter für Bronners Magazin zu gewinnen. Der damals 33-jährige Georg Nowotny leitet das Wiener Büro der „Salzburger Nachrichten" und erholt sich gerade mit seiner Familie in Bad Fischau, als ihn Lingens aufsucht, den er nur dem Namen nach kennt. Die beiden unterhalten sich lange. Dann sagt Lingens: „Wenn Sie mitmachen, bin ich auch dabei." Nowotny unternimmt daraufhin einen langen Waldspaziergang mit seiner Frau. Darf er, als Vater von drei kleinen Kindern, der erstmals in seinem Leben einen gut dotierten Job hat, ein derartiges Risiko eingehen? Am Ende des Weges erlaubt sie es ihm.

Als sein Entschluss feststeht, ruft Nowotny nach seiner Rückkehr nach Wien einen Kollegen an, der mit ihm das innenpolitische Ressort betreuen soll. Helmut Voska hatte als Pressesprecher für die ÖVP gearbeitet, zuerst im Parlamentsklub unter Hermann Withalm, dann im Finanzministerium unter Stephan Koren, bis Bruno Kreisky 1970 an die Macht kam. Der schwarze Sekretär Voska fand Unterschlupf beim ORF-Radio. Weil er dort aber nur windelweiche innenpolitische Beiträge gestalten darf, ist der 28-Jährige schon nach wenigen Wochen frustriert. Nowotny erzählt ihm am Telefon: „Du, der Bronner macht ein neues Magazin." Voska wundert sich: „Wos, der Kabarettist?" Oscar Bronner selbst holt Claus Gatterer dazu, der mit seinen 46 Jahren schon eine ordentliche Karriere hingelegt hat. Gatterer stammt aus einer Südtiroler Familie, die sich von den Nazis nicht weglocken ließ, sondern für den Verbleib votierte. Als Folge dieser Erfahrungen stand er seitdem verlässlich „Im Zweifel auf Seiten der Schwachen", wie der Titel seiner Biografie lautet. Mit 21 Pressesprecher der Südtiroler Volkspartei, wechselte er nach drei Jahren in den Journalismus, zunächst in Tirol, dann in Salzburg. 1957 ging er nach Wien, wo er zum stellvertretenden Chefredakteur des „Forum", später des „Express" aufstieg. Zuletzt hatte er als freier Schriftsteller gearbeitet. Für die neue Zeitschrift soll Gatterer über Außenpolitik berichten. Hauptsächlich gehe es ihm aber darum, wie er einem Freund in einem Brief mitteilt, „dass ich a) Geld verdiene, ohne b) viel arbeiten zu müssen".

Erhard Stackl wird künftig für beide Magazine schreiben. Für das alte über Wirtschaft, für das neue über Kultur. Weil Oscar Bronner findet, „dass der die nötige Wurschtigkeit hat", soll Jens Tschebull künftig auch die Redaktion des Nachrichtenmagazins leiten. Tschebull willigt ein, die Aufgabe für das erste Jahr anzunehmen. Allerdings mit Vorbehalt: „Der ‚trend' war mein Kind, das ‚profil' höchstens mein Stiefkind. Der Bronner hat mich halt gebraucht, damit das Blatt herauskommt. Philosophiert hat er lieber mit dem Lingens." Der Nukleus der Redaktion des neuen Blatts versammelt sich erstmals an einem Samstagnachmittag im Juni 1970, buchstäblich auf der grünen Wiese; einem unbebauten Grundstück, das neben dem Garten von Lingens' damaliger Schwiegermutter in Mauer liegt. „Eine Zusammenkunft, die heute gerne heroisiert wird", sagt

Tschebull. Voska, der 2007 verstarb, hatte mit dieser Art von Heldensagen keine Probleme: „Es war herrlich. Wir haben nur so gesprüht vor Ideen, eine besser als die andere. Jeder von uns hatte Unmengen von Geschichten in der Lade, die er immer schon machen wollte, aber nicht konnte. Am Ende gab es eine Liste, die hätte für ein Jahr gereicht, mindestens." Einige künftige Redakteure hadern trotz aller Euphorie noch immer mit ihrer Verantwortung als Familienväter. Denn ein Problem bleibt bestehen: Oscar Bronner hat kein Geld – und bald vielleicht auch keinen Partner mehr, der seinen Namen zumindest am Papier hergibt. Karl Schwarzenberg steht Bronners Expansionsplänen skeptisch gegenüber: „Ich würd' das neue Magazin ja gerne lesen. Aber muss man nicht zuerst den ‚trend' stabilisieren? Wie sollen sich in Österreich zwei solche Hefte verkaufen?" fragt er. Bronners Antwort: „Mit dem Nachrichtenmagazin stabilisieren wir den Markt. Die Anzeigenkunden sind eher bereit, extra für uns ein Farbinserat zu gestalten, wenn sie es in zwei Heften schalten können."

Na gut, meint Schwarzenberg, aber: „Dass ich bei einem Wirtschaftsmagazin nicht mitrede, damit kann ich leben. Aber mich bei einem politischen Nachrichtenmagazin nicht einzumischen, das würde mir komisch vorkommen." Nach außen hin gelassen wie immer, zahlt Bronner Schwarzenberg aus, überweist ihm seine 50.000 Schilling GmbH-Einlage. Mehr Geld hat der Fürst nie investiert. Bei der geschäftlichen Trennung sagt Schwarzenberg: „Wenn du wirtschaftliche Schwierigkeiten hast, musst du das ab jetzt selbst verantworten. Aber wenn du politisch unter Druck gerätst, springe ich sofort ein." Das Versprechen ist ernst gemeint. Schwarzenberg wird Bronner in den kommenden Jahren regelmäßig anrufen, immer mit der gleichen Frage zum Gruß: „Muss man helfen?" Als er wieder einmal nicht weiß, wie er die Gehälter der „trend"-Mannschaft und die Druckereirechnung bezahlen soll, beginnt Oscar Bronner Freunde anzuschnorren. Auch seine Mutter hilt aus. Nur seinen Vater fragt er nie. Aber die kleinen Beträge, die ihm die Leute borgen, machen das Kraut auf Dauer nicht fett. Nach dem endgültigen Austieg Schwarzenbergs dauert es nicht lange, bis feststeht, dass er einen Kredit braucht, um den Betrieb aufrechterhalten zu können.

Sein Problem: Auch das Bankenwesen Österreichs teilen sich Anfang der Siebzigerjahre die rote und die schwarze Reichshälfte. Entweder man bekennt sich zur einen oder zur anderen. Von der Wiege bis zur Bahre: Rot oder Schwarz? Oscar Bronner kommt zu dem Schluss, dass das Darlehen für sein Nachrichtenmagazin im Idealfall ein proporzmäßig ausgewogenes Konsortium zur Verfügung stellen soll. Den ersten Rat holt er sich von seinem Freund Heinz Fischer, der inzwischen im SPÖ-Parlamentsklub als Sekretär arbeitet. Seine Fragen: Wie steht die SPÖ zu dem geplanten Magazin? Wie wird die Gewerkschaft reagieren? Wer kann den Kontakt zur Bawag herstellen, der sie gehört? Von den ÖVP-nahen Banken kommt für Bronner vor allen anderen die Girozentrale der österreichischen Sparkassen in Frage. Deren Generaldirektor Josef Taus, zuvor im Kabinett des abgewählten Bundeskanzlers Josef Klaus Staatssekretär für Verkehr und verstaatlichte Industrie, pflegt ein Faible für

Medien, seit er als Student für die „Furche" und die „Wiener Zeitung" geschrieben hat. Nachdem die entsprechenden Gespräche über die Bühne gegangen sind, herrscht Klarheit: die „rote" Bawag sagt Bronner ab; die schwarze Girozentrale hingegen schickt „spitznasige Buchhalter, die uns ordentlich gefilzt haben", wie sich Jens Tschebull erinnert. „Bronner war mir schon beim ‚Kurier' aufgefallen", erzählt Taus, „Ich habe ihn für einen guten Journalisten und Verlagsmann gehalten. Die Idee des ‚trend' war gut, so etwas hat es in Österreich noch nicht gegeben." Der Konservative gewährt Bronner einen Kredit von 850.000 Schilling. Für den ‚trend', wie der Bankier glaubt. In Wirklichkeit investiert Bronner das Geld in den Aufbau des geplanten Nachrichtenmagazins. Hätte Taus das gewusst, wäre das Geld wahrscheinlich nicht geflossen: „Sicher, in Westdeutschland gab es den ‚Spiegel'. Aber in Österreich? So ein kleines Land, so wenige Geschichten. Da muss man aus jedem Floh einen Elefanten machen, will man ein ganzes Heft füllen."

Frisches Geld, neue Leute. Im Palais Schwarzenberg wird es langsam, aber sicher eng. Als der Kredit steht, sieht sich Oscar Bronner nach einem größeren Quartier für die Redaktion um. Peter Allmayer-Beck macht ihn auf ein Gebäude am Rande der Innenstadt aufmerksam, das zu dieser Zeit gerade frei wird. In der Marc-Aurel-Straße 10–12 haben die Brüder Erich und Kurt Schapira die Hemdenschneiderei „Manhattan" betrieben. Das Doppelhaus war 1939 von den Nazis „arisiert" worden. Neun Jahre später bekamen es die Eigentümer zurück. Anfang der Siebziger verlegen die Schapiras ihre Produktion in den Wiener Norden, nach Floridsdorf. Bronner mietet die ehemaligen Fabrikshallen, die für seine Handvoll Redakteure und Anzeigenleute zu groß, aber günstig sind. Als der Architekturstudent Luigi Blau zwei Etagen „im Stil des frühen Brutalismus", wie es Hans Rauscher nennt, herrichtet, stehen in manchen Ecken noch Zuschneidetische und Stechuhren. Wem sein Arbeitsplatz zu ungemütlich ist, dem trennt Blau mit Styroporwänden eine Wabe ab. Chefredakteur Tschebull bekommt ein Kabäuschen aus Rigips. Trotzdem trägt er Kopfhörer, um nicht gestört zu werden. Seinen eigenen Schreibtisch verschranzt Oscar Bronner hinter Holzkästen.

Die Marc-Aurel-Straße ist eine alte Gasse, die Anfang der Siebziger noch mit großen, klobigen Pflastersteinen aus dem 19. Jahrhundert gepflastert ist. Ging man 1970 vom Redaktionsgebäude, Ecke Morzinplatz, hinauf zum Neuen Markt, passierte man auf der linken Straßenseite ein Geschäft für Damenunterwäsche, angesichts dessen Auslage es nicht verwunderte, dass seine Kundschaft langsam auszusterben drohte. Vor dem Geschäft stand tagein, tagaus der Besitzer, Salomon Schnarch. Als der Fabrikant Kurt Schapira eines Tages mit Peter Allmayer-Beck vorbeikommt, fragt Schnarch, der das Treiben im Haus Nummer 10–12 längst aufmerksam registriert hat: „Was machen die Buben da oben?" Die Antwort wartet er gar nicht erst ab: „Egal was sie machen, es ist ja ein gebenschtes Haus." „Gebenscht" ist ein jiddischer Ausdruck für gesegnet. Ihren Kaffee trinken die Mitarbeiter im „Morzin" am Salzgries, einem billigen Espresso, das wegen seiner Einrichtung bald nur mehr „Plastik" genannt wird. Zum Mittagessen gehen sie in die

Wirtshäuser „Marhold" am Fleischmarkt oder über den Donaukanal in die Hollandstraße „Zum Artillerist". Unten in den Lokalen und oben in den Lagerhallen findet in Stackls Erinnerung „die permanente Redaktionssitzung" statt. Den ganzen Sommer über wird diskutiert, recherchiert, gestritten, geschrieben und wieder verworfen, das Layout skizziert und wieder umgezeichnet.

Am Montag, dem 7. September 1970, soll die erste Ausgabe des neuen Nachrichtenmagazins erscheinen. Bronners Finanzen bedingen einen monatlichen Erscheinungsrhythmus. Wie es zum Namen „profil" kam? Unglaublich, aber wahr: Niemand kann sich mehr daran erinnern.

„Wir waren ja komplett überfordert", erzählt Georg Nowotny. „Wir haben uns ja nicht vorstellen können, wie aufwendig es ist, ein Farbmagazin mit vielen Grafiken zu produzieren. Ohne Computer!" Nicht nur die redaktionellen Mitarbeiter haben ihre liebe Not mit dem neuen Produkt. Am Samstag vor dem Erscheinungstermin schlägt Michael Schmutzer Alarm: Auch die Druckerei Rosenbaum zeigt sich dem Stress nicht gewachsen. Ein paar Burschen aus der Redaktion sollen kommen und helfen. Eine Handvoll setzt sich ins Auto und rast zum Sitz der Druckerei im Bezirk Margareten, wo die Redakteure ihre eigenen, zuvor auf der Schreibmaschine getippten Geschichten noch einmal mit Bleilettern setzen: die Coverstory „FPÖ zwischen Macht und Pleite" von Peter Michael Lingens und Georg Nowotny, zu der Erich Sokol für das Titelbild eine verrunzelte blaue Wikingerfrau gezeichnet hat, die zwischen einem roten und einem schwarzen Block eingequetscht ist; die Analyse des ersten Budgets von Hannes Androsch, dem 32-jährigen SPÖ-Finanzminister; die Glosse über Pornografie-Urteile des Obersten Gerichtshofs wegen „betont zur Schau gestellter Gesäße". Die Aushilfsdrucker schuften bis in die frühen Morgenstunden, schlafen den ganzen nächsten Tag. Deshalb, erinnert sich Oscar Bronner, „gab es nicht einmal ein Fest".

Damit es aussieht, als habe er eine große Redaktion, wendet Bronner den gleichen Trick wie bei der „trend"-Gründung an. In abgewandelter Form: Die gesamte „trend"-Mannschaft scheint auch im „profil"-Impressum auf. Laut diesem gibt es sogar eine USA-Korrespondentin namens Susanne Schneider. Schneider, von aller Welt nur „Susi" genannt, ist die Tochter eines hohen SPÖ-Funktionärs und bildete während der Sechzigerjahre als eine der vielen Freundinnen Oscar Bronners einen fixen Bestandteil der Hawelka-Partie. Noch vor dem Ende der Dekade war sie ausgewandert, zuerst nach Montreal, dann nach New York City. Journalistin ist sie keine. Schneider arbeitet als Sekretärin am österreichischen Konsulat. „Sie hat ihren Segen dazu gegeben, weil sie den Bronner mochte und es ihr im Grunde auch egal war. Sie wollte mit Wien im Grunde nichts mehr zu tun haben, auch wenn sie das ihren Wiener Freunden gegenüber für sich behalten hat. Journalistischen Ehrgeiz hat sie erst Ende der Achtzigerjahre entwickelt, erst da hat sie richtig zu schreiben begonnen. Für die ‚AZ', die damals schon am Sterbebett lag", erzählt Martin Schneider, der einzige Sohn Susi Schneiders, der im Mai 1970 in New

York geboren wurde. Im Herausgeberbrief der ersten Nummer schreibt Oscar Bronner: „Wir sind der Meinung, dass es in Österreich endlich eine Zeitschrift geben sollte, die intelligente Menschen unabhängig von allen Interessengruppen über die Hintergründe des politischen, kulturellen und sonstigen Geschehens informiert. Und wir sind außerdem der Meinung, dass es genügend Personen gibt, die sich so ein Magazin wünschen, um es lebensfähig zu machen." Das „profil" kostet 20 Schilling, von der ersten Ausgabe verkaufen sich 26.500 Stück. Von der zweiten bereits 32.000.

Bronners Versprechen, sich von nichts und niemandem abhängig zu machen, wird bald auf die Probe gestellt. Die erste Nummer hat eine einzige Anzeige geschmückt. Vier langhaarige junge Menschen, ein Cabrio, ein Motorrad, eine Gitarre und der Slogan: „Dazugehören – Milch trinken". Für die fünfte Nummer plant die Redaktion eine Geschichte über den Milchwirtschaftsfonds, der diese Sparte der Agrarwirtschaft kontrolliert. Allen in der Redaktion ist bewusst: Erscheint die Story, verliert „profil" seinen ersten und lange Zeit einzigen Anzeigenkunden. „Die Steuerzahler fühlen sich als Melkkuh, auf deren Kosten reglementierfreudige Greise 25 Jahre nach Kriegsende nach Herzenslust Zwangswirtschaft spielen", steht dort im Jänner 1971 geschrieben. „profil" verliert den Anzeigenkunden. Den Alltag in der Redaktion prägt der Chefredakteur. Auf der Toilette lässt Jens Tschebull Zettel aufhängen, die den jungen Herren den Gebrauch der Bürste näherbringen und sie zu Sparsamkeit mit dem Klopapier anhalten. Ausländische Zeitungen heftet er am Morgen zusammen, um am Abend feststellen zu können, welche man einsparen könnte, weil sie ohnehin niemand liest. Die einen quält Tschebull mit Beistrichregeln, die anderen, wenn er „rundherum" durch „rundumher" ersetzt. Doch Autoritäten haben selbst in Österreich nach '68 einen schweren Stand.

Die neue Zeit verlangt, dass alles ausdiskutiert werden muss. Gehaltserhöhungen werden von den Chefs entschieden, aber vorher im Plenum erörtert. Jeder darf sich überall einbringen, die „trend"-Redakteure beim „profil" und umgekehrt. Konferenzen halten die Teams ohnehin gemeinsam ab. Hat man sich nach langer Debatte endlich auf etwas geeinigt, fährt die Mannschaft, wenn es das Wetter erlaubt, ins Wirtshaus „Butterfassl" auf der Prater Hauptallee. Der lange Tisch in dem lauschigen Gastgarten eignet sich vortrefflich dazu, die Redaktionssitzung von Neuem zu beginnen und alles, was zuvor geplant worden war, über den Haufen zu werfen. Abends philosophiert man in der „Vanilla"-Bar weiter. Auch die Familienväter ziehen mit. „Nach einem halben Jahr hat sich sogar der Nowotny die erste Lederjacke gekauft", erzählt Erhard Stackl. „Es war so ein Gefühl: wir gegen den Rest der Welt." Oscar Bronner verhält sich bei Sitzungen eher still. Nächtens ist er selten mit von der Partie. Untertags kommt er spät in die Redaktion „mit zwei Händ' voll Zeitungen, ist am Häusl verschwunden und erst eineinhalb Stunden später wieder herausgekommen", erzählt Helmut Voska. Auch in der Erinnerung seines Freundes Mariusz Jan Demner „hatte der Ossi lustige Arbeitszeiten: Um halb zwei hat er sich regelmäßig mit mir zum Mittagessen getroffen, am liebsten im Beisl ‚Hausboot' am Schwedenplatz. Das konnte dann bis zu zwei Stunden dauern." Zurück im Büro „hat er sich hinter seinen Kästen versteckt und Pfeife geraucht",erzählt Erhard Stackl. „Aber selbst wenn er wenig sagt oder gar nicht da ist, entfaltet Oscar Bronner doch immer Wirkung. Er beherrscht meisterhaft die Kunst des subtilen gruppendynamischen Prozesses. Er setzt sich durch, indem er erkennen lässt, was ihm nicht taugt, oder indem er andeutet, was er gut findet. Was viel seltener vorkommt."

Was das „profil" angeht, schwebt Jens Tschebull eine österreichische Version des US-Magazins „Time" vor. Er will ein kritisches, aber kühles Blatt machen, das unter allen Umständen vermeidet, Partei zu ergreifen. Peter Michael Lingens und die meisten anderen Redakteure hingegen wollen die Welt verbessern. Die Vorstellungen, was unter „besser" zu verstehen sei, gehen freilich weit auseinander. Die jungen Hitzköpfe setzen sich durch und machen „profil" zum so aufmüpfigen wie bisweilen launischen Blatt, das klar Stellung bezieht. Helmut Voska formuliert es einmal so: „Mir san der österreichischen Öffentlichkeit mit'm nackerten Oasch ins G'sicht g'fahrn." Mitunter gleitet dieser Anspruch in pubertären Humor ab. Der Name von SPÖ-Zentralsekretär Fritz Marsch wird nicht nur einmal mit dem Zusatz „der Mann mit dem teuersten M der Welt" versehen. Der Ex-ÖVP-Sekretär Voska muss sich von seinen Parteifreunden die Frage gefallen lassen: „Wie bist du denn bei so einem Revolverblattl gelandet?" Kein Respekt vor niemand. Selbst Oscar Bronners Freunde sind nicht tabu. Als André Heller im Rahmen der Wiener Festwochen sein erstes großes Stück, „King-Kong-King-Mayer-Mayer-Ling", auf die Bühne bringt, verhöhnt ihn der neu hinzugestoßene Kulturredakteur Ulrich Walberer als „flotten Mundwerksburschen"; die Aufführung nennt er ein „bedrohliches Blendwerk". Illustriert wird die Geschichte mit einer Karikatur, auf der sich Heller selbst mit einer Taschenlampe anstrahlt. „Gefreut hat es mich nicht. Aber verhindern wollte ich solche Sachen auch nicht. Auch wenn der Franzi Heller schon beleidigt war", sagt Bronner.

Das Recht dazu gibt ihm und seinen Mitarbeitern der Erfolg am Kiosk. Die einzige Konkurrenz auf dem Markt der Nachrichtenmagazine bildet die „Wochenpresse". Allein, sie ist kein Magazin, sondern eine Wochenzeitung, die sich seit 1948, nach der Umstellung der „Presse" auf Tagesrhythmus, aus deren Samstagsausgabe entwickelt hat. Auch für die „Wochenpresse" schreiben namhafte Autoren, auch sie bringt Aufdeckerstorys. Weil sich die Eigentümer aus der Industrie aber nicht zum Wechsel auf ein Farbformat durchringen können, sieht sie neben dem bunten „profil" alt aus. Der Journalist Gerald Freihofner, trotz mehrerer Angebote von „profil" der „Wochenpresse" 17 Jahre lang treu geblieben, wird dem Mitbewerber zum 30. Jahrestag der Gründung so gratulieren: „‚profil' entsprach ganz einfach dem Zeitgeist der späten 68er, war jünger, dynamischer, frecher, aggressiver, rebellischer, analytischer, linker, bunter und – pardon – marktschreierischer. Und sehr schnell auch das Magazin mit der größeren Reichweite." Seine Position in der Hackordnung zu zementieren wird „profil" erstmals im Kampf gegen einen vormals übermächtig erscheinenden

Gegner gelingen: einen sozialdemokratischen Wiener Bürgermeister. Peter Michael Lingens hatte bereits beim „Kurier" eine Geschichte über die lukrativen Geschäfte des Grundstücksmaklers Josef Machek mit der Stadt Wien recherchiert, die nie erschienen war. Brisant daran erschien, dass Machek mit der Cousine Felix Slaviks, der damals noch als Finanzstadtrat die Fäden im Rathaus zog, verheiratet war. Lingens' Vorgesetzter beim „Kurier", Chronik-Chef Reinald Hübl, soll damals Folgendes zu bedenken gegeben haben: „Schau, unsere Sekretärin kriegt auch einmal eine Gemeindewohnung. Und wenn einmal einer von euch eine braucht, kriegt er auch eine. Wir wollen uns doch nicht mit denen überwerfen."

Bei „profil" wird auf derlei keine Rücksicht genommen. Aber es gibt noch ein anderes Problem. Josef Machek ist ein Wahlonkel von Lingens' Frau. Der Ausweg aus dem Dilemma: Lingens übergibt die Geschichte Helmut Voska, der im Zuge seiner eigenen Recherchen auf weitere dubiose Spekulationsgeschäfte stößt. Machek hat im Dezember 1970 Grund in Jedlersdorf am Nordrand Wiens gekauft – nur um einen Großteil davon sofort an die Gemeinde Wien weiterzuverkaufen. Macheks Marge: mindestens 400.000 Schilling. Das ist mehr, als sein Verwandter Slavik, in der Zwischenzeit zum Bürgermeister aufgestiegen, im Jahr verdient. In der Februar-Nummer 1971 prangert Voska die Freunderl- und Misswirtschaft des „roten Wien" an. Erich Sokol zeichnet Slavik für das Cover als rotgesichtigen Mann mit verquollenen Augenlidern. Um den kleinen Mund hängen teigige Wangen, anstelle eines Halses steckt ein enormes Doppelkinn im Kragen. Peter Michael Lingens nennt den „Zwischenkriegs-

Charakter" in einem zweiseitigen Porträt „ungebildet, unfotogen und unpopulär". Sein Gestaltungswille beschränke sich auf „Gemeindewohnungen bauen, und dann erst die klassenlose Gesellschaft". In derselben Ausgabe erscheint auch die erste große Geschichte eines neuen Mitarbeiters.

Der 23-jährige Reinhard Tramontana wird vier Jahre später eine eigene Kolumne mit dem Titel „profan" bekommen und bis zu seinem Tod im Jahr 2005 als einer der besten Schreiber gelten, die „profil" je hervorgebracht hat. In seinem Debüt nimmt sich Tramontana Friedrich Karrer vor, Präsident des Kriegsopferverbands und SPÖ-Mitglied, der im Verdacht steht, im Jahr 1963 neun Millionen Schilling veruntreut zu haben. Als Tramontana Justizminister Christian Broda nach einer Pressekonferenz darauf angesprochen hatte, hatte er nicht mehr erfahren als: „Na ja... hm... tja." Der Anfänger interpretiert das in seiner Geschichte als Bestätigung der Malversation. Was Karrer nicht auf sich sitzen lässt. Am 30. Jänner 1971 beschlagnahmt die Polizei die frisch ausgelieferte Februar-Nummer. Ein derartiger Gerichtsbeschluss ist damals noch relativ einfach zu erwirken. Erst in den Achtzigerjahren wird das entsprechende Gesetz geändert werden. Oscar Bronner schwärzt mit einem Filzstift zwanzig Zeilen, lässt eine neue Auflage drucken – da schlägt Felix Slavik zu. Die Slavik-Story in der zweiten Auflage weicht keinen Beistrich von jener in der ersten ab. Dennoch steht die Polizei am Morgen des 3. Februar wieder in der Druckerei Rosenbaum. „Ich war ja immer schon um halb acht in der Früh im Büro", erzählt Michael Schmutzer, „und habe mich immer geärgert, dass der Ossi bis zehn

Uhr schlafen kann. Also habe ich ihn mit einer gewissen Freude angerufen und aufgeweckt: Du, das ‚profil‘ ist wieder beschlagnahmt worden." Diesmal sind auf Geheiß des Wiener Landesgerichts 62 Zeilen zu schwärzen, in denen Helmut Voska beschreibt, wie Slaviks Ehefrau frei über dessen Dienstwagen verfügt, wie Slavik der Mutter seines unehelichen Sohnes Posten verschafft und wie er, in offizieller Mission in Griechenland unterwegs, eine Hotelangestellte begrabscht hat. Wieder lässt Bronner nachdrucken. Die frischen Hefte werden mit einem lila Stempel versehen: „2 x beschlagnahmt (3. Ausgabe)".

Im Editorial kokettiert Oscar Bronner damit, dass dieses Heft „eines Tages vielleicht Sammlerwert erlangen wird". Als die dritte Auflage binnen weniger Tage ausverkauft ist, wird selbst Jens Tschebull übermütig: „Wenn man nicht beschlagnahmt werden würde, müsste man sich jemanden dafür suchen." Die Anzeigenabteilung entwirft ein Eigeninserat: „Überlisten Sie das österreichische Pressegesetz! Als ‚profil‘-Abonnent erhalten Sie auch im Fall einer Beschlagname ein unzensuriertes Exemplar." Die Redaktion macht aus der Not ebenfalls eine Tugend und greift eine alte „Forum"-Idee auf: Brisante Storys werden „profil" ab diesem Zeitpunkt als „Dokumente" beigelegt, auf stärkerem Papier, damit sie die Polizei im Fall des Falles einfach herausnehmen kann und nicht die kompletten Hefte konfisziert.

Die Verkaufserlöse des „profil" sind hoch, aber die Druckkosten von bis zu drei Auflagen gehen an die Substanz. Oscar Bronner wird zunehmend nervös, auch wenn er sich nach außen hin nichts anmerken lässt. „Was hätte das für einen Sinn gehabt? Meine Geldprobleme waren ohnehin legendär. Und in der Redaktion gab es Familienväter." Zum Beispiel Helmut Voska, der sich später erinnern wird: „Der Bronner hat immer sein Pokerface aufgesetzt. Wir haben versucht, an seiner Miene abzulesen, wie es ausschaut. Wir haben probiert, etwas in seinen Gang hineinzuinterpretieren – keine Chance."

Alarmiert von den Konsequenzen des Slavik-Skandals, ruft Karl Schwarzenberg seinen Freund an. „Muss man helfen?" Diesmal lautet die Antwort: „Ja. Ich glaube, es ist notwendig, dass du vorbeikommst. Die Stimmung in der Redaktion ist am Explodieren." Am nächsten Tag tritt Schwarzenberg in der Marc-Aurel-Straße vor die Mannschaft. Peter Michael Lingens versucht ihn zu provozieren: „Ich habe gehört, Sie wollen eh, dass der Bronner auf die Nase fällt", stänkert er. „Richtig", antwortet Schwarzenberg. „Wenn er auf die Nase fällt, dann besser gleich als später. Ich habe viele Leute gesehen, die in ihrer Jugend wahnsinnig erfolgreich waren und den ersten Rückschlag erst in späteren Jahren einstecken mussten. Das haben diese dann schwer verkraftet." Pause. „Aber Bronner wird nicht auf die Nase fallen." Bürgermeister Slavik hält Bronners Truppe nur mehr für „krank oder bezahlt", jedenfalls für „sexuell unterentwickelt". „profil" legt nach: nennt die gemeindeeigenen Verkehrsbetriebe „Slaviks Geisterbahn"; beschreibt die Wiener SPÖ als eine Partei, die, „belastet mit dem unbeliebtesten Bürgermeister, den Wien je hatte, vom politischen Nachwuchs gemieden, innerlich und äußerlich verknöchert" sei. Als Illustration der Geschichte dient „Das große

Rathausspiel". Kommt ein Spieler auf Feld 43, heißt es für ihn „dreimal aussetzen". Das fiktive Vergehen: „Äußert eine Meinung und lässt dadurch schwere Bedenken an seiner Zugehörigkeit zur Wiener Organisation aufkommen." Es dauert nicht lange, bis das Imperium zurückschlägt.

Der Redaktion der „AZ", die zwar den Namen „Arbeiter-Zeitung" abgekürzt hat, der SPÖ aber immer noch als Zentralorgan dient, wird die Kopie eines Schriftstücks zugespielt, datiert mit „23. Feber 1972". Der vollständige Text lautet: „Wir bestätigen, daß die Firma ‚Wirtschafts-Trend' Zeitschriften-Verlagsgesellschaft m.b.H mit nachstehendem Datum einen Betrag von öS 3,000.000,- (Dreimillionen ö.Scchilling als Subvention erhalten hat." Unterzeichnet: Oscar Bronner. „AZ"-Chefredakteur Manfred Scheuch machen die Tippfehler nicht stutzig. Die Parteizeitung faksimiliert das Papier in der Ausgabe vom 30. April 1972 und fragt: „Wer subventioniert ‚profil'?" Die Antwort gibt sich die „AZ" selbst: Die Kampagne gegen den sozialdemokratischen Wiener Bürgermeister lege „die Vermutung nahe, daß die politischen Gegner Slaviks die großzügige Unterstützung gewährten". Lingens liest diese „AZ"-Ausgabe als einer der Ersten, erbleicht und ruft sofort seinen Freund und Herausgeber an. Oscar Bronner ist nicht erreichbar. Bis er ihn an den Hörer bekommt, ist es bereits Abend. Bronner versichert ihm, dass es sich bei der „Bestätigung" um eine Fälschung handle. Lingens glaubt ihm, die restliche Belegschaft ebenfalls. Bis am 4. Mai ein weiteres Indiz auftaucht. „Es sind schon Zweifel bei den eigenen Leuten aufgekommen", erzählt Bronner, „unsere finanzielle Lage war ja wirklich zum Verzweifeln." Die „AZ" faksimiliert ein Schreiben, in dem der Wiener Rechtsanwalt Karl Leutgeb bestätigt, dass er von einem Unbekannten drei Millionen Schilling erhalten habe, um sie als Treuhänder an Oscar Bronner weiterzugeben. „Wir wollten dem Bronner vertrauen", wird Helmut Voska später erzählen. „Haben wir auch. Aber man kann in einen Menschen halt nicht hineinschauen."

Bronner ist sich keiner Schuld bewusst, „aber in so einer Situation fängt man schon an zu spintisieren: Aha, das ist also eine konzertierte Aktion. Was kommt als Nächstes?" Erst als der Anwalt Leutgeb das zweite „AZ"-Dokument als „ganz gemeine Fälschung" bezeichnet und Anzeige erstattet, entspannt sich die Lage halbwegs. Den Rest erledigt Gerd Leitgeb. Mit Anfang 30 zählt er zu den Älteren in der „profil"-Mannschaft. Zuvor hat er für die „Neue Zeitung" gearbeitet, ein Boulevardblatt, mit dem die Wiener SPÖ der „Krone" zwischen 1967 und 1971 Konkurrenz machen wollte. Leitgeb wirkt stets, als habe er in seiner Kleidung geschlafen – oder gar nicht. Hinter einem wilden Vollbart und einer geballten Ladung Zynismus verbirgt sich ein empfindlicher Grübler. In den Achtzigern wird er zum „profil"- und „Kurier"-Chefredakteur auf-, in den Neunzigern vom Mann fürs Grobe zu dem fürs Doofe absteigen. Als Kolumnist von Kurt Falks Boulevardzeitung „täglich Alles" wird er am Tiefpunkt ankommen und Sätze schreiben wie: „Jagt die Politiker wie die Hasen." Im Frühling 1972 ist Leitgeb noch Bronners „journalistisches Schlachtross". Er hat einen Verdacht, wer bei der „AZ"-Affäre seine Hände im Spiel gehabt haben könnte: Siegfried Norbert Heiss, dessen Lebenslauf außer ein paar Vorstrafen wegen Betrugs mit Mitte 30 wenig vorzuweisen hat. Unter dem Vorwand, Verbindungen zum tschechischen Geheimdienst zu suchen, nimmt Leitgeb Kontakt mit ihm auf. Ort eines ihrer vermeintlich konspirativen Treffen ist Heiss' Auto. Unterm Beifahrersitz entdeckt Leitgeb eine Reiseschreibmaschine. In einem unbeobachteten Moment schnappt er sie, springt aus dem Auto und nimmt eine Schriftprobe. Sie ähnelt der auf den inkriminierten Dokumenten. Zuvor hat Heiss Leitgeb den ehemaligen Feuerwehrmann Karl Mohr vorgestellt, der in der Frühpension als Aktfotograf dilettiert. Binnen zehn Tagen macht Leitgeb Mohr mürbe.

Zitternd und schwitzend gesteht dieser in der „profil"-Redaktion in Anwesenheit von zwei Rechtsanwälten, wie Heiss das Belastungsmaterial gegen Bronner gefälscht hat. Manches davon ist gelogen: dass er, Mohr, die Unterlagen fotokopiert habe, ohne zu wissen, was er tue. Manches ist einem James-Bond-Roman entlehnt: dass die beiden in Genf einen Mann mit französischem Akzent getroffen hätten, um die Dokumente zu fotografieren. Anderes stellt sich indes als wahr heraus: dass die beiden Hobbyagenten die Falsifikate an Slaviks Präsidialchef Hans Vorrath und dessen Vertrauten Herbert Dinhof verkauft haben; und dass Slavik von alldem wusste. Oscar Bronner verkündet diese Rechercheergebnisse auf einer eigens einberufenen Pressekonferenz. Im Rahmen einer solchen gilt es als üblich, dass sich die anwesenden Journalisten vor Beginn in eine Liste eintragen, um zur nächsten Veranstaltung wieder eine Einladung zugesandt zu bekommen. Diesmal bekommt jeder

Anwesende ein Schreiben in die Hand gedrückt, in dem er mit seiner Unterschrift den Erhalt von drei Millionen Schilling bestätigt. So einfach geht das mit den neumodischen Kopiergeräten.

Bürgermeister Slavik bleibt dabei, dass die Anschuldigungen Bronners „zum allergrößten Teil falsch" seien. Die „AZ" beharrt darauf, die von ihr abgedruckten Beweise seien echt. Die Staatsanwaltschaft reagiert – nicht. Justizminister Christian Broda will keinen Schaden sehen und daher auch keinen Betrug erkennen.

Felix Slavik wird Wien noch ein Jahr lang regieren. Was „profil" begonnen hat, bringen 80 Bäume im Währinger Sternwartepark zu Ende. Slavik hatte geplant, einen Teil der Grünfläche im 18. Bezirk mit einem zoologischen Institut zu verbauen. Dagegen machte eine Handvoll Bürger mit der publizistischen Unterstützung von „Krone" und „Kurier" mobil. In einer Volksbefragung sprach sich schließlich die Mehrheit der Bezirksbewohner gegen den Bau aus. Erst als Slavik daraufhin seinen Rückhalt in der SPÖ schwinden sah, trat er zurück. Ins Amt des Bürgermeisters folgte ihm der ehemalige Unterrichtsminister Leopold Gratz nach. Auch mit ihm wird sich „profil" anlegen. Im Februar 1975 stellt das Magazin am Cover die Frage: „Was tut Leopold Gratz (außer Whiskey trinken)?" „profil" will nicht immer nur „ernstnehmerisch" sein, wie es Oscar Bronner 1972 in einem Herausgeberbrief nennt. Um das Blatt aufzulockern, kupfert er eine Idee des erst vier Jahre zuvor erstmals erschienenen „New York Magazine" ab. Das „profil-Spiel" kommt „ohne Notar und Waisenkind" aus, es kennt keine richtigen oder falschen Lösungen; Preis ist auch keiner ausgelobt. Aber die Leser bekommen die Chance, ihre Antworten im Heft abgedruckt zu sehen. Beim ersten Durchgang gilt es, originelle Unter- zu bekannten Buchtiteln zu erfinden. Ein Gymnasiast aus dem niederösterreichischen Hollabrunn dichtet zu Heinrich Harrers „Ich komme aus der Steinzeit": „Bekenntnis des Karl Freiherrn von Lütgendorf". Der Schüler, der den damaligen Verteidigungsminister der SPÖ-Alleinregierung durch den Kakao zieht, heißt Josef Votzi. In den Neunzigerjahren wird er den größten Kirchenskandal aufdecken, den Nachkriegsösterreich je gesehen hat – die Untaten des pädophilen Wiener Kardinals Hans Hermann Groer – und es bis zum Chefredakteur und Herausgeber des „profil" bringen.

Ansonsten herrscht in der Redaktion ein beständiges Kommen und Gehen. Bronners Bekannter Hans Zerbs, der Journalist, der einst den Fall Kupferblum als Erster recherchiert hat, arbeitet einige Zeit als Redakteur mit, verlässt „profil" aber schon bald wieder. Claus Gatterer hält es ebenfalls nicht lange, weil: „Die ganze Sache ist mir zu unseriös." Er wechselt zum ORF. Nicht zuletzt, weil „profil" ab Herbst 1972 alle zwei Wochen erscheinen soll, was doppelt so viel Arbeit bedeutet. Bronner sucht nach Verstärkung. Er findet vier Frauen. Trautl Brandstaller, damals 33, hat mit einem im „Forum" veröffentlichten Porträt von Kurt Falk, dem Hälfteeigentümer der „Kronen Zeitung", für Aufsehen gesorgt; sie wird später beim ORF mit Dokumentationen und dem gesellschaftskritischen Magazin „Prisma" Erfolge feiern. Sigrid Löffler, 30, hat sich als Feuilleton-

Redakteurin der Tageszeitung „Die Presse" einen Namen gemacht. Ab den Achtzigerjahren wird sie für ihre fundierte Kritik, die dank ihrer stilistischen Brillanz noch härter trifft, im deutschsprachigen Literaturbetrieb so verehrt wie gefürchtet sein.

Die damals 28-jährige Ursula Pasterk hat als freie Mitarbeiterin beim ORF journalistische Erfahrung gesammelt; 1987 wird die Sozialdemokratin zur Wiener Kulturstadträtin bestellt werden. Für kurze Zeit ist auch Elisabeth T. Spira mit von der Partie. Sie wird ab 1985 mit ihren „Alltagsgeschichten" ein neues Reportagegenre im Fernsehen prägen. Allen gemeinsam ist der Kampf gegen den Anfang der Siebziger noch allgegenwärtigen, ganz alltäglichen Machismo. Es ist eine Zeit, in der Journalistinnen bei politischen Pressekonferenzen von den Kollegen sekkiert werden, ob sie nicht doch lieber über eine Modeschau berichten wollen. In der von Redaktionssekretärinnen erwartet wird, dass sie im engen Rock zur Arbeit erscheinen, wo ihnen die Herrn Redakteure dann gönnerhaft auf den Hintern hauen. „profil" bildet keine Ausnahme von dieser Regel. Vor den vier „roten Hexen", wie „trend"-Redakteur Hans Rauscher die neuen Kolleginnen bald nennt, hat es mit Barbara Taufar bei „profil" nur eine Redakteurin gegeben. Jetzt erlebt die Redaktion nicht weniger als einen Kulturschock. „Ich habe in meiner Naivität gedacht: Fein, die waren schon journalistisch tätig, die werden Geschichten aufreißen und schreiben", erinnert sich Jens Tschebull. „Ich konnte ja nicht ahnen, dass die eine ideologische Untergrundbewegung bilden. Sie sind eingebrochen in ein journalistisches Paradies mit offener, ehrlicher Zusammenarbeit und haben es vergiftet." Brandstallers Erklärung für den Konflikt, der bald eskaliert, lautet anders: „Wir waren als Akademikerinnen besser qualifiziert als die meisten Männer in der Redaktion, was sicher auch Neid ausgelöst hat. Und wir standen weiter links. Die unterschiedlichen politischen Ansichten wurden aber zu einer Sexismus-Auseinandersetzung uminterpretiert."

Diskutiert Löffler mit Lingens bei einer Redaktionskonferenz wieder einmal besonders heftig, sagt Leitgeb danach genervt zu allen Frauen: „Müsst's ihr immer streiten! Seids doch ein bissl lieb." Lingens fragt sich und die anderen Männer regelmäßig: „Was wollen die Frauen denn noch?" Man lasse sie doch mitarbeiten und schätze ihre schreiberischen Qualitäten; da werden sie doch das bisschen Kritik vertragen und sich unterordnen können! Sind die Kolleginnen nicht zugegen, wird der Ton derber. Selbst Oscar Bronner soll einmal gesagt haben: „Also eigentlich bräuchten wir einen Redaktionsstier, der die streitsüchtigen Damen deckt." Ein Zitat, an das er sich „nicht erinnern kann. Der Ton passt eigentlich nicht zu mir. Und es täte mir leid, wenn es wirklich so gefallen sein sollte. Ich kann es aber auch nicht völlig ausschließen. Es war eine andere Zeit. Das Redaktionsklima war zeitweise deprimierend." Jens Tschebull legt heute noch nach: „Und dann sind die Damen mit verkniffenem Mund bei den Konferenzen gesessen und haben Notizen gemacht, wenn jemand etwas politisch Unkorrektes gesagt hat. Auch wenn es diesen Begriff damals noch gar nicht gegeben hat." In Trautl Brandstallers Erinnerung wurde bei Sitzungen „erst mitgeschrieben, als der Konflikt Lingens gegen Nowotny eskaliert ist". Eine Front, die parallel zu jener zwischen Männern und Frauen verläuft und die Redaktion mehr und mehr spaltet.

Die Doppelchefredaktion, die nach einem Jahr „profil" installiert worden ist, funktioniert so: Einen Monat lang hat Peter Michael Lingens das Sagen, in dem darauf Georg Nowotny. Während Lingens ein strenges Regiment führt, Aufträge verteilt, härtere Aufdeckerstorys verlangt und leidenschaftlich redigiert, gibt sich Nowotny konziliant. Er geht auf Vorschläge ein, lässt den Mitarbeitern ihre Meinung, vertraut ihrer Recherche und schreibt wenig um. „Lingens war mir sicherlich intellektuell überlegen", sagt Nowotny. „Aber Menschen führen, das konnte er nicht besonders gut. Außerdem hat mich gestört, wie er sich in den Broda verbissen hat. Sicher, der hat als Justizminister Einfluss auf laufende Verfahren genommen. Aber seine gesellschaftspolitischen Reformen waren wichtig. Lingens konnte das nicht mehr trennen und hat in seiner Kritik maßlos übertrieben."

Oscar Bronner steht in dem Konflikt auf Lingens Seite, worunter Nowotny leidet. Eines Tages fragt er Bronner: „Wenn der Lingens und ich am Ertrinken wären und du nur einem helfen könntest, wen würdest du retten?" Als Oscar Bronner darauf nicht antworten will, bohrt Nowotny so lange weiter, bis er seine Antwort bekommt: „Den Michl." Im Frühjahr 1972 hinterbringt Helmut Voska Oscar Bronner die Nachricht, dass „eine Intrige" im Gang sei: Die Frauen würden „im Verein mit den Linken" einen „Putsch" vorbereiten, um Lingens zu entmachten. Nowotny, erzählt Voska, habe sich breitschlagen lassen und stehe bereit, sich auf den Schild heben zu lassen. „Da musste ich handeln", sagt Bronner, „noch am selben Abend." Er wohnt inzwischen nicht mehr in seinem Reihenhaus am Stadtrand, sondern in einem ausgebauten Dachboden in der Goldschmiedgasse nahe dem Stephansdom. Nachdem Voska und Lingens eingetroffen sind, zitiert er einen Redakteur nach dem anderen zu sich. Jeder, der neu hinzustößt, muss an dem großen klobigen Esstisch Platz nehmen. Dann fragt ihn Bronner: „Wer will putschen?" Erhard Stackl fragt zurück: „Bitte, was? Ich weiß von keinem Putsch. Wir täten lieber mit Nowotny arbeiten, ja. Aber ein Putsch bei Nacht und Nebel, wie soll das gegen den Eigentümer gehen?"

Jeder „profil"-Mitarbeiter ist Zeuge und Angeklagter zugleich, muss Rede und Antwort stehen –, und sich am Ende deklarieren, wen er zum Chef haben will. Die Mehrheit sagt: Nowotny. Bronner hat sich seine Meinung freilich längst gebildet. Wieder verhört er Nowotny, „so lange, bis ich unter dem psychischen Druck zusammengebrochen bin", erinnert sich dieser. Nowotny gesteht: „Ja, ich war gemein zum Lingens. Ja, ich habe hinter seinem Rücken intrigiert. Ja, ich geniere mich dafür." Spätnachts spricht Bronner ein Machtwort: „Nowotny ist ein guter Journalist. Aber Lingens ist der bessere Blattmacher. Lingens ist mein Mann." Ab der folgenden Woche leitet Lingens das Blatt alleine. Nowotny darf seinen Titel nach außen hin behalten. Knapp drei Monate später wird er von der „Kronen Zeitung" abgeworben. Georg Nowotny wird sich auch bei seinem neuen Arbeitgeber durch seine Unbestechlichkeit auszeichnen. Vor der Nationalratswahl 1975 fragt ihn der

ÖVP-Abgeordnete Leopold Helbich, ob ihm Nowotny ein Wahlkampfkonzept schreiben würde. Dann drückt er ihm ein Kuvert in die Hand mit den Worten: „Hundert – und wir reden nicht mehr darüber." 100.000 Schilling, das steht in keiner Relation zu dem vorgeblichen Auftrag. Nowotny motiviert das nicht zu einer freundlicheren Berichterstattung. Im Gegenteil: Er lässt Helbich auffliegen. Dieser muss das Parlament verlassen. Vorübergehend.

XI

Die Redaktion ist vorerst befriedet. In Oscar Bronners Privatleben geht es zu dieser Zeit allerdings turbulent zu: Im Frühling 1972 hat er Elisabeth Mitteräcker kennengelernt. Hans Rauscher erinnert sich an „eine Schönheit wie Grace Kelly. Nein, sie hätte die Hauptrolle in einem Ingmar-Bergman-Film spielen können." Aber Elisabeth scheint etwas zu bedrücken. Sie erzählt Bronner, dass ihr Arzt ihr mitgeteilt habe, dass sie keine Kinder bekommen kann. Oscar Bronner versucht sie zu trösten: „Nimm es nicht als Urteil. Vielleicht liegt es ja an mir."

Ein halbes Jahr später, sie sind bereits wieder getrennt, laufen sich die beiden im Hawelka über den Weg. „Elisabeth sagte: ‚Übrigens, du kannst Kinder kriegen.'" Gemischte Gefühle: Freude, Zukunftsangst, keine Lust, nun doch eine Bindung einzugehen, zu heiraten gar. Elisabeth Mitteräcker beschließt, das Baby zu behalten. Oscar Bronner versichert ihr: „Ich werde zu dem Kind stehen und im Rahmen der Situation versuchen, so viel Vater zu sein, wie's geht." Am 7. Mai 1973 kommt Alexander „Aco" Mitteräcker zur Welt. 30 Jahre später wird Michael Schmutzer über ihn sagen: „Er trägt nicht denselben Namen wie der Vater. Na und? Schauen Sie, wie er aussieht, wie er redet: eine Kopie vom jungen Ossi." Nicht nur Oscar Bronner und der „trend"-Verlag durchleben stürmische Zeiten. Anfang der Siebzigerjahre befindet sich die gesamte österreichische Zeitungsbranche in Aufruhr. „Kronen Zeitung" und „Kurier" sind noch nicht, wie heute, über eine Muttergesellschaft verbunden. Es wird jedoch bereits über diese „Elefantenhochzeit" spekuliert. Die „Kronen Zeitung" gehört zwei höchst unterschiedlichen Verlegern: Herausgeber Hans Dichand, im Zweiten Weltkrieg Marinesoldat der deutschen Wehrmacht, hat ein untrügliches Gespür für Trends im Zeitungswesen. Vor allem aber für die Emotionen seiner Leser, nach deren Wünschen er die Blattlinie ausrichtet. Sein Partner Kurt Falk stammt wie Oscar Bronner aus einer jüdischen Wiener Familie. Er treibt als Geschäftsführer die Auflage in die Höhe, indem er Einfamilienhäuser verlost und die Sonntagsausgabe in Plastiktaschen an jede Straßenecke zur Entnahme hängen lässt. Beides hatte Österreich zuvor noch nie gesehen.

Ende der Fünfzigerjahre hatte der mächtige sozialdemokratische Gewerkschaftsführer Franz Olah die beiden zusammengebracht und die „Krone" – das stellte sich erst 1969 heraus, als er vor Gericht stand – ohne Zustimmung der Gremien mit Geld des Gewerkschaftsbunds (ÖGB) finanziert. Das Blatt wird, gemessen an der Zahl der Einwohner des Landes, zur meistgelesenen Boulevardzeitung der Welt. Die Media-Analyse – eine jährliche Studie, die den Medienkonsum der österreichischen Bevölkerung erhebt und die somit den wichtigsten Index zur Bestimmung von Werbe- und Anzeigenpreisen darstellt –, weist der „Kronen Zeitung" 1972 täglich 1,27 Millionen Leser aus. Der „Kurier" hat zu dieser Zeit 854.000. Er steht im Eigentum von Ludwig Polsterer, dessen Vorfahren mit dem Betrieb von Mühlen reich geworden waren. Polsterer wird, obwohl erst 45 Jahre alt, von einer rätselhaften Krankheit geplagt, die ihn zunehmend schwächt. Er schafft es nur wenige Stunden in der Woche, sich aufs Verlagsgeschäft zu konzentrieren. Dichand, der das Blatt selbst als Gründungschefredakteur zum Erfolg geführt hatte, bis ihm Polsterer 1958 das Vertrauen entzog, will den „Kurier" schon seit längerer Zeit kaufen. Die Gewerkschaftsbank Bawag soll Falk einen Kredit zugesagt haben, um die Übernahme abzusichern. Oscar Bronner warnt in einem Herausgeberbrief: „Dichand, Falk und ihre Freunde würden mit ‚Kurier' und ‚Kronen Zeitung' in Wien über einen Marktanteil von rund 85 Prozent verfügen. Selbst wenn die beiden Waserln wären, bräuchte man über die Gefährlichkeit so eines Meinungsmonopols nicht zu diskutieren."

Auch die schwarze Reichshälfte ist alarmiert, will ihren Einfluss auf das bürgerliche Blatt nicht an die Sozialisten verlieren. Weil auch Ludwig Polsterer sein Lebenswerk nicht seinen Rivalen überlassen will, schlägt er die Angebote der „Krone"-Eigentümer aus. Er verkauft den „Kurier" um 400 Millionen Schilling an eine Gruppe: den Grazer Verlag Styria, der unter anderem die „Kleine Zeitung" herausgibt, und die Industriellenvereinigung. Letztere überredet ihre Mitglieder, als Kommanditisten in eine „Kurier"-Beteiligungsgesellschaft einzusteigen. Mehr als 100 Firmen und Einzelpersonen zeichnen Anteile, die zwischen 100.000 und etlichen Millionen Schilling wert sind. Auch die mächtige Bauerngenossenschaft Raiffeisen sitzt mit im Boot. Was Oscar Bronner und seine Freunde von diesen Leuten halten, illustriert ein Zitat von Karl Schwarzenberg: „Der legendäre ‚Industrielle' dieser Zeit war Manfred Mautner-Markhof –

typisch für Österreich, dass ein Großbauer als Großindustrieller galt." Auch wenn die Fronten vorerst begradigt sind, gehen die Verhandlungen über eine Verschränkung von „Kronen Zeitung" und „Kurier" hinter den Kulissen weiter. Die „Krone"-Bosse nehmen inzwischen kleinere Konkurrenten ins Übernahme-Visier. Geschäftsführer Falk trifft sich mit Oscar Bronner und droht ihm: „Sie haben mir a Watschen gegeben. Ich hau' Ihnen a paar Zähnd aus." Weil ihnen Bronner seinen Verlag nicht verkaufen will, schmieden Dichand und Falk einen Plan. In Zusammenarbeit mit dem renommierten Hamburger Wochenblatt „Die Zeit" wollen sie eine eigene „Zeit"-Ausgabe für Österreich gestalten.

Der Arbeitstitel lautet „Zeitbild". Dafür will man drei Schreiberinnen des „profil" – Sigrid Löffler, Trautl Brandstaller, Ursula Pasterk – anwerben. Dass sich die Journalistinnen in der Marc-Aurel-Straße nicht wohl fühlen, gilt als offenes Geheimnis. Die Verdoppelung ihrer Gagen wäre für die „Kronen Zeitung" ein Leichtes. Helmut Voska und Gerd Leitgeb bekommen ebenfalls lukrative Angebote. Zudem unterstützt Bundeskanzler Kreisky, der seit Jahren die Gründung einer linksliberalen Zeitung vorantreibt, das Projekt „Zeitbild". Oscar Bronner versucht die Gründung unter anderem dadurch zu vereiteln, indem er den liberalen Hamburger Verlegern hinterbringt, wie Hans Dichand sein Blatt auszurichten pflege: im Zweifelsfall so, wie es der Mehrheit gefalle – und wenn man dafür an das Gefühl der ehemaligen Nazis appellieren müsse, dass sie von der Geschichte doch irgendwie ungerecht behandelt worden seien. Gleichzeitig greift der „Kurier" den „trend" an. Chefredakteur Jens

Tschebull beschleicht angesichts all dessen ein „mulmiges Gefühl", das er seinem Herausgeber anvertraut. „Irgendetwas braut sich da zusammen, Herr Bronner", sagt er über seine Mitarbeiter. „Die haben alle so einen harten Blick." Und plötzlich, Tschebull will am nächsten Tag eine Dienstreise nach China antreten – „Damals noch eine Sensation!" –, kündigt fast die gesamte Kernmannschaft des „trend" auf einen Schlag: Peter Piller, Georg Waldstein, Hans Rauscher, Nikolaus Gerstmayer, Paul Matusek, Nikolaus Pogány. Den Fotografen Wolfgang Düll nehmen sie auch gleich mit. Nur Peter Allmayer-Beck lässt sich nicht verleiten. „Das ging nicht gegen den Bronner, das ging gegen mich", sagt Tschebull, „gegen meine Diktatur." Immerhin, die Arbeit an der aktuellen Nummer stellen die Redakteure noch fertig, damit Tschebull nach China fliegen kann. Was sich dieser, sehr zur Verwunderung Bronners, nicht nehmen lässt.

Die ehemalige „trend"-Redaktion entwickelt mit dem Geld des „Kurier" ein neues Wirtschaftsmagazin. „Ecco" soll schlanker, bunter, billiger und aktueller werden als der „trend", jeden Mittwoch erscheinen und mehr Service bieten. Die erste Ausgabe wird am 23. Jänner 1974 herauskommen. Im Editorial werden die Redakteure erklären, sie hätten „den ‚trend'-Verlag verlassen, weil sie nach jahrelangen Verhandlungen zu dem Schluss gekommen sind, dass die Gespräche mit Eigentümer und Herausgeber Oscar Bronner über eine immer wieder – auch schriftlich – versprochene Beteiligung seiner Mitarbeiter am Unternehmen zu keinem Ergebnis führen werden". An „Ecco" halten sie zusammen 49,5 Prozent, die restlichen 50,5 Prozent gehören der „Kurier"-Gruppe. Tatsächlich hat Oscar Bronner seinen Mitarbeitern unregelmäßig eine Beteiligung am Verlag in Aussicht gestellt. Das Konzept entspricht dem Zeitgeist. 1974 wird Rudolf Augstein, Gründer des deutschen Vorbilds „Der Spiegel", seinen Mitarbeitern die Hälfte seines Verlages schenken. „Wir haben immer wieder Sitzungen angesetzt, um das zu regeln", sagt Bronner. „Aber manchmal bin ich ganz alleine dagesessen. Die Belegschaftsvertreter sind nicht einmal zu jedem Termin erschienen." Erhard Stackl, damals Sprecher der „profil"-Redakteure, erinnert sich hingegen daran, dass es Bronner gewesen sei, der die Beteiligung hinausgezögert habe.

Die Frau, die Oscar Bronner in dieser Phase seines Lebens am nächsten steht, heißt Marianne Krupicka. Sie war mit der Jazzband „The Internationals" bereits durch halb Europa getingelt, als sie 1970 nach Wien zurückkehrte, um sich ein paar Tage auszurasten und dabei von einem Vorsingen bei Gerhard Bronner erfuhr. Der Rest ist Austropop-Geschichte. Besser gesagt: Diese Begegnung läutete die Ära des deutschsprachigen Dialektpop überhaupt erst ein. Bronner senior engagierte die 25-Jährige vom Fleck weg. In nur einer Nacht schrieb er einen neuen Text zur Titelmelodie seiner Fernsehsendung „Die große Glocke". Die Nummer „Wia a Glock'n" wurde ein Schlagerhit, aus Marianne Mendt – ihr Künstlername, seit sie als Teenager mit den „Spitzbuam" beim Heurigen aufgetreten war – ein Star. Im folgenden Jahr vertrat sie Österreich beim Eurovision Song Contest. Der Wettbewerb hieß damals noch „Concours Eurovision de la Chanson" und hatte Gewicht.

1972 sang die Wienerin ihre erste Rolle in einem Musical, „Funny Girl", am Opernhaus in Essen. Und sie arbeitete weiter für Gerhard Bronner. Über ihn lernt die damals zarte Blondine mit der kraftvollen Stimme den Sohn kennen. Oscar Bronner und Marianne Mendt reden, trinken, flirten, treffen einander wieder, ziehen durch die Lokale, verlieben sich. Sie zieht zu ihm in die Dachgeschoßwohnung in der Goldschmiedgasse. Zumindest wohnt sie dort, wenn sie, die schnell auch als als Bühnen- und Fernsehschauspielerin erfolgreich ist, zwischen ihren Engagements in Deutschland und der Schweiz in Wien weilt.

Bronner könnte wahrscheinlich ohnehin nicht mehr Energie in die Beziehung investieren. Die Media-Analyse von 1973 weist dem „trend" 156.000 Leser aus, „profil" 204.000. Finanzielle Reserven hat der Verlag freilich noch immer keine. Im Zeitraum des Bilanzjahres Herbst 1972 bis Herbst 1973 beläuft sich der Umsatz nach Steuern auf 37,4 Millionen Schilling. Das bedeutet im Vergleich zum Vorjahr eine Steigerung um 30 Prozent. Aber der Aufwand für Personal, Druck und den Bürobetrieb macht um eine Million mehr aus.

Die „trend"-Mannschaft ist schon weg, die „profil"-Frauen werden noch immer heftig umworben. Mittlerweile sprechen im Wochentakt Mitarbeiter bei Oscar Bronner vor und verlangen, ein Vertragsangebot von der Konkurrenz in der Tasche, eine Gehaltserhöhung. Bronner geht langsam, aber sicher die Luft aus: „Die wollten mich kaputtmachen. Die Frage war nur mehr: mit mir oder ohne mich? Ich wollte die Magazine erhalten und habe gesehen, dass ich das nur kann, wenn ich sie in einen Hafen bringe." Bronner trifft sich wieder mit Kurt Falk und vermittelt ihm, dass er nun doch bereit wäre zu verkaufen. Damit will er seine Verhandlungsposition in den Gesprächen mit dem „Kurier" verbessern. Aber Falk gibt sich jetzt zurückhaltend. Die „Elefantenhochzeit" zwischen „Krone" und „Kurier" ist noch nicht abgesagt. Bronner merkt schnell, dass die eine Seite immer genau weiß, was er der anderen erzählt hat. Zur Jahreswende 1973/74 gibt er auf.

Für 18 Millionen Schilling verkauft er 51 Prozent der Anteile seines Verlages. 6,1 Prozent an „trend" und „profil" behält er selbst. Die restlichen 42,9 Prozent überlässt Bronner, wie er es versprochen hat, zu einem symbolischen Preis jenen Mitarbeitern, die länger als drei Jahre für den Verlag gearbeitet haben. Bronner erinnert sich, dass sofort ein „jämmerliches Feilschen" losgebrochen sei und „zum Schluss jeder sauer war, weil er geglaubt hat, zu wenig bekommen zu haben". Peter Allmayer-Beck ist von Bronner enttäuscht: „Ich habe immer noch daran geglaubt: Wir, die Hawelka-Partie, reißen jetzt der Welt einen Haxn aus. Ich wollte ihm nicht glauben, dass sie ihn finanziell wirklich an die Wand gedrückt haben." Für Bronner war die Verkaufsentscheidung „traurig, aber zugleich erleichternd. Weil das existenzielle Ringen um den Verlag endlich abgeschlossen war". Im Herausgeberbrief des „profil" vom 18. Jänner 1974 schreibt Oscar Bronner: „In Anbetracht der Konkurrenzsituation auf dem österreichischen Pressemarkt und der labilen Wirtschaftslage schien meinen nunmehrigen Partnern und mir das Angebot erwägenswert. Für die Leser wird sich nichts ändern: gemeinsam mit den Chefredakteuren Peter Michael Lingens und Jens Tschebull werde ich die Zeitschriften genauso weiterführen wie bisher." Bronner bleibt für ein Managergehalt Herausgeber seiner Magazine. Den Verträgen der Redakteure beider Hefte wird der Herausgeberbrief des ersten „profil" – „unabhängig von allen Interessengruppen" – beigefügt. Ab Februar 1974 erscheint das Nachrichtenmagazin jeden Montag.

„trend" und „profil" gehören nun einer Gruppe, in der die Industriellenvereinigung das Sagen hat. Bronners Ansprechpartner dort ist Herbert Krejci, der Sekretär des Präsidenten Hans Igler. Der ehemalige „Kurier"-Journalist hat den Kauf des „trend"-Verlags als Berater begleitet. Nun ist es seine Aufgabe, zwischen neuem und altem Eigentümer zu vermitteln. Krejci und Bronner treffen einander regelmäßig zum Mittagessen im Café Imperial am Kärntner Ring in der Wiener Innenstadt. Vor dem ersten Treffen hat Krejci „ein bissl Herzklopfen", weil er nicht will, „dass Bronner, von dem ich gewusst habe, dass er ein exzellenter Kopf mit kritisch-analytischem Geist ist", glaubt, er wolle ihm Vorschriften machen. Also sagt Krejci: „Herr Bronner, ich will Sie nicht beeinflussen und ich will, dass ihr frei arbeiten könnt. Aber so wie ich Verständnis für Sie habe, müssen Sie auch Verständnis für mich haben. Machen S' mir das Leben halt nicht allzu schwer. Wenn Sie irgendwas über unsere Mitglieder schreiben, rufen Sie mich vorher an. Nicht, damit ich es abdrehen kann. Nur, damit ich vorbereitet bin. Ich finde dann schon irgendeine Ausrede." Krejci hält Wort und fängt alle Interventionen ab. Keine leichte Aufgabe, sind doch mehr als 100 der wichtigsten Wirtschaftstreibenden Österreichs an der „Kurier"-Gruppe beteiligt – und geht die ÖVP doch davon aus, dass es der trend-profil Verlag nunmehr zu ihrem Herrschaftsbereich zähle. Krejcis Lieblingsspruch, wenn sich wieder jemand beschwert: „Schaun S': Die Zeitung von heute ist das Packpapier von morgen. Nehmts das, bitte, alles nicht so tragisch."

Innerhalb der Industriellenvereinigung reift trotzdem der Plan, Bronner die Herausgeberschaft des „Kurier" anzubieten. „Sie müssen halt ein bisschen Werbung für sich machen", rät Krejci Bronner. „Manche unserer Mitglieder halten Sie ja für einen wilden, langhaarigen Kommunisten. Aber ich bin sicher, wenn die Sie erst kennenlernen, sind alle angetan von der Idee." Bronner denkt sich: wozu? Die wollen doch nur, dass ich ihr Blatt rette. Dennoch legt er den Vertretern der Industriellenvereinigung bei einer Sitzung dar, wie er aus dem „Kurier" eine Qualitätszeitung machen würde. Nach der Präsentation sagt Manfred Mautner-Markhof: „Das funktioniert in Österreich nicht. Das sehen wir ja schon bei der ‚Presse'."

Am Ende wird „Des schwarzen Fadens dickes Ende" sichtbar, wie der Titel einer „profil"-Story lautet, die im Mai 1974 erscheint. Sie handelt von Finanztransaktionen der Tiroler Wasserkraftwerke AG (TIWAG) und anderer von der ÖVP dominierter Energieunternehmen, bei denen immer dieselben Vermittler Provisionen kassieren. „Ich habe die Geschichte erst im Heft gelesen", sagt Bronner. „Aber selbst wenn ich sie schon vorher gekannt hätte, hätte ich sie selbstverständlich erscheinen lassen." Die TIWAG verlangt von der Industriellenvereinigung Oscar Bronners Kopf. Der Juni 1974 wird ein heißer Monat, im buchstäblichen wie im übertragenen Sinn. Am 12., zwei Jahre nachdem die „AZ" Oscar Bronner unterstellt hat, er sei von der ÖVP bestochen worden, kommt es zum Prozess gegen den Urkundenfälscher Siegfried Norbert Heiss. Nicht, dass die Staatsanwaltschaft in der Zwischenzeit aktiv geworden wäre. Sie muss sich nach dem roten Justizminister Christian Broda richten: kein Schaden feststellbar, ergo kein Betrug. Doch Bronners Rechtsanwalt Heinz Barazon hat nach langem Suchen einen Weg gefunden, der einen Strafprozess möglich macht. Das Oberlandesgericht Wien erlaubt eine sogenannte Subsidiaranklage, in der Barazon die Rolle des Staatsanwalts übernimmt. Ein Schöffensenat verurteilt Heiss zu vier Monaten Haft, „schwerem Kerker", wie es damals heißt.

Vier Tage später erscheint eine neue Ausgabe des „profil". Die Coverstory beschäftigt sich mit der Familienrechtsreform Christian Brodas. Bis dahin war der Mann das alleinige Oberhaupt der Familie, nun werden Ehepartner gleichberechtigt. Im Impressum scheint Oscar Bronner erstmals nicht mehr als Herausgeber auf. An seiner Stelle steht, genauso wie im „trend", der zeitgleich in die Trafiken kommt, der Name Jens Tschebull. „Auffassungsunterschiede zwischen dem Hauptbesitzer und Oscar Bronner über die Zukunft des Zeitschriftenmarktes und wohl auch eine gewisse Amtsmüdigkeit, die nach fünf konzentrierten Aufbaujahren in einer harten Branche niemandem zu verübeln wäre", wird in beiden Editorials als Grund angegeben. Oscar

Bronner sagt: „Mein Traum war ja schon geplatzt. Ich bin nur aus Loyalität geblieben, das Engagement war nicht mehr dasselbe wie vorher. Und dann dachte ich mir: Wenn man mich nicht mehr will, gehe ich halt." In Helmut Voskas Erinnerung bildete der Abschied „natürlich eine Zäsur. Aber ein Bronner fällt den Leuten nicht weinend um den Hals. Der ist so gegangen, wie er vorher da war. Still und unaufgeregt." Jens Tschebull: „In einer Branche voller Psycherln war er am wenigsten melodramatisch von allen."

Alfred Worm begegnet Oscar Bronner zu dieser Zeit nicht mehr. Im Frühling ist zwar schon die erste Geschichte über den Wiener Bauring erschienen, die der Bauingenieur dem „profil" gesteckt hatte: Die gemeindeeigene Gesellschaft hatte 600 Millionen Schilling Verlust gemacht, die beiden Manager wurden in Pension geschickt – mit Bezügen von je 30.000 Schilling im Monat. In den Journalismus wird Worm erst nach Bronners Abgang wechseln. Hans Rauscher schrieb 2001 in einem Nachruf auf Worm: „Die Edelfedern in der Redaktion gähnten über die Betonthemen und amüsierten sich königlich über Worms Betonstil." Doch in den folgenden Jahren wird dieser, vor allem mit der Aufklärung des AKH-Skandals, den Ruf des „profil" als dem wichtigsten Aufdeckermagazin Österreichs quasi in Stein meißeln. Im Juni 1975 wird die „Kurier"-Gruppe das Wirtschaftsmagazin „Ecco" mit „profil" zusammenlegen. Das von der „Kronen Zeitung" geplante Wochenblatt „Zeitbild" wird nie erscheinen. Mitte 1974 ist Oscar Bronner 31 Jahre alt, wohlhabend, und hat in Wien keinen beruflichen Auftrag mehr. Er lässt sich einen Bart wachsen und zieht nach New York City.

XII

An einem Samstagnachmittag Mitte der Siebzigerjahre schauen sich Christo Vladimirov Javacheff und Jeanne-Claude Denat de Guillebon im Atelier eines jungen Malers um, von dessen Arbeit sie sich ein Bild machen wollen. Der aus Bulgarien stammende Verpackungskünstler und seine französische Frau, die alle Welt nur unter ihren Vornamen kennt, leben seit 1964 in New York City und treiben gerade die Umsetzung ihres neuen Projekts „The Gates" voran: Sie wollen über die Spazierpfade und Boulevards des Central Park von oben bis unten bunte Tore stülpen. Kurz vor der Atelierbesichtigung hat das Ehepaar Sibylle Gaussen kennen gelernt, die Tochter des französischen Generalkonsuls.

Die Studentin der Politikwissenschaft hat Christo gebeten, ihrem Freund Ezzes zu geben, einem unbekannten Maler aus Österreich. Kurz darauf hat sich das Künstlerpaar auf den Weg in das an der Ecke West Broadway/Spring Street stehende Haus gemacht, in dessen Dachgeschoß dieser lebt und arbeitet. „Warum funktioniert das nicht?", fragt Christo, nachdem er und seine Frau durch das großzügige Loft gestakst sind und sich die Bilder Oscar Bronners angeschaut haben. Als ihn die Antwort auf seine Frage nicht zufriedenstellt – und Bronner nicht sagen kann oder will, dass er zwar ein guter Vermarkter ist, solange er den Macher im Hintergrund geben kann, sich aber nicht zum Marktschreier in eigener Sache eignet –, fragt Christo weiter: „Was wirst du heute Nachmittag machen, wenn wir fort sind?" „Na ja…weiterarbeiten wahrscheinlich", sagt Bronner. „Ganz falscher Ansatz", sagt Christo. Er zählt die Vernissagen auf, bei denen sich an diesem Tag die hiesige Kunstszene versammeln wird. In der Galerie von Leo Castelli, bei dem Roy Lichtenstein und Jasper Jones ausgestellt haben. Oder bei Mary Boone, die Julian Schnabel und David Salle entdeckt hat. „Dort musst du hingehen! Es geht darum, die richtigen Leute zu treffen. Material hast du genug", sagt Christo. An dem, was der hagere Bulgare und seine Frau zu sehen bekommen haben – Bronner bearbeitet die Leinwände mit Acryl, weshalb es nicht, wie sie das aus den Werkstätten der meisten anderen Malern kennen, nach Terpentin stinkt – hatten sie nichts auszusetzen: „Die Bilder sind in Ordnung." Mit seinem Urteil über dessen mangelnde Antichambrierungskompetenz hat Christo bei dem jungen Künstler aber einen wunden Punkt getroffen. Oscar Bronner ist es auch in seiner neuen Profession unangenehm, als Person im Mittelpunkt zu stehen. Lieber stellt er die Leinwände hin und geht eine Runde spazieren, damit sich der Besucher in Ruhe auf seine Werke einlassen kann: „Für mich war und ist die Malerei ein zutiefst privater, intimer Akt. Dementsprechend schwer tue ich mich, das Ergebnis zu verkaufen."

Weil er aber entschlossen ist, seine Künstlerkarriere voranzutreiben, nimmt er sich Christos Rat zu Herzen. Ab diesem Zeitpunkt sieht man Bronner öfter bei Ausstellungseröffnungen in seinem Viertel SoHo, wo er unter anderen mit Größen der Zeit wie Andy Warhol und Robert Rauschenberg ins Plaudern kommt; dem schüchternen Keith Haring und dem schwer bekifften Jean-Michel Basquiat beim Balzen zu-

schaut; sich mit seinen weniger erfolgreichen Künstlerbe-
kanntschaften über Präsentationsmöglichkeiten austauscht;
sich im Smalltalk mit Galeriebesitzern und -besitzerinnen
übt. Bis ihn die – zum Geschäft gehörenden – Anbahnungs-
riten auf den Vernissagen so nerven, dass er es bleiben lässt,
ist es nur eine Frage der Zeit. Oscar Bronner wird einmal
mehr vor Augen geführt, was er längst weiß: „Ich bin kein
social animal."

SoHo steht für „South of Houston Street". Das Viertel
wird im Norden von nämlicher begrenzt, nach Süden von
der Billig-Einkaufsmeile Canal Street. Im Westen bildet die
Thompson Street seine Grenze, im Osten der Broadway. In
der zweiten Hälfte des 19. Jahrhunderts galt das Hinter-
land der Theatermeile als eines der Zentren der städtischen
Textilindustrie – und als Sündenpfuhl. Wie der Historiker
Timothy J. Gilfoyle in seinem Anfang der Neunziger erschienenen Buch „City of Eros" (W.W. Norton&Company)
darlegt, beherbergte allein die Greene Street in den 1870ern
gezählte 52 Bordelle, die parallel zu ihr verlaufende Wooster Street 27. Als es auf den Straßen, die großteils nach
Generälen aus dem amerikanischen Unabhängigkeitskrieg
benannt sind (Greene, Wooster, Lafayette, Crosby), mit dieser Freizügigkeit nach dem Zweiten Weltkrieg vorbei war,
dienten viele der mehrheitlich im 19. Jahrhundert erbauten
Häuser SoHos als Lagerhallen.

Nach 1945 bekam das Viertel einen Spitznamen, der
heute in Vergessenheit geraten ist: „Hell's hundred acres",
„Die hundert Morgen der Hölle". Da viele der in den gußei-
sernen Gebäuden gelagerten Materialien leicht entflammbar

waren oder die Besitzer sich wegen mangelnder Rentabilität gegen ihre Immobilie und für die im Brandfall fällige Versicherungssumme entschieden – eine Praxis, die in New York ihren Höhepunkt Mitte der Siebziger erreichte – brannte es in SoHo so heftig wie regelmäßig. Menschen kamen dabei kaum zu Schaden. Weil das Viertel von der Stadtverwaltung als Industriezone gewidmet war, gab es zwischen Houston und Canal wenig Häuser mit Wohnungen. „Nach sechs Uhr abends, wenn die letzten Lkws ihre Ladung abholten beziehungsweise ablieferten, war SoHo tot. Bis zum nächsten Morgen war keine Menschenseele auf den kopfsteingepflasterten Straßen zu sehen.

Nur Industriemüll, sonstiger Abfall und Ratten, massenhaft Ratten", beschreibt der Autor Richard Kostelanetz in seinem 2011 erschienen Buch „SoHo – The Rise and Fall of an Artist's Colony" das Bild, das sich damals bot. Der genaue Zeitpunkt, an dem sich das zu ändern begann, gilt bis heute als umstritten. Fest steht, dass die Pionierarbeit für jenes SoHo, das seine Bewohner und Besucher heute kennen, einer der ersten Künstler geleistet hat, der den Dachspeicher eines Lagerhauses zu seinem Arbeitsplatz machte. Nachdem der 1932 geborene Koreaner Nam June Paik in Europa seinen Ruf als führender Avantgardist der Videokunst begründet hatte, war er Mitte der Sechzigerjahre nach New York weitergewandert, davon überzeugt, dass ihm nur die Kulturhauptstadt Amerika jene Impulse geben konnte, die er für seine Arbeit brauchte. Aus der Not – kein Geld, aber große Pläne, deren Umsetzung unter anderen von den Komponisten Karl-Heinz Stockhausen und John Cage tatkräftig unterstützt wurden – machte Paik eine Tugend. Und sorgte so ganz nebenbei dafür, dass in der zweiten Hälfte der Sechzigerjahre ein neues Wort unter New Yorks Künstlern die Runde machte: Loft. Bildeten Paik und eine Handvoll anderer quer über SoHo verstreute Existenzen, die die ungenutzten Räume des Quartiers in Ateliers umzumodeln begannen, noch die Ausnahme von der Regel, schickten sich bald darauf ein junger Immigrant aus Litauen, ein Immobilienmanager, ein gescheiterter Schriftsteller und eine junge Galeristin bereits an, diese neu zu schreiben.

So verschieden ihre Motivation, einte sie ein Ziel: den Industrieslum zu einem Zentrum der bildenden Künste zu machen. Den Anfang machte der gebürtige Litauer George Maciunas, als Gründer eines US-Künstlerkollektivs namens Fluxus zu überschaubarem Ruhm gekommen. 1967 erstand der Architekt und Doktor der Kunstgeschichte sein erstes Haus in SoHo, das er umgehend einer (Künstler-)Genossenschaft übertrug: 80 Wooster Street, einen fünfstöckigen Gründerzeitbau. Im Laufe der Jahre kaufte Macunias ein gutes Dutzend weiterer Häuser in SoHo, die er, nicht selten mit dubiosen Geschäftspraktiken, in von ihm geführte Genossenschaften umwandelte. Einzige Voraussetzung für Zuzügler: Sie mussten bildende Künstler sein. Als Macunias 1978 an Bauchspeicheldrüsenkrebs starb, hatte er sich nicht nur einen Eintrag im Lexikon der Kunstgeschichte, sondern auch einen im kollektiven Gedächtnis SoHos gesichert. Der Zweite, der dafür sorgte, dass sich das Bild des Viertels grundlegend wandeln sollte, war Jack Klein. Dem umtriebigen Immobilienmanager gelang es, viele der alteingessesenen Hausbesitzer zu überzeugen, dass es besser sei, ihre ungenutzten Flächen an Künstler zu vermieten, weil diese „vielleicht unregelmäßig, aber am Ende doch ein bisschen Miete zahlen". Der dritte Mann, der auf die Entwicklung SoHos in den Siebzigern und Achtzigern entscheidend Einfluss nehmen sollte, war der erfolglose Romanschreiber Ivan Karp. „Als wir aufmachten, haben uns die Leute für verrückt erklärt. Es gab hier so gut wie nichts. Es war eine Wüste aus Stein, Müll und Eisen. Aber eine, in der eine geballte Kreativität schlummerte", wird seine Ehefrau Marilynn rund vier Jahrzehnte später erzählen.

1969 eröffnete Karp, ein ehemaliger Mitarbeiter Leo Castellis, mit dem er die Karrieren von Pop-Art-Größen wie Andy Warhol, Roy Liechtenstein oder Robert Rauschenberg angestoßen hatte, an der Adresse 383 West Broadway die Galerie OK Harris. Auch wenn er nicht der Erste war – ein Jahr zuvor hatte die damals 30-jährige Paula Cooper in der Prince Street eine Galerie eröffnet, die kurz nach der Eröffnung von OK Harris ans nördliche Ende der Wooster Street übersiedelte –, bildete seine Galerie den letzten, aber wichtigsten Teil des Puzzle. Entgegen den Erwartungen der Konkurrenz trat Karp binnen kurzer Zeit den Beweis an, dass Kunst in SoHo nicht nur produziert und ausgestellt wird, sondern dort auch verkauft.

Es dauerte keine paar Jahre, bis all diese Einzelinitiativen griffen. Als es ihm in seinem Stammsitz auf der Upper East Side zu eng wird, eröffnet Karps Ex-Partner Castelli 1972 im zweiten Stock des Hauses 420 West Broadway seine neue Galerie. Neben dem Pop-Art-Triumvirat umfasst seine Klientenliste John Chamberlain, Donald Judd, Elsworth Kelly, Bruce Nauman, Claes Oldenburg, Ed Ruscha, Richard Serra, Frank Stella und Cy Twombly, die fast alle noch am Anfang ihrer Karriere stehen. Den zweiten Stock nimmt Mary Boones Galerie in Anspruch, später übernimmt sie auch das Erdgeschoß. Castellis Frau Frau Ileana Sonnabend, die mit ihrem Geld seine Karriere überhaupt erst ermöglicht hatte, wohnt im dritten Stock der ehemaligen Papierwarenmanufaktur, im vierten teilt sich der Minimal Art-Dealer John Weber die Räume mit Kulturattachés der kanadischen Regierung, die ein Künstleraustauschprogramm betreuen.

Nachdem sich die „Village Voice" bereits Anfang der Siebziger in einer Handvoll Geschichten der Wiedergeburt des Viertels angenommen hatte, erklärte das „New York Magazine" SoHo auf dem Cover der Ausgabe vom 20. Mai 1974 („Lofty living") zum „aufregendsten Platz zum Leben", Begehungsplan zum Herausnehmen und Shoppingtips inklusive. Die Szenen, die sich im Laufe des Jahrzehnts auf den Straßen SoHos abspielen, sind heute kaum mehr vorstellbar: Als Harlekin verkleidet, führt Tosun Bayrak eine als Demo getarnte Kunstaktion an, deren nicht minder bunte Teilnehmer Schilder hochhalten, auf denen die Namen von im Vietnamkrieg gefallenen Soldaten stehen; Allen Daughertys „Red Spot Outdoor Slide Theater" wirft in Guerilla-Manier Projektionen an die Hausmauern; der Dramatiker Richard Foreman inszeniert Stücke des von ihm erfundenen „Ontologisch-Hysterischen Theaters", das den jungen Robert Wilson derart abschreckt, dass er sich verstärkt auf die Suche nach einem eigenen Stil macht; eine junge Cindy Sherman unternimmt erste Gehversuche mit der Kamera. Ironisiert wird das Treiben von den erratischen Mauergemälden Rene Moncadas, in denen der erklärt: „I am the best artist." Angelockt vom Hype versuchen auch andere Ausländer einen Fuß auf den Boden SoHos zu bekommen.

1975 machen der Münchner Galerist Heiner Friedrich und die Berliner Rene Block und Reinhard Onnasch Schauräume in Downtown auf. Mit zweifelhaften Motiven, glaubt man damaligen Platzhirschen wie Ivan Karp: „Ihre Galerien in Deutschland sind normalerweise leer. Hier sehen sie Menschenmengen und nehmen an, dass hier die Action ist. Sie merken nur nicht, dass diese Menschenmengen nicht aus Kunden, sondern aus Studenten, Künstlern und Bustouristen besteht, deren Fahrer nach Chinatown wollen und sich auf dem Weg zum Tempel der geheimen Mysterien verfahren haben."

1978 – rund zwei Jahre nachdem Oscar Bronner erstmals Christos Rat gefolgt ist – erscheint ein Touristenführer, in dem die Einwohnerschaft SoHos auf 8.000 geschätzt wird. Von diesen geben rund 5.000 als ihren Beruf Künstler an. Zwischen Houston und Canal Street drängen sich 85 Galerien. Mindestens eine davon sperrt pro Monat zu, dafür poppt garantiert binnen des nächsten irgendwo im Viertel eine neue auf. Zeichnen und Malen haben Oscar Bronner seit seiner Jugend interessiert. Die Grundbegriffe von Komposition und Pinselführung hat ihm der Zeichner Kurt Moldovan nähergebracht, der väterliche Freund aus dem Hawelka. „Aber als es dann irgendwann darum ging, einen Beruf zu ergreifen, habe ich komischerweise beides nicht als solchen gesehen", sagt Bronner. Weil der Journalismus mehr einbrachte, waren die Zeichnerei und die Malerei lange Hobbys geblieben. Ganz aufgegeben hatte er seine Leidenschaft aber nie. Während Bronner den trend-profil-Verlag aufbaute, spannte er sich beim Malen von Bildern aus – damit war er also beschäftigt, wenn er, wie seine Mitarbeiter stets monierten, spät ins Büro kam und früh ging. Aber die Sticheleien der „profil"-Redakteure kümmern ihn jetzt ohnehin nicht mehr. „In New York ist in der Kunstszene viel passiert damals", sagt Bronner, „also bin ich hinübergegangen. Ich wollte mir das ein halbes Jahr lang geben." Seine Freundin Marianne Mendt, die mittlerweile auch als Schauspielerin gefragt ist und Mitte 1974 in Mainz für eine Fernsehproduktion vor der Kamera steht, ist zu Hause geblieben.

Das erste Mal bereist hatte Oscar Bronner die größte Stadt der USA rund vier Jahre zuvor. Ein gemeinsam mit Michael Schmutzer unternommener Arbeitsbesuch, „den ich mir von Wien aus gecheckt hatte. Der Schriftsteller Frederic Morton, ein Freund meines Vaters, hat mir geholfen, und die Susi Schneider. Die waren ja schon herüben." „Time", „Fortune", „New York Times", „New York Magazine": Zehn Tage lang ließ sich Bronner durch die Magazin- und Zeitungshäuser der Medienmetropole führen, nahm als stiller Gast an den Sitzungen teil, studierte Redaktions- und Produktionsabläufe. Beeindruckt gab er sich von der Professionalität der Amerikaner, weniger von deren prinzipiellem

Ansatz: „Man merkt schnell: Die kochen auch nur mit Wasser. Aber halt mit viel mehr Wasser." Auch wenn er mit der Inspektion des Innenlebens der publizistischen Vorbilder voll ausgelastet war, hinterließ die Reise auch menschlich Spuren. „Die Eindrücke, die einer in New York City hat, sind immer atemberaubend. Ich war fasziniert, so wie jeder, der zum ersten Mal hierher kommt. Die hohen Häuser, das überreiche Kulturangebot, das rund um die Uhr pulsierende Leben. Damals habe ich mir das erste Mal gedacht, dass ich hier gerne mal ein halbes Jahr leben würde."

Das zweite Mal ins Flugzeug gen Amerika hat er sich erst wieder unmittelbar nach dem Verkauf von „trend" und „profil" gesetzt. Wieder mit Michael Schmutzer unternahm er eine USA-Rundreise, die die beiden, ausgehend von New York, nach Salt Lake City, Los Angeles und San Francisco führte. Aus der geplanten gemeinsamen Rückkehr an die Ostküste wurde nichts. Im Rahmen eines Zwischenstopps in Chicago erfuhr Schmutzer, dass seine Mutter gestorben war. Er setzte sich sofort ins nächste Flugzeug Richtung Europa.

Seine erste Bleibe nach dem Umzug findet Bronner im Tudor Hotel (heute Hilton Manhattan East) an der 42. Straße, unweit des UNO-Hauptquartiers am East River. Die Wohnungssuche dauert nicht lange. Im Sommer 1975 mietet Oscar Bronner sein erstes Apartment in New York. Für genau jenen Zeitraum, den er vorhat zu bleiben: sechs Monate. 55 East 86th Street, zwischen Madison und Park Avenue. Ein Penthouse auf der Upper East Side, mit zwei Schlafzimmern und einer großen Terrasse. Das große, die

Stadt beherrschende Thema stellt in den Siebzigerjahren die Straßenkriminalität dar. Bronner „Es gab praktisch keine Abendrunde ohne mindestens eine schreckliche Geschichte über Überfälle und Einbrüche." New York City erlebt Mitte der Siebziger eine der größten Krisen seiner Geschichte. Die Stadt ist buchstäblich pleite. „Die Straßen waren kaputt, die Schlaglöcher teilweise so groß wie Fußbälle. Ein paar Straßen von den Wolkenkratzern weg und du warst in der Dritten Welt", erzählt Oscar Bronner.

Gerettet werden wird New York erst von einem lokalen Bankenkonsortium unter der Führung des gebürtigen Wieners Felix Rohatyn, dessen jüdische Familie Österreich 1935 Richtung Frankreich verlassen hat und 1942 über Umwege in die USA flüchten konnte – und von Präsident Gerald Ford, einem Republikaner. Der Nachfolger des wegen des Watergate-Skandals frühzeitig aus dem Amt geschiedenen Präsidenten Richard Nixon hat sich lange gegen Finanzhilfen für die von den Demokraten regierte Stadt ausgesprochen. Was unter anderem die „Daily News", die größte Boulevardzeitung der Stadt, am 30. Oktober 1975 mit der heute legendären Schlagzeile „Ford to City: Drop dead" aufmachen lässt. Am Ende gibt Ford unter dem Druck der Öffentlichkeit klein bei. Aber erst als sein Nachfolger, der Demokrat Jimmy Carter, die Subventionen auf Betreiben des 1977 ins Bürgermeisteramt gewählten Ed Koch massiv aufstockt, geht es langsam aber sicher wieder bergauf. Ihren Spiegel finden die Verhältnisse in der Populärkultur: in „Across 110th Street" (1972), Bobby Womacks Titelsong zum gleichnamigen Film über das Leben

und Überleben auf den Straßen Uptowns; in „Death Wish"
von 1974, mit Charles Bronson in der Rolle des einsamen
Rächers, der nach dem gewaltsamen Tod seiner Familie das
Gesetz selbst in die Hand nimmt; Martin Scorseses „Mean
Streets" (1973), aber vor allem in „Taxi Driver" von 1976
mit einem jungen Robert de Niro als tickender Zeitbombe
in Gestalt eines Taxifahrers in der Hauptrolle. Eine Liste,
die sich beliebig fortsetzen liesse. Es dauert nicht lange, bis
Oscar Bronner selbst Bekanntschaft mit der dunklen Seite
New Yorks macht. Auch wenn er dabei mehr als glimpflich
davonkommt.

Als er eines Tages in der U-Bahn Richtung Downtown
unterwegs ist, spürt er plötzlich ein menschliches Bedürfnis.
Bronner steigt aus und sucht eine der öffentlichen Toiletten
auf, die damals noch jede New Yorker U-Bahn-Station be-
herbergt. Er wirft eine Zehn-Cent-Münze in den Schlitz, die
Tür öffnet sich, er geht hinein – und steht vor zwei jungen
Schwarzen, die ihn aufmerksam mustern. Nachdem er sich
mit zwei Augenpaaren im Rücken schwer tut, sein Geschäft
zu erledigen, verlässt er die Toilette schnell wieder. Sein Weg
führt ihn in die nächstgelegene Bar, wo er dem Barkeeper
über einem Bier das seltsame Erlebnis schildert. Der hört
sich das Ganze an, dann grinst er und sagt: „Tja, du hast
offenbar Glück gehabt, Mann. Das hätte auch böse ausgehen können. Die haben dich offenbar für einen Undercover-
Cop gehalten." Oscar Bronner schaut an sich herunter und
denkt sich: „Unauffälliger geht's nicht. Eine Kordhose, ein
Hemd, ein Mantel." Dann lacht er. „Ich hab gedacht: Aha.
So schauen also Undercover-Polizisten in New York aus."

Einer der ersten Freunde, die Bronner in Manhattan findet, ist Bernhard Leitner, ein Künstler, der ebenfalls aus Österreich kommt. Leitner entwirft „Sound Sculptures", beschäftigt sich mit der Beziehung von Ton und Raum und wird später als Professor an die Hochschule für angewandte Kunst in Wien berufen werden. Mitte der Siebzigerjahre lehrt er an der New York University. Bronner selbst widmet sich zunächst der Bildhauerei. In seinem Apartment fertigt er mannshohe, schmale Holzskulpturen an. „Reduziert, in der Tradition der Abstraktion und Kinetik", beschreibt Leitner Bronners Arbeiten. „Nicht expressionistisch, nicht expressiv, keine Gefühle."

Der kulturelle Horizont des jungen Ex-Verlegers erweitert sich in Manhattan, wie er sagt, „um Lichtjahre". In der Metropolitan Opera sieht er eine der ersten Aufführungen von von Philip Glass' „Einstein on the Beach". Im Radio hört er den Klassiksender WQXR und WNYC, den lokalen Ableger des öffentlich-rechtlichen Rundfunks National Public Radio, „zu dem mir als Äquivalent nur Ö1 einfällt, nur ohne Musik halt". Und im Fernsehen entdeckt er eine Kunstform für sich, deren Wirkung ihn überrascht. „Ich bin eines Nachts auf Channel 13 hängen geblieben, das war der Kulturfernsehsender. Ich hatte mir bis dahin nie gedacht, dass ich mich für Ballett interessieren könnte. Aber was ich da gesehen habe, war so faszinierend, dass ich nicht mehr umschalten konnte." Was Oscar Bronner spätnachts in den Bann geschlagen hatte, war ein Werk von Twyla Tharp, der Meisterin des abstrakten Ballets. „Ich war immer ein Fan der abstrakten Malerei, aber Tanz hat mich mich nie großartig interessiert. Deshalb habe ich mich zuerst über mich selbst gewundert, warum mich das so angezogen hat. Aber nachdem ich Tharps Werke gesehen haben, war klar, dass das ein logischer Bogenschlag war." Nicht alles in Oscar Bronners Fernsehgewohnheiten in den kommenden Jahren fällt in die Kategorie Hochkultur. Die populäre Sitcom „All in the Family", in der Archie Bunker (Carroll O'Connor) eine Art amerikanischen Edmund Sackbauer mit ausgeprägten alltagsfaschistischen Tendenzen gibt, gehört ebenso zum Menü wie die Nachrichten.

Das halbe Jahr, das er geplant hat zu bleiben, ist längst um. „Die Frage des Zurückfahrens hat sich irgendwann einfach nicht mehr gestellt. Es war keine leichte Entscheidung und, ja, durchaus egoistisch. Ich habe aber diesbezüglich keinen Erklärungsbedarf gespürt. Nachdem von Anfang an klar war, dass ich mindestens zweimal im Jahr nach Wien kommen und mich um den Aco kümmern beziehungsweise er in den Ferien hierherkommen würde, sobald er alt genug ist, war das nicht so schlimm." Oscar Bronner hat ein neues Leben in einer neuen Welt begonnen. Neue Beziehung inklusive. Er hat sich in eine damals 20-jährige Diplomatentochter namens Sibylle Gaussen verliebt. Bronner entschließt sich zu bleiben. Nicht nur, aber auch der Liebe wegen. Seine erste gemeinsame Wohnung findet das Paar durch ein Inserat in der „Village Voice". Der oberste Stock der Adresse 167 Spring Street ist ein Loft mit Zugang zum Teerdach. „Es war ein fusioniertes Doppelhaus, mit einem gemeinsamen Lift." Die Nachbarschaft bilden fast ausschließlich Künstler, junge und alte. Unmittelbar neben Bronners Wohnung lebt und arbeitet die bildende Künstlerin Maria Lassnig, damals schon Ende 50, als Teil einer Wohngemeinschaft. Im zweiten Stock seines Gebäudeteils lebt der 1911 geborene Regisseur Nicholas Ray, dessen Werk (unter anderem „Rebel Without a Cause" mit James Dean, „Johnny Guitar" mit Joan Crawford) von den französischen Vertretern der Nouvelle Vague und von Wim Wenders verehrt wird (1980, ein Jahr nach Rays Tod, wird Wenders Ray mit seiner Doku „Lightning over Water" ein Denkmal setzen). Als Filmsetting greift die Gegend als Erster der ebenfalls in der unmittelbaren Nachbarschaft wohnende Regisseur Paul Mazursky auf. In „An Unmarried Woman" erzählt er 1978 die Geschichte einer typischen New Yorker Upperclass-Frau (gespielt von Jill Clayburgh), die sich, nachdem sie von ihrem Mann betrogen worden ist, in der Künstlerszene SoHos herumtreibt und sich in der Folge in einen britischen Künstler (Michael Murphy) verliebt, der dem damaligen Äußeren wie dem Habitus Oscar Bronners auf fast unheimliche Weise nahekommt.

In der Wirklichkeit hat sich der inzwischen – ihren diesbezüglich konservativen Eltern zuliebe – mit Gaussen verlobt, sehr zum Erstaunen der Freunde des eingefleischten Junggesellen. Eines Abends ist das Paar bei Jackie Kennedy Onassis eingeladen, deren Kinder vom selben Kindermädchen betreut werden wie früher Sibylle und ihre Geschwister. „Oscar, nice to meet you", begrüßt ihn die Gastgeberin, „I've heard so much about you." Bronner antwortet: „Thank you. I've heard so much about you, too." Jackie O. lacht nicht. Wenn er nicht gerade mit weltberühmten Witwen zu Abend isst, gestaltet sich sein Alltag in SoHo vergleichsweise unspektakulär. In der nahen Broome Street Bar kauft er sich seine Hamburger, oder er geht ins Kino, wo er sich im Herbst 1977 den Dokumentarfilm „Pumping Iron" ansieht, der zum Überraschungshit geworden ist. „Die Idee, seinen Körper zu einer Skulptur zu formen, die ganze mit Bodybuilding verbundende Idee von Ästhetik, hat damals hier viele Leute beeindruckt. In Künstlerkreisen hatte der Film Kultcharakter, weil klar war, dass da viel mehr war als die Oberfläche. Ich habe mir damals schon gedacht, dass aus dem Schwarzenegger was wird. In dem Film hat man gesehen, dass das ein extrem schlauer Bursche ist. Das hat in Europa nur niemand verstanden. Nach allem, was ich mitbekommen habe, wurde er damals in Österreich nur lächerlich gemacht."

Während sich Bronner in vollen Zügen dem abendlichen Kulturangebot aussetzt, kommt das Nachtleben weitgehend ohne ihn aus. Das Studio 54, die heute legendäre, weil in dieser Dekade fast allabendlich mit Stars und Sternchen volle Diskothek, sieht ihn „nur ein-, vielleicht zweimal". Nicht, dass er sich den Verlockungen des freien, ungezügelten Lebens von Downtown gänzlich entziehen würde. Im Gegenteil. „Er war immer ein Mann der Frauen, das war in Wien nicht anders als in New York. Und davon abgesehen hat halt auch das damals angesagte Marschierpulver keinen verschont gelassen. Aber im Gegensatz zu anderen hatte er das immer unter Kontrolle. Er war nie in Gefahr, sich einen chronischen Schnupfen einzufangen", erzählen mehrere Bekannte, die anonym bleiben möchten, unabhängig voneinander. Oscar Bronner: „Ich hatte eine Freundin, für die das damals wichtig war. Darüber hinaus möchte ich nichts dazu sagen."

Wichtiger als das auch in den warmen Jahreszeiten beständige Schneetreiben auf den Straßen und in den Lofts von SoHo ist ihm die Kunst und alles was mit ihr einhergeht. In den Jahren, in denen sich Oscar Bronner und Sibylle Gaussen in der Spring Street niedergelassen haben, steht die Pop Art im Zenith; gleichzeitig erlebt die auf Marcel Duchamps (1887–1968) zurückgehende Conceptual Art („Readymades") eine Renaissance. Sieben Jahre nach Duchamps Tod hat sich der Schriftsteller und Journalist Tom Wolfe der „Konzeptkunst" in einem in zeitgenössischen Künstlerkreisen vielgelesenen Essay kritischironisch gewidmet.

In „The Painted Word" skizziert Wolfe einen „größten Künstler der Geschichte", unbekannt und arm, der in einem Coffeeshop mit dem Finger ein Wasserbild auf eine Papierserviette malt. Das Werk löst sich nach wenigen Sekunden auf. „Wäre das nun tatsächlich das größte Kunstwerk der Geschichte gewesen oder nicht?", fragt Wolfe. Um sich die Antwort selbst zu geben: „Die Vertreter der Concept Art antworteten darauf: Natürlich wäre es das gewesen. Der Kern der Kunst steckt nicht in der Dauerhaftigkeit der Materialien, sondern einzig und allein in zwei Dingen: im Genie und im Schaffensprozess! Später kamen sie zu dem Schluss, dass man letztlich auch das Genie über Bord werfen konnte." Fast zur gleichen Zeit erscheint ein nicht minder einflussreiches Buch, verfasst vom Meister der Pop Art höchstselbst: „The

Philosophy of Andy Warhol (From A to B & Back Again)".
Das bekannteste Zitat daraus lautet: „Making money is art
and working is art and good business is the best art." Fazit:
Alles ist Kunst, jeder ein Künstler. Was seine eigene Arbeit
angeht, verweigert sich Oscar Bronner allen Strömungen,
die in Mode sind. Weil ihm die Bildhauerei aber auf Dauer
„eine zu wenig intellektuelle Angelegenheit" ist, beginnt er
wieder zu malen: Serien von Blumen, Männer, Landschaf-
ten, Porträts, später Frauenakte. Jede einzelne dieser Phasen
dauert ein paar Jahre.

„Wir waren Suchende. Das bezog sich nicht nur darauf:
Wie sieht mein nächstes Bild aus? Das bezog sich auf das
gesamte Leben. Wir waren ständig in der Auseinandersetzung mit uns selbst", erzählt Bernhard Leitner. Der deutsche Kunsthistoriker Dieter Ronte, von 1979 bis 1989 Direktor des Museums Moderner Kunst in Wien, wird Oscar
Bronners Bilder später in einem Katalogtext so beschreiben:
„Die Bilder entwickeln sich flächenparallel zur Leinwand,
wirkliche Perspektive findet nicht statt, die Landschaft ist
in die zweite Dimension der Malerei gekippt, dennoch vermittelt sie Tiefe." Bronners alte Freunde zeigen sich weniger
begeistert. „Die Klötze vom Anfang, das hat mir sehr gefallen. Aber solch konstruktivistische Dinge waren damals ja
uncool. Er hat dann angefangen, modische Blumenbilder zu
malen. Das war mir ein bisschen zu dekorativ", sagt Luigi
Blau. Heinz Fischers Urteil fällt freundlicher aus: „Seine Bilder waren riesig, in gedeckten, ja düsteren Farben gehalten.
Es war interessant zu sehen, dass ein Mann, der zuvor als
Verleger reüssiert hat, plötzlich ein ernsthafter Maler ist."

Fischer, der 1975 zum Obmann des SPÖ-Klubs aufgestiegen ist, nutzt fast jedes Jahr die Gelegenheit, im Gefolge einer Parlamentsdelegation zur Generalverstammlung der Vereinten Nationen nach New York zu reisen. „Es gab immer einen Abend mit dem Ossi, wo wir uns den Tratsch aus der jeweils anderen Stadt erzählt haben. Das war wie eine Sauerstoffkur", erzählt der heutige Bundespräsident.

Um eine politische Intervention wird Oscar Bronner Heinz Fischer im Laufe ihrer jahrzehntelangen Freundschaft nur einmal bitten. Über einen gemeinsamen Freund hatte ihm der 1940 im damaligen Leningrad geborene Dichter und Essayist Joseph Brodsky, der Anfang der Siebziger die Sowjetunion verlassen musste und nach New York gezogen ist, ausrichten lassen, dass er Hilfe brauche. Sein Vater sei schwer krank und weil er in Russland nicht die nötige Behandlung bekomme, bittet er Bronner, den Staatsbürger eines „neutralen" Landes, seine politischen Kontakte spielen zu lassen, um in Moskau eine Ausreiseerlaubnis zu erwirken. Bronner schreibt Fischer, der damals gute Kontakte zu den Herrschern im Kreml pflegt, einen entsprechenden Brief, aber am Ende kommt jede Hilfe zu spät. Zu dem Zeitpunkt, an dem der hochrangige Wiener Sozialdemokrat die Nachricht erhält, ist Brodskys Vater bereits tot.

Ist Bronner die Bildhauerei noch relativ leicht von der Hand gegangen, quält er sich mit der Malerei schon mehr. Nie ist er ganz zufrieden mit dem Ergebnis, ständig bessert er daran herum: „Ich gehöre zu jenen, die an einem Bild endlos weitermalen. Bis es kaputt, vermalt ist." Sich des Problems gewiss, legt er sich eine Technik zurecht, die seinem Perfektionismus Schranken setzt. Mit Skizzen und Fotos als Vorlagen erarbeitet er eine prinzipielle Komposition, die er dann per Rasterverfahren auf das große Format überträgt. Die Leinwand steht nicht auf einer Staffelei, sondern auf einem niedrigen Tisch. Auf sie spritzt er verdünnte Acrylfarbe: Rot, Gelb, Blau, dazu Schwarz und Weiß. Dann verteilt er sie, mischt sie und reibt sie buchstäblich in die Leinwand hinein. Mit den Händen, manchmal, bis sie blutig werden. Später wird er sich mit Chirurgenhandschuhen schützen. Danach wartet er bis die Farbe trocken ist, meistens drei, vier Stunden. Die Technik limitiert auch das Format: Ist eine Leinwand größer als zwei mal zwei Meter, kann er ihre Mitte mit dem Arm nicht mehr gut erreichen. So vergehen die Tage: „Aufstehen, ‚New York Times‘ lesen, malen. Sechs bis acht bis zehn Stunden."

Aus Bronners halbem Jahr in New York sind mittlerweile zweieinhalb geworden. Als er findet, dass er für seine Arbeit mehr Platz braucht, übersiedelt er in ein Loft an der Ecke Broadway/Broome Street, das rund 400 Quadratmeter umfasst; doppelt so groß ist wie das, in dem er bis dahin gelebt hat. Die Immobilienpreise in SoHo sind in der Zwischenzeit explodiert. Er kann die alte Dachgeschoßwohnung, die ihn 37.000 Dollar kostete, um 350.000 verkaufen; für das neue Loft zahlt er 360.000 Dollar. Die Zeichen der Zeit sind untrüglich. „Es hat ganz langsam angefangen. Zuerst gab es viele kleine Shops, die Kunsthandwerk und selbst designte Kleidung verkauft haben. Auch als die ersten Botiquen aufkamen, war das sozusagen noch im Rahmen, weil die sehr speziell und originell waren. Erst als im Lauf der Jahre immer mehr Mainstream-Geschäfte dazukamen, war klar: Jetzt ist es gelaufen", erzählt Bronner.

SoHo gilt als Ground Zero jenes Phänomens, das heute weltweit unter dem Titel Gentrifizierung firmiert. Die Gleichung „Billige Mieten ist gleich Künstler ist gleich cool ist gleich BoBos die gern als cool gelten möchten ist gleich höhere Mieten ist gleich Uncoolness" erfuhr hier erstmals ihre Nagelprobe. Aus Sicht der Immobilienmakler mit Erfolg. Aus Sicht der Künstler mit nicht selten verheerenden Konsequenzen. „Ab einem gewissen Zeitpunkt, der sich nicht genau festlegen lässt, hat sich das Viertel zu verwandeln begonnen. Plötzlich rannten überall diese Werbe- und Wall-Street-Menschen herum und ständig haben neue Botiquen aufgemacht beziehungsweise ihren Sitz hierher verlegt."

Als „besonders schlimm" sind Oscar Bronner aus jener Zeit die Samstage im Gedächtnis geblieben: „Da kamen die Leute aus der ganzen Stadt und aus dem Umland, um durch die Galerien und Geschäfte zu bummeln. Aber auch, um sich ‚richtige Künstler' anzuschauen. Mit seinen dreckigen Malersachen hat man sich nicht mehr auf die Straße getraut. Bevor man rausging, hat man sich umgezogen und eine Zeitung unter den Arm geklemmt, um sich nicht wie ein Affe im Zoo fühlen zu müssen." Einen der Höhepunkte dieses – bis heute andauernden – Prozesses wird Bronner nicht mehr erleben. Als das Guggenheim-Museum im Erdgeschoß des an der nordwestlichen Ecke Prince/Broadway stehenden Hauses 1992 eine Filiale eröffnet, ist er schon weg. Zehn Jahre später sperrt das Guggenheim SoHo zu.

Seine Räume verkauft das Museum für 40 Millionen Dollar an die Edelmodekette Prada. Alexander Mitteräcker, der kurz vor und nach seiner Matura am Lycee Francais die New Yorker Wohnung seines Vaters bevölkert und so noch den letzten Akt der Transformation des Viertels mitbekommt, fasst seine Erfahrungen so zusammen: „Ich bin dankbar, dieses ‚alte' SoHo noch kennengelernt zu haben. Und nicht die Luxus-Schuhschachtel, zu der es geworden ist."

Während sich in SoHo Ende der Siebzigerjahre langsam aber sicher die neue Bourgeousie breitmacht, versucht Oscar Bronner ungerührt weiterzuarbeiten. Atelier und Wohnbereich der L-förmigen Dachgeschoßwohnung im zehnten Stock des Hauses 491 Broadway sind feinsäuberlich getrennt, bilden aber ein gemeinsames organisiertes Chaos, „weil ich nichts wegschmeißen kann". Und weil dort nicht selten ordentlich gefeiert wird. Regelmäßig lädt Bronner die jungen Auslandsösterreicher von New York samt Freunden und Anhang zu sich nach Hause ein. Bernhard Leitner, Kiki Kogelnik, die Künstlerin, die Pop-Art nach Österreich gebracht hat, Peter Marboe, den Leiter des Österreichischen Kulturinstituts und Susi Schneider, die falsche Korrespondentin und echte Ex-Freundin, zu der er, in den Erinnerungen ihres Sohns Martin, ein „seltsames Verhältnis hatte. Sie haben sich zweifellos sehr gemocht und sie hat manchmal, wenn ich mich richtig erinnere, auch bei ihm übernachtet. Aber auf der anderen Seite hat sie immer darauf geschaut, eine gewisse Distanz zu ihm zu halten." Die Landsleute bilden aber nur einen Teil eines im Lauf der Zeit stark angewachsenen Freundes- und Bekanntenkreises.

Bronner isst, trinkt, diskutiert und arbeitet manchmal auch mit Leuten wie Ion Filotti, einem künstlerisch interessierten Mathematiker, der an der Columbia University Computerwissenschaften unterrichtet; mit Alfons Schilling, einem spröden Schweizer Künstler, der während seines Studiums in Wien im Umfeld der Aktionisten tätig war und mit dem er mit 3D-Effekten experimentiert. Die Ergebnisse zeitigen Präsentationen bei Panavision US in Hollywood, bei Ariflex in München und in den Hauptquartieren von Sony, Panasonic und Hitachi in Tokio („Ich habe mich bei einem Patentanwalt erkundigt und herausgefunden, dass die einzelnen Elemente, die zur Produktion eines 3D-Films prinzipiell nötig sind, bereits patentiert waren. Aber nicht die Kombination, die ich erfunden habe. Ich habe die Arbeit aber nie zu Ende gebracht, weil ich kein Erfinderschicksal erleiden wollte"); und mit Paul Steiner, dem 1913 in Wien geborenen Chef des Verlags Chanticleer Press und ehemaligen Sekretär von Egon Friedell, der in den Fünfzigerjahren mit der Erfindung des „Coffee Table Book" eine ganze Industrie revolutionierte.

Den 1939 aus Österreich in die USA geflüchteten Verleger, der sich die ersten paar Jahre als Dachdecker und Staubsaugervertreter in Ohio durchgeschlagen hat, sucht Bronner oft in dessen Wohnung an der Upper East Side auf. An diese hat besonders Alexander Mitteräcker so lebhafte wie gute Erinnerungen: „Der Paul Steiner war ein extrem beeindruckender Mensch. Gescheit, nett, kultiviert und sehr großzügig. Obwohl ich noch klein war, habe ich durch ihn auch zum ersten Mal viel über mich gelernt, über meine

Herkunft. Er war für mich das Paradebeispiel eines Wiener Juden, der einem vor Augen geführt hat, was die Stadt damals verloren hat."

Von Sibylle Gaussen, die mittlerweile als Brokerin an der Wall Street arbeitet, hat sich Oscar Bronner inzwischen getrennt. „Aber als der fesche, charmante Kerl, der er war, blieb er nie lange alleine", erzählt Michael Schmutzer. Einen beispielhaften Beleg für diese Aussage liefert Bronners Beziehung mit Jamie Bernstein. Die älteste Tochter des Komponisten und Dirigenten Leonard Bernstein lernt er im Frühjahr 1982 bei einem seiner Wien-Besuche kennen.

„Ich und meine Schwester waren nach einem Konzert meines Vaters auf eine Party eingeladen. Ich habe ihn sofort bemerkt, weil er mich, tja, ich kann es nicht anders sagen, mit seinen Augen ausgezogen hat. Wir wurden einander vorgestellt, und das war's. Ich war damals 30 Jahre alt. In den Tagen darauf sind wir mit meiner Schwester in den Prater gegangen und zu Placido Domingo in die Staatsoper. Danach haben wir uns eine Zeitlang nicht gesehen, weil ich zurück nach Los Angeles geflogen bin, wo ich damals gelebt habe. Aber nachdem der Rest meiner Familie in New York im Dakota Building gelebt hat, haben wir uns selten, aber doch auch dort wieder gesehen. Ich kann mich noch an sein extrem cooles Loft erinnern, in dem er damals mit 3D-Effekten experimentiert hat, und an fantastische Frühstücke mit allen möglichen Käse- und Wurstsorten. Ich habe ihn immer besonders gern gemocht, wenn er high war. Dann wurde er immer so kindisch, auf eine gute, lustige Art. Er hat zu dieser Zeit ziemlich viel Gras geraucht, und immer, wenn er bekifft war, hat er eine Seite von sich gezeigt, die ich sonst nicht an ihm kannte. Wir haben uns meistens in Wien wiedergesehen, wo ich irgendwann einmal sogar seinen Sohn kennengelernt habe, der damals noch klein war. Unsere Affäre – ich glaube, dieses Wort trifft die Beziehung, die wir hatten, am ehesten – hat ein gutes Jahr lang gedauert. Wahrscheinlich war am Ende die geografische Distanz einfach zu groß, als dass mehr daraus hätte werden können. Ich war in L.A. und habe dann einen anderen Mann kennengelernt und ich glaube, er hatte damals auch schon eine neue Freundin. Es gab keinerlei Drama, es war einfach irgendwann aus. Ich habe ihn seither nie wiedergesehen." Oscar Bronner legt Wert auf die Feststellung, „dass es damals nicht unüblich war, dass nach dem Essen ein Joint herumging und dann habe ich meistens auch mitgeraucht. Aber ich habe mir nie selber Gras oder Haschisch gekauft."

Bronner soll auch eine Zeitlang mit Susan Brownmiller ausgegangen sein, daran wollen sich zumindest manche seiner Freunde erinnern. Die Radikalfeministin hat 1975 mit ihrem Bestseller „Gegen unseren Willen" für Diskussionen gesorgt, einer Kulturgeschichte der Vergewaltigung. Ihre These: Vergewaltigung sei kein singuläres Verbrechen, sondern diene dazu, die Vorherrschaft der Männer zu sichern und alle Frauen permanent in Angst zu versetzen. „Wir haben uns gemocht, aber ihre Theorien gingen mir viel, viel zu weit", sagt Bronner. Die Arbeit einer anderen bedeutenden Feministin, die er zu seinem New Yorker Freundeskreis zählt (und die ihn bis zu ihrem Tod 2006 auch öfters in Wien besuchen wird), schätzt er mehr, „weil sie immer die Vereinbarkeit von Familie und Frauenrechten propagiert hat". Mit ihrer im Jahr 1963 erschienenen Studie „Der Weiblichkeitswahn" hat Betty Friedan der amerikanischen Frauenbewegung den Weg bereitet. In dem Buch zeigte sie auf, wie die Frauen über die Jahrhunderte hinweg in die Rolle von Hausfrauen und Müttern gedrängt wurden, indem man ihnen weismachte, dass sie als Expertinnen auf diesem Gebiet unersetzbar seien.

Das Versprechen, das er Elisabeth Mitteräcker nach der Geburt des gemeinsamen Sohnes gegeben hat („Ich will ihm so viel Vater sein, wie's geht"), wird Oscar Bronner halten. Zu seinen Bedingungen. Zweimal im Jahr fliegt er nach Wien, für je mindestens vier Wochen. Als Nebeneffekt dieser transatlantischen Pendlerei bleibt ihm so etwa der heiße New Yorker Sommer 1977 erspart, als die Stadt zuerst von einem Stromausfall und dann von Massenplünderungen heimgesucht wird und währenddessen dem der Serienmörder David Berkowitz unter dem Pseudonym „Son of Sam" bis zu seiner Verhaftung im August seine im Jahr zuvor aufgenomme Jagd auf Pärchen und Frauen fortsetzt. Im Gegensatz zur sich ständig häutenden US-Metropole herrscht in Wien etwas, was Bronner „einen wunderbaren Stillstand" nennt. „Auch wenn du schon gemerkt hat, dass sich dort ganz langsam auch etwas ändert, nachdem die gesellschaftspolitischen Reformen Kreiskys gegriffen hatten. Enttäuschend waren die vielen Skandale, die mit seiner Regentschaft einhergingen, aber die haben mich nicht überrascht. Es gibt kaum einen Spitzenpolitiker, dessen Abgang gut verläuft. Entweder er verliert eine Wahl, oder er wird von der eigenen Partei abserviert." Oscar Bronner besitzt zu dieser Zeit immer noch das Haus am Maurer Berg. Auch seinen Vater, der mittlerweile einen Pfahlbau in Mörbisch am Neusiedler See bewohnt, besucht er unregelmäßig aber doch. „Ich weiß noch, dass wir beim Segeln immer genau aufpassen mussten, nicht an der Grenze zu Ungarn anzustreifen. Das war zu dieser Zeit nicht ohne." Als alter neuer Fixpunkt in Wien dient ihm das Hawelka, „wo du, weil dort soundso immer dieselben Leute gesessen sind, Gespräche fortsetzen konntest, die du ein halbes Jahr vorher angefangen hast". Die Freunde, mit denen er sich trifft, sind großteils dieselben wie in den Sechzigerjahren: Peter Michael Lingens, André Heller, Kurt Moldowan, Michael Schmutzer, Tommy Smolka.

Seinen Sohn schleppt er mit ins Kaffeehaus, wie auch sonst überallhin. Sogar ins Oswald & Kalb. Das Beisl in der Bäckerstraße ist gestern wie heute mehr Männer- als Kinderspielplatz, aber Aco gefällt es, solange es Wiener Schnitzel gibt und sein Vater da ist. „Es war viel intensiver, als ich das von den Vätern meiner Freunde kannte. Wenn er da war, haben wir extrem viel Zeit miteinander verbracht, vieles gemeinsam unternommen", erinnert sich Alexander Mitteräcker. Ist Bronner zurück in New York, telefoniert der Vater regelmäßig mit dem Sohn, mindestens eine halbe, meistens eine dreiviertel Stunde lang. Alle ein, zwei Wochen meldet er sich zur verabredeten Uhrzeit – obwohl selbst Freunde klagen: „Wenn man nicht ihn anruft, hört man von ihm nichts. Sich von selber melden, das ist nicht seines." Diese Regelmäßigkeit fällt Bronner auch deshalb leicht, weil er kaum innerhalb Amerikas reist: „Wenn man alle Jahre zusammennimmt, war ich insgesamt wohl keine zwei Monate außerhalb von New York City und Long Island." Nicht einmal in der eigenen Stadt kommt Bronner großartig herum. Als ihn einmal die Jazzsängerin Deborah Browne besucht, eine Bekannte aus dem Hawelka, geht sie mit ihm in eine Oper, die ausschließlich mit schwarzen Sängern besetzt ist. In seinem eigenen Viertel lassen sich die afroamerikanischen Bewohner an zwei Händen abzählen. Was auch den Effekt hat, dass Oscar Bronner die Geburtsstunde der heute den Globus dominierenden Musikkultur nicht einmal bemerkt, die damals schlägt. HipHop ist in den Siebzigern und frühen Achtzigerjahren nur etwas für Schwarze und Latinos aus den Ghettos von Uptown, und Uptown liegt in der Wahrnehmung der Mehrheit der weißen New Yorker auf einem anderen Planeten. Oscar Bronner bildet dabei keine Ausnahme.

Reisetechnisch kommen so lediglich ein paar Kurzausflüge in andere Städte zusammen, die – mit Ausnahme von Trips nach Los Angeles, wo er eine Freundin besucht – stets nach dem gleichen Muster ablaufen: zuerst die berühmtesten Sehenswürdigkeiten abhaken, dann rein in die Kunstmuseen von Boston, Baltimore, Washington D.C., New Orleans, San Francisco. In Philadelphia bekommt er gemeinsam mit Bernhard Leitner in der weltberühmten, aber damals noch nicht öffentlich zugänglichen Barnes Collection, eine Privatsammlung, die bis heute wegen ihrer Dichte an Meisterwerken des Impressionismus und der

Moderne als unübertroffen gilt. Im Alter von fünf Jahren besucht Alexander Mitteräcker seinen Vater zum ersten Mal. Auch in New York nimmt dieser ihn überallhin mit. Binnen kurzer Zeit kennt das Kind sämtliche Galerien und Museen der Stadt. Fotografiert Bronner Vorlagen für seine Bilder, darf Aco assistieren. Und immer wieder schauen sie sich Immobilien an, Wohnungen, Lofts, Häuser. Mitteräcker: „Das ist ein Dauerprojekt im Leben meines Vaters. Ich habe in meinem Leben wahrscheinlich mehr fremde Wohnungen gesehen als sonst was." Nicht, weil sein Vater ständig plant umzuziehen oder weil er damit im großen Stil spekuliert. Allein: „Es könnte ja interessant sein."

In Wien hat Oscar Bronner seit längerem einen Platz zum Wohnen und Arbeiten gesucht, in den das Licht von Norden her einfällt. Das braucht er zum Malen. Anfang der Achtzigerjahre hat er in der Böcklinstraße im zweiten Bezirk, nahe dem Prater, eine sogenannte Hausherrenwohnung gefunden, die seinen Anforderungen entspricht. Der Besitzer will aber nicht die Wohnung, sondern das ganze Haus loswerden. Bronner überlegt kurz. Dann kauft er. Obwohl er inzwischen sogar im Besitz einer Green Card ist, einer Arbeitserlaubnis für die Vereinigten Staaten. „Ich hatte lange Zeit nicht einmal eine permanente Aufenthaltserlaubnis, weil ich ja praktisch jedes halbe Jahr ausgereist bin. Aber irgendwann habe ich mich von der unter den anderen Exilanten weit verbreiteten Hysterie, eine Green Card zu brauchen, anstecken lassen." Bronner geht zu dem auf Immigrationsfragen spezialisierten Rechtsanwalt David S. Glassman, der ihm die Bedingungen für den Erhalt des Dokuments auseinandersetzt. Nachdem er sich alles angehört hat, rechnet sich Bronner „keine Chance aus. Ich hatte weder einen Beruf, der benötigt wurde, noch war ich ein Investor, der Arbeitsplätze schafft, noch habe ich irgendeine andere der damaligen Voraussetzungen erfüllt". Glassman fragt Bronner nach seiner Vergangenheit in Wien.

Von der dortigen US-Botschaft wird er jedes Jahr zum 4. Juli, dem amerikanischen Nationalfeiertag, zum Feiern eingeladen. Der Advokat hört Bronners Story genau zu. Dann rät er ihm, den Antrag von Österreich aus zu stellen. Bronner tut wie ihm geheißen. Es klappt. „Nachdem ich als ‚Desirable Alien' akzeptiert wurde, ging alles ganz glatt." In Anspruch nehmen wird Oscar Bronner seine Green Card nie. Als sie ihm im Laufe der folgenden Jahre sogar mehr Kopfschmerzen als Freude bereitet – „Ich war damit auch US-Steuerbürger und musste dementsprechend zwei Steuererklärungen abgeben: eine für die Amerikaner, eine für die österreichischen Finanzbeamten", wird Oscar Bronner seine Green Card Anfang der Neunziger zurückgeben.

Zu Silvester 1981 ist Michael Schmutzer, der Erbe der Druckerei Rosenbaum, von Wien nach New York übersiedelt. Nachdem Bronner seinen Verlag verkauft hatte, hat Schmutzers Firma weiterhin den „trend" und das „profil" gedruckt. Zunächst zu denselben Konditionen, die er mit Bronner ausgemacht hatte, „und die sehr gut waren, weil wir am Anfang das Risiko mitgetragen hatten. Das war quasi die Rückzahlung vom Ossi", erzählt Schmutzer. 1975 waren die „Ecco"-Deserteure zum trend-profil-Verlag zurückgekehrt. Unter ihnen auch der frühere Redakteur und Betriebsrat Peter Piller, der, nachdem er Anfang der Achtzigerjahre zum Geschäftsführer aufgestiegen war, alles daransetzte, seinem informellen Beinamen („der Killer") gerecht zu werden. Nach erfolglosen Verhandlungen mit Schmutzer, von dem er eine massive Reduzierung der Druckpreise verlangt hatte, kündigte Piller den Vertrag mit der Druckerei Rosenbaum. Auf einen Schlag verlor Schmutzer knapp 40 Prozent seines gesamten Auftragsvolumens. Nachdem er kurz darauf auch noch die „Presse"-Beilage „Schaufenster" und das Großkaufhaus Metro mit seinen Prospekten als Kunden verloren hatte, gab er auf. Den Betrieb verkaufte Schmutzer an den Verlag Carl Ueberreuter, mit dessen Eigentümern seine Familie eng befreundet war. Nicht zuletzt, weil der Verlagsgründer Thomas F. Salzer Schmutzers Eltern 1939 geholfen hatte, in die USA zu emigrieren. Ein dreiviertel Jahr später sperrte der neue Eigentümer die Druckerei zu.

Schnell hatte sich herausgestellt, dass die Bilanzzahlen hinten und vorne nicht gestimmt hatten. Schmutzer war trotzdem Angestellter des Verlags geblieben. Bis ihm Peter Michael Lingens von einem im „profil" erschienenen Interview erzählte. „Stimmt es, dass Ueberreuter die Firma nur ausbeuten wollte und von Anfang an vorhatte, sie zu schließen?", hatte „profil" Andreas Salzer gefragt, den damaligen Ueberreuter-Chef. „Nein, das wären jüdische Machinationen, und wir sind keine Juden." Ein Satz, für den sich Salzer nach dem Erscheinen des Interviews sofort entschuldigte, in persönlichen Gesprächen wie öffentlich. Schmutzer gab sich trotzdem enttäuscht. Er kündigt und nimmt den Rat seines Freundes an: „Der Ossi hat mir eingeredet, dass ich doch auch nach Amerika kommen und einmal ein halbes Jahr dort leben soll." Wie im Falle Bronners wird es nicht bei diesem Zeitraum bleiben. Bronner selbst führt zu diesem Zeitpunkt längst jene Art von Leben, die damals wie heute dem Klischee eines gut betuchten New Yorkers entspricht.

Ein Traum in weiß bemaltem Zedernholz, ein großzügig angelegter Garten in Form eines Dreiecks – das einstöckige Anwesen liegt inmitten einer Weggabelung – ein Wintergarten, dahinter ein kleiner Geräteschuppen. Weil, wenn's hoch hergeht, jede halbe Stunde ein Auto vorbeifährt, bilden allein das Zwitschern der Vögel und der Wind, der sanft durch die umliegenden Sträucher und Wälder streicht, die Geräuschkulisse. Zum öffentlich zugänglichem Georgica Beach ist es zu Fuß keine Viertelstunde. Rund 30 Jahre später erkennt Oscar Bronner das Haus nicht wieder, das an der Gabelung von Georgica und Apaquogue Road in East Hampton steht. „Es freut mich aber, dass die Gartenhütte noch steht. Die Idee war, das Angenehme mit dem Nützlichen zu verbinden. Ich wollte im Sommer einen Ort haben, an dem ich einerseits Ferien machen und andererseits arbeiten kann, wenn ich es will." Zuvor hatte es Oscar Bronner mit einem Wochenendhaus in Upstate New York versucht, „aber das war zuwenig, was den Genussfaktor angeht. Außerdem waren ja schon Freunde von mir da, die hier Häuser hatten." Nachdem er in dem an der Ostspitze der Halbinsel Long Island gelegenen Dorf zunächst ein Haus gemietet hat, entschließt sich Bronner im Jahr 1980, eines zu kaufen. Als Atelier dient ihm eine umgebaute Garage. Gegen den Einwand, dass diese Art von Statussymbol purer Luxus ist, erhebt er energisch Einspruch: „Es war das kleinste und schäbigste in der ganzen Nachbarschaft."

Der Name „Hamptons" ist ein Sammelbegriff, der sich von den Dörfern beziehungsweise Kleinstädten Southampton, East Hampton, Westhampton, Bridgehampton und Hampton Bays ableitet. Sie liegen allesamt am Ostende Long Islands, die auf der Höhe von New York City in den Atlantik hineinragt. Die Autofahrt von Manhattan nach East Hampton dauert gut zwei Stunden. Die Hauptstraße teilt den Ort in zwei Klassen. „North of the Highway" sind die Grundstücke sehr teuer, „South of the Highway", wegen der Nähe zur Atlantikküste, extrem teuer.

Betty Friedan hat Oscar Bronner geholfen, „das billigste Haus in der teuersten Gegend" zu finden. Das dazugehörende Grundstück misst tausend Quadratmeter. Alexander Mitteräcker, der insgesamt drei Sommer bei seinem Vater in Amerika verbringen wird, bestätigt dieses Urteil nicht nur: „Obwohl ich noch klein war, hab ich mir schon damals gedacht, dass das schon alles sehr komisch ist. Rundherum standen diese ganzen Villen und Protzlandhäuser. Und mittendrin sind wir in unserer Bruchbude gesessen." Dass sein Vater zwar relativ viel Geld, aber wenig im Vergleich zu seinen Nachbarn hat, ist ihm schon bald aufgefallen: „Es war ja nicht nur das Haus. Das Sofa in der Wohnung in SoHo war so alt und abgewetzt, dass man aufpassen musste, dass man sich nicht an den hervorstehenden Springfedern verletzt. Und dann erst sein Auto…" Im Sommer 1978 hat Oscar Bronner dem Österreichischen Kulturinstitut um 800 Dollar einen Ford LTD Station Wagon abgekauft, ein wahres Ungetüm auf vier Rädern. Mitteräcker: „Das Auto fuhr, aber mehr schon auch nicht. Es war eine riesige Schrottschüssel. Ich hab mich dafür fast geschämt."

Den Erholungsfaktor von Sommern am Strand von East Hampton schmälern diese Schönheitsfehler nicht. „Aco war ein aufgeweckter Bub, den alle mochten. Er hat sich schnell gut eingelebt und dank einer jüdischen Nachbarschaftsorganisation, die Sommerlager organisiert hat, auch schnell Freunde in seinem Alter gefunden. Obwohl er noch klein war, hat er an allen Tischgesprächen teilgenommen. Und nachdem er schon als Bub super Schnitzel machen konnte, war er gleich noch beliebter", erzählt Oscar Bronner.

Am Abend besuchen sich wechselseitig jene Freunde und Bekannten aus der Stadt, die hier ebenfalls ihre Landhäuser haben: Betty Friedan im nahen Sag Harbor, die Familie Steiner und das Autorenpaar Robert und Ina Caro in East Hampton. Robert Caro gilt damals als einer der populärsten – und gewissenhaftesten – Sachbuchautoren des Landes. 1975 hat er für seine bahnbrechendes Werk „The Power Broker" den Pulitzerpreis in der Kategorie Non-Fiction gewonnen. An der Biografie des jahrzehntelang scheinbar allmächtigen New Yorker Baustadtrats und Schattenburgermeisters Robert Moses (1888–1981) haben der ehemalige Lokalreporter und seine Frau sieben Jahre lang gearbeitet. „Robert ist einer der faszinierendsten Menschen, die ich kennengelernt habe. Sehr klug, aber sehr bescheiden. Er und seine Frau wären während der Recherche zeitweise fast buchstäblich verhungert, wenn sie nicht Leute gehabt hätten, die sie unterstützt haben. Niemand hatte dem Buch eine Chance gegeben. Nur er selbst hatte immer daran geglaubt. Und siehe da: Er wurde belohnt", sagt Oscar Bronner.

Als Nächstes ist Robert Caro die Biografie eines anderen Machtmenschen angegangen, die sich zum Mammutwerk auswachsen sollte: die von Lyndon Johnson, dem Nachfolger von John F. Kennedy. Als er Oscar Bronner kennenlernt, befindet sich Caro gerade am Ende der Recherchen zu „The Path of Power", dem ersten Band eines fünfbändigen Epos, dessen vierter Teil, „The Passage of Power"– einer steht laut Caro noch aus – im Frühjahr 2012 erschien. Dementsprechend diskutiert er auch mit Oscar Bronner über den Demokraten aus Texas, der, als er 1968 freiwillig aus dem Amt schied, seinem Land ein innen- wie außenpolitisch janusköpfiges Vermächtnis hinterließ: Einerseits hatte er die in den Südstaaten der USA de facto herrschenden Apartheidregime entsorgt und die rechtliche Gleichstellung von Afroamerikanern in den Rang eines Bundesgesetzes erhoben, anderseits den Vietnamkrieg ausgeweitet; einerseits die staatliche Wohlfahrt extrem ausgeweitet, andererseits Antikriegsaktivisten bespitzeln und verhaften lassen.

Aber auch die aktuelle Politik bietet genug Gesprächsstoff. Bronner: „Ronald Reagan war damals gerade ins Weiße Haus eingezogen. Auch wenn ich, wie alle meine New Yorker Bekannten, wenig für ihn über hatte, habe mich immer darüber gewundert, wie der in Europa immer als Vollidiot dargestellt worden ist. Aber nur weil ein Mensch einmal in Cowboyfilmen mitgespielt hat und auch als Politiker viele Angriffsflächen bot, war er deshalb noch kein Idiot. Außerdem gibt es manchmal politische Konstellationen, die nicht wünschenswert sind, in denen man sich für das kleinere Übel entscheiden muss. Während des Kalten Kriegs hatten die USA immer ein besonderes Talent dafür, sich mit miesen Diktatoren ins Bett zu legen, aber mich hat das trotzdem nicht automatisch zu einem Freund der Sandinisten in Nicaragua gemacht.

Auch Jimmy Carter wurde vorgeworfen, sich zuerst mit dem Schah von Persien ins Bett gelegt und dann, im Zuge der islamistischen Revolution von 1979, die Folgen dieser verfehlten Politik geerntet zu haben. Und nachdem die amerikanischen Geiseln aus der Botschaft in Teheran nicht vor der Wahl 1980 freigelassen wurden, wurde er auch deshalb abgewählt. Insofern war Carter sicher kein guter Präsident. Aber mir hat etwas ganz anderes an ihm imponiert, das viel mit dem politischen System der USA zu tun hat, das im Allgemeinen noch immer viel durchlässiger ist als jedes europäische: Dass ein Erdnussfarmer aus Georgia ohne jegliche Hausmacht Präsident werden konnte, ist beachtlich. Barack Obama ist ihm in dieser Hinsicht nicht unähnlich."

Bei gutem Essen, Trinken und warmem Wetter über die Weltenläufte philosphieren und ab und zu ein bisschen Bewegung: Weder Oscar Bronner noch einer seiner Freunde fährt in die Hamptons, um dort zu arbeiten. Der Schriftsteller Frederic Morton, der 1962 den Bestseller „The Rothschilds. Portrait of a Dynasty" veröffentlicht hat, spottet bis heute über die Sommerfrischler: „Man steht spät auf, trinkt einen Cocktail, geht ein bisschen Schwimmen. Dann geht man auf eine Cocktailparty, dann zur Dinnerparty, dann zur nächsten und zur nächsten." Die feine Gesellschaft trage „schon casual wear, aber immer chichi, sehr forciert. Nur der Ossi, der ist damals immer in Jeans und Shirt dahergekommen." Morton amüsiert sich darüber, dass kaum jemand ahnte, dass „dieser Bohemien, der so boyish, so bubenhaft aussieht", einmal ein „wichtiger publisher" war. Aber: „Er hat dort wunderbar hineingepasst. Den Damen hat er besonders zugesagt. Er war ein sehr lustiger, unternehmungsfreudiger Junggeselle."

Morton, dem er den Großteil seiner New Yorker Bekanntschaften verdankt, hatte Oscar Bronner über seinen Vater Gerhard und Friedrich Torberg in Wien kennengelernt. In New York werden die Bekannten zu Freunden. Regelmäßig ist Bronner bei Morton und seiner Frau Marcia zur Jause zu Gast. Betritt man ihr Apartment auf der Upper West Side, steht man unvermittelt in einem „Wiener Kitschmuseum", wie Morton sein Vorzimmer selbst beschreibt: mit einer Bassena, alten Karikaturen und einem Straßenschild der Hernalser Thelemanngasse, in der er, damals noch unter dem Namen Fritz Mandelbaum, als Kind gewohnt hat. Zur Nachmittagsjause gönnt sich der Autor, der in Englisch denkt und schreibt, jeden Tag Mannerschnitten. Als Fritz Mandelbaum mit vierzehn Jahren vor den Nazis fliehen musste, hatte er ein Packerl der Waffeln mit auf die Reise mit ungewissem Ausgang genommen. Nachdem er sich unter seinem neuen Namen einen solchen auch als Schriftsteller gemacht hat, lernt Bronner durch ihn auch die New Yorker Sozialhierarchie kennen. In Mortons Stammrestaurant „Elaine's" öffnet sich jedem, der prominent ist oder dafür gehalten wird, die Tür. Wer es nicht ist, wird entsprechend behandelt. Bronner: „Wenn ich mit dem Fred dort war, hat mich die Besitzerin gekannt und gegrüßt. Wenn ich ohne ihn dort war, hat sie mich nicht gekannt und, wenn überhaupt, an den Katzentisch gesetzt."

In einem anderen Trakt des an der Ecke 83. Straße und Riverside Drive gelegenen Hauses, in dem die Mortons wohnen, lebt der Galerist Serge Sabarsky. Auch er wird in New York zu einem echten Freund Bronners, auch bei ihm und seiner Frau Vally, einer ehemaligen Modedesignerin, ist er regelmäßig zum Essen eingeladen. Gesellschaft ist den beiden, die ebenfalls aus Wien stammen, immer willkommen. Nicht zuletzt, weil sie einander nicht mehr viel zu sagen haben. „Und wenn, dann leider nichts Nettes", erzählt Oscar Bronner. In den Dreißigerjahren hat Siegfried Sabarsky sein Geld als Kulissenmaler im Kabarett Simpl verdient. Oder als „Propagandist", einer frühen Form des Werbefachmanns: Er entwarf nicht nur Kampagnen, sondern dichtete auch Reklametexte auf bekannte Schlagermelodien und war gleichzeitig selbst sein bester Conferencier. Einmal sollte Sabarsky die Werbung für einen Zirkus organisieren, als sich der Clown das Bein brach. Sabarsky sprang ein und wurde Artist. Kurz nach dem „Anschluss" floh er, 27 Jahre alt, über Paris nach New York. Dort entdeckte Serge, wie er sich nun nannte, seine Liebe zur Kunst und deren Sammlerei. Wollte er ein Bild kaufen, arbeitete er dafür nicht selten 15 Stunden am Tag, nun als Dekorateur, Innenarchitekt und in anderen Jobs am Bau. 1955 erwarb er seinen ersten Egon Schiele. In den folgenden Jahrzehnten avancierte Sabarsky zu einem der weltweit wichtigsten Sammler, Händler und Galeristen österreichischer und deutscher Expressionisten. Das Werk Gustav Klimts wurde in Amerika erst durch den – laut Eigendefinition – „süchtigen Dealer" bekannt. Im Jahr 2001 wird ihm sein langjähriger Freund Ronald S. Lauder, als einer der reichsten Menschen der Welt ebenfalls ein Kunstaficionado – er kaufte fünf Jahre später der rechtmäßigen Erbin das nach langem Kampf von der Republik Österreich restituierte Klimt-Werk „Porträt der Adele Bloch-Bauer" um kolportierte 135 Millionen Dollar ab –, in den Räumen der Neuen Galerie New York ein buchstäbliches Denkmal setzen. Jeder Besucher, der das – von Sabarsky bis zu seinem Tod 1996 maßgeblich mitkonzipierte – Museum an der Kreuzung Fifth Avenue und 86. Straße betritt, bekommt, noch bevor er Eintritt zahlt, auf einer Infotafel über sein Leben und Wirken erzählt. Das im Stil des Fin de siécle gehaltene Museumscafé trägt seinen Namen.

Der dritte väterliche Freund, den Oscar Bronner in New York gewinnt, teilt das Schicksal Mortons und Sabarskys: als Jude in Wien geboren und von den Nationalsozialisten von dort vertrieben. Die Biografie des Schrifstellers Jakov Lind ist fast zu unglaublich, als dass sie einer erfinden könnte. Lind, der damals noch Heinz Landwirth hieß, war 1938 als Elfjähriger mit einem Kindertransport in die Niederlande entkommen. Als die Nazis rund zwei Jahre später auch dort einmarschierten, tauchte er unter und gab sich fortan als Niederländer aus. Mit gefälschten Papieren, die ihn auch gleich um ein paar Jahre älter machten, heuerte der Teenager unter dem Namen Jan Gerrit Overbeek auf einem Lastkahn an, der ihn ausgerechnet nach Deutschland brachte. Um zu überleben, hatte sich Landwirth nicht nur äußerlich angepasst: „Wie jeder gute Nazi hasste ich die Juden", erzählte er später.

Nach dem Krieg trieb es ihn herum: Palästina, zurück nach Wien, Paris, Amsterdam, Stockholm. Immer wieder wechselte er die Identität, um da eine Einreise-, dort eine Arbeitserlaubnis zu ergattern. Bis er in London und New York so etwas wie heimisch wurde. Sein Trauma verarbeitete Landwirth mit Schreiben. 1962 wurde er mit dem Erzählband „Eine Seele aus Holz" international bekannt. Das Geld, das er damit verdiente, gab er mit vollen Händen wieder aus. Als Oscar Bronner Lind kennenlernt, wohnt der im Chelsea Hotel, einer vornehmlich von Künstlern bevölkerten Absteige im gleichnamigen Viertel an der West Side Manhattans. Viele Bewohner des Hotels wohnen dort ständig. Eine Entwicklung, die schon vor dem Zweiten Weltkrieg ihren Ausgang nahm und in den Sechzigerjahren ihren Höhepunkt erreicht hatte, als sich Berühmtheiten wie Janis Joplin, Bob Dylan und Jimi Hendrix dort häuslich einrichteten. Drogenpartys und Sexorgien inklusive.

„Zwischen uns hat einfach die Chemie gestimmt, man kann es nicht anders sagen. Wir haben uns auf jeder Ebene gut verstanden. Der Jakov war originell, voll von Geschichten und enorm gebildet, in jedem Fach, egal ob Kunst, Literatur oder Politik." Lind, der im Laufe seines Schriftstellerleben elf Bücher herausbringen wird – die meisten davon schreibt er auf Englisch, nachdem er sich von seiner Muttersprache wegen der mangelnden Akzeptanz seiner Werke durch seine deutschsprachigen Kolleginnen und Kollegen verabschiedet hat –, wird Bronner bis zu seinem Tod im Februar 2007 bei jeder sich bietenden Gelegenheit treffen und bis zuletzt verehren. „Der Jakov ist im Laufe der Jahre auch zu einer meiner großen Lieben geworden. Wir haben ihn, als der Ossi und ich schon verheiratet waren, auf Mallorca besucht. Dort ist er in seinem Haus gesessen, hat gemalt und unendlich viel Haschisch geraucht. Jakov war ein unglaublich toller Mensch.

Warmherzig, ruhig, besonnen und lustig, ohne je zynisch zu sein. Ich bin extrem dankbar, ihn noch kennengelernt zu haben", erzählt Oscar Bronners Frau Andrea. In der Danksagung des 1987 veröffentlichten Romans „The Inventor" findet sich der Name Oscar Bronner in einer Aufzählung jener Menschen, denen der Autor „zutiefst in der Schuld steht". Andrea Bronner erklärt, warum: „Der Jakov war einer von den Menschen, denen der Ossi immer wieder mal finanziell ausgeholfen hat. Bei weitem nicht der einzige – es ist ein Teil seiner Persönlichkeit, so etwas nicht an die große Glocke zu hängen – aber sicher einer von den wichtigsten."

Jakov Lind hat seine Seele in einer Holzkiste verbarrikadiert. Frederic Morton zelebriert sein Heimweh. Serge Sabarsky pflegt seinen Galgenhumor: „Ich bin ja so froh, dass die Österreicher uns Juden verziehen haben, was sie uns angetan haben." Paul Steiner bemüht sich, seine Erfahrungen an die nächste Generation weiterzugeben. In New York City und in den Hamptons redet Bronner mit ihnen allen tage- und nicht selten nächtelang über Kunst und Literatur, Politik und Verbrechen, Krieg und Frieden. Über das, was sie in den Dreißiger- und Vierzigerjahren in Europa erlebt haben, reden sie fast nie. Wie die meisten anderen Menschen, die Oscar Bronner im Laufe seines Lebens an sich heranlässt, sind Lind, Morton, Sabarsky und Steiner Juden wie er. Sie alle waren an einem der wenigen Orte auf der Welt gelandet, der sich, wie Bronner es nennt, bis heute durch „die Selbstverständlichkeit eines jüdischen Lebens" auszeichnet.

Jeder Feinkostladen hat eine koschere Abteilung, in vielen Vierteln stehen mehr Synagogen als Kirchen, an hohen jüdischen Feiertagen ist schulfrei: „Ich habe nichts davon aus meiner Familie oder aus meinem früheren Leben gekannt." Oscar Bronner macht in New York auch jene Erfahrung, die Generationen von Auswanderern aus Österreich vor und nach ihm gemacht haben: „Man bekommt unweigerlich eine Art Schlüssellochblick auf das, was einmal in Wien los war. Und was aus Wien hätte werden können. Aber die Vision, die Hugo Bettauer in ‚Die Stadt ohne Juden' beschrieben hat – dass die Wiener die Juden zurückrufen, nachdem sie erkannt haben, wie arm ihre Stadt ohne sie dran ist – hat sich als Illusion erwiesen. Wien hat sich ohne diese Leute immer sehr wohlgefühlt und tut es bis heute".

An Bronners prinzipiellen Ansichten über Gott und die Welt ändert diese Erkenntnis nichts. „Ich habe von der jüdischen Religion kaum eine Ahnung, aber bekenne mich dazu, Jude zu sein. Aber selbst wenn ich nicht das Geringste mit dem Judentum zu tun haben wollte, würde mir das nichts nützen. Ich würde ständig daran erinnert werden. Man wird auch von seiner Umgebung zum Juden gemacht." Im Sommer 1982 besucht Luigi Blau New York, der mittlerweile zu einem über die Grenzen Österreichs hinaus anerkannten Architekten avanciert ist. Oscar Bronner zeigt ihm die Stadt, sie machen Ausflüge, gehen gemeinsam in Ausstellungen. Im September, Blau ist längst wieder zu Hause, sorgt eine Nachricht aus dem Nahen Osten für weltweite Aufregung. Soldaten einer christlich-libanesischen Miliz haben die nahe Beirut gelegenen Palästinenserlager Sabra und Schatila überfallen und dabei, je nach Quelle, zwischen 500 und 3.000 Zivilisten umgebracht.

Weil die Milizen als Verbündete der Israelis gelten, stellt sich schnell die Frage, ob diese für das Massaker Mitverantwortung tragen. Hat der damalige Israeli-Defense-Forces-General Ariel Sharon im Hintergrund die Fäden gezogen? Er befehligt schließlich den Libanon-Feldzug, den Israel begonnen hat, nachdem die Palästinenserorganisation PLO unter Yassir Arafat ihr Hauptquartier in Beirut aufgeschlagen hatte. Auch in den Wiener Kaffeehäusern diskutieren die Intellektuellen die Schuldfrage. Luigi Blau findet es persönlich „eine Riesensauerei, was Israel da treibt". Gemeinsam mit ein paar Bekannten schaltet er eine Anzeige in der „Jerusalem Post", in der „Wir Wiener Juden" Israel auffordern, sich umgehend aus dem Libanon zurückzuziehen. Wenige Wochen später sitzt Blau im Wirtshaus Koranda beim Stubentor, als Oscar Bronner auftaucht, der gerade wieder einmal in Wien weilt. „Servus Ossi!", ruft Blau. Bronner erwidert den Gruß nicht. Er sagt nur: „Ich habe gar nicht gewusst, dass du ein Jud' bist." Die Freundschaft der beiden wird sich von dieser Episode nie mehr richtig erholen. Auch mit André Heller, dessen Name sich ebenfalls auf der Liste der Unterzeichner findet, wird Oscar Bronner lange Zeit fast kein Wort mehr wechseln. In einem von seinem ehemaligen Mitarbeiter Helmut Voska für „profil" geführten Interview wird Bronner 1988 sagen: „Ich bin für die Existenz Israels, und ich leide unter den tragischen Gesetzmäßigkeiten, dass ein seit 40 Jahren bedrohtes Land eine Mentalität produziert, die es schwer macht, alle Aktionen, die gesetzt werden, zu unterstützen."

Anfang der Achtigerjahre bestimmt in den USA neben dem Nahostkonflikt zunehmend ein anderes Thema die Schlagzeilen. „Ich habe in der ‚Village Voice' zum ersten Mal darüber gelesen, dass die Schwulen und die Drogensüchtigen plötzlich wegsterben an einer rätselhaften Krankheit. Es ist traurig, das zu sagen, aber es war tatsächlich so: Aids haben viele, auch ich, am Anfang als reine Schwulen- und Junkiekrankheit gesehen." Auch in seinem mittelbaren Freundes- und Bekanntenkreis häufen sich die Opfer. „In SoHo gab es viele junge Kuratoren, Galeristen, Theaterschauspieler und Balletttänzer, die vom einen Tag auf den anderen verschwunden sind. Wenn man nachgefragt hat, bekam man immer das Gleiche zu hören: Der Schwulenkrebs hat zugeschlagen. Ich erinnere mich an einen Familienvater, der erst im fortgeschrittenen Alter seine Homosexualität entdeckt hatte. Ich hatte ihn gerade erst kennengelernt. Ein paar Monate später war er tot." Spätestens als endgültig klar geworden ist, dass Aids nichts mit der sexuellen Präferenz zu tun hat, beginnen sich manche Freunde und Bekannte zu engagieren: „Sie haben demonstriert und Unterschriftenaktionen veranstaltet, damit der Staat mehr Geld für die

Erforschung der Krankheit ausgibt. Aber die Reagan-Regierung hat sich lange geweigert. Der Kampf gegen Aids stand offenbar nicht auf ihrer Agenda."

So aufmerksam Oscar Bronner das Zeitgeschehen registriert, so konzentriert arbeitet er weiterhin an sich als Künstler. Langsam stellen sich auch kleinere Erfolge ein. Als Heike Curtze Bronner Anfang der Siebzigerjahre in Wien kennenlernte, hatte sie den Kunstsinn des jungen Verlegers registriert, von seinen diesbezüglichen Ambitionen aber nichts geahnt. Im Jahr 1978 – sie hat in der Zwischenzeit unter anderen Christian Ludwig Attersee und Hermann Nitsch ausgestellt – schaut die deutsche Galeristin bei einem New-York-Besuch in Bronners Atelier vorbei, „wo ich ganz überrascht war. Ich fand ihn sehr begabt." Curtze beobachtet Bronners Entwicklung zwei Jahre lang, bis sie befindet: „Du bist reif für eine Einzelausstellung."

Bronner willigt ein, seine Bilder in Curtzes Galerie in Düsseldorf zu zeigen: in trüben Farben gehaltene Blumenmotive, die sanft aus dem Bildhintergrund hervortreten und an die melancholischen Arbeiten eines Jean Fautrier (1898–1964) aus den Fünfzigerjahren erinnern. Wie Bronner hatte der Franzose die Farbe mit bloßen Händen auf der Leinwand verteilt. Fautrier gehörte zu den wichtigsten Vertretern des Tachismus, eine Stilrichtung, die sich vom französischen Wort für Fleck („tache") ableitet. Eine Assoziation, die sich angesichts von Bronners Arbeiten aufdrängt. Im Katalog zur Ausstellung widmet André Heller seinem alten Freund folgende Zeilen: „Manchmal denke ich, wohin sich Dein Bemühen entwickelt hätte, wenn Du in Europa geblieben wärest. In Wien stelltest Du gegen die melancholischen Labyrinthe Deine sehr ausgeprägte rationale Strenge, in New York erzwang Dir die im dortigen Kunstbetrieb institutionalisierte Kälte zuletzt eine Art – vorerst verschämter – Zärtlichkeit. Ich weiß, wie fremd Du Dir noch bist in diesen spät erlösten Gefühlen." Nach ein paar Wochen hat Heike Curtze in Düsseldorf mehr als die Hälfte der Bilder verkauft, um 3.000 bis 4.000 D-Mark pro Stück. Ein beachtlicher Erfolg für einen Newcomer. Jetzt will Curtze mit Bronner Wien erobern, wo sie ebenfalls eine Galerie betreibt. „Wenn du es als Maler schaffen willst, musst du in deiner Heimat ausstellen", sagt sie. Bronner ziert sich. Nicht zuletzt, weil er sich fürchtet, in seiner Heimatstadt als Künstler nicht respektiert zu werden.

Die nicht verkauften Bilder werden direkt von Düsseldorf in die Grünangergasse 12 verfrachtet, die damalige Wiener Dependance der Galerie Curtze. Den ganzen Nachmittag lang hängt Oscar Bronner seine Bilder auf und rückt sie ins seiner Meinung nach richtige Licht. Verdreckt und verschwitzt fährt er in seine Wohnung, um zu duschen. Als er am Abend zurückkommt, ist der Laden voll. Sein Jugendfreund Heinz Fischer ist gekommen, dessen Parteifreund Helmut Zilk, damals Wiener Kulturstadtrat, der Maler Adolf Frohner und viele alte Freunde und Bekannte aus dem Hawelka. Bronner gibt sich betont zurückhaltend. Er will lieber seine Bilder sprechen lassen. Viele Gäste interessieren sich aber mehr für seine Person als für sein Werk. Motto: Na geh, der Ossi malt jetzt auch? Da schau her, der Verleger macht jetzt auf Künstler! Sigrid Löffler, die ehemalige „profil"-Journalistin, wird acht Jahre später in einem Artikel für die „Zeit" an die Kritiker von Bronners „verwelkten und faden spätimpressionistischen Blumen- und Wiesenbildern" erinnern; einen „Sonntagsmaler" hätten sie ihn geheißen. 1981 werden die Bilder noch einmal ausgestellt, im Österreichischen Kulturinstitut in Midtown Manhattan. Zwei Jahre später bilden Bronners Werke einen Teil einer Gruppenausstellung in der renommierten, heute in Chelsea angesiedelten Edward Thorp Gallery in SoHo. 1984 bekommt er in der kleinen, heute nicht mehr existierenden A.M. Sachs Gallery sogar eine Einzelausstellung, „bei der auch ein bisschen was verkauft wurde. Aber auch wenn ich als Künstler nie eine ganz große Nummer geworden bin, war das für mich das Erfolg okay."

Die Bilanz des nahezu gleichaltrigen Joe Zucker, einer von Bronners vielen Künstlerfreundschaften und heute ein etablierter Maler mit Wohnsitz East Hampton, über die New Yorker Karriere des Künstlers Oscar Bronner fällt etwas differenzierter aus: „Er war eine fast mysteriöse Erscheinung. Ich habe ihn sehr gemocht, wie alle, die ihn damals gekannt haben. Weil er ein freundlicher und gescheiter Mensch war, dessen Meinung ernstgenommen wurde. Aber als richtigen Künstler hat ihn keiner gesehen, ich auch nicht. Wir haben gewusst, dass er malt, aber weil nie irgendwo seine Bilder zu sehen waren – zumindest ist mir kein Ort bekannt, an dem sie ausgestellt wurden, und ich hoffe doch, dass er mich zu einer Vernissage eingeladen hätte – war das halt so. Ich kann mich auch nicht erinnern, dass er je einen Agenten oder einen Dealer gehabt hätte. Deshalb: Sorry." Bronner: „Wenn man in New York Erfolg haben will, muss man etwas dafür tun: Kunstkritikern nachlaufen, Museumskuratoren in den Hintern kriechen, mit Galeristinnen schlafen. Wenn ich hungrig genug gewesen wäre, hätte ich vielleicht hinuntergeschluckt und gesagt: ‚Okay, ich muss.' Aber weil ich es zum Glück nicht notwendig hatte, habe ich das alles nie gemacht."

Hätte er nicht das Loft in SoHo und das Haus in East Hampton, würde er nicht so oft zwischen Amerika und Europa pendeln, würde er sich ein bisschen einschränken, könnte Oscar Bronner von seiner Malerei leben. Muss er aber nicht. Den Erlös, den er beim Verkauf von „trend" und „profil" erzielt hat, hat er gut angelegt. In der Zwischenzeit ist sogar noch ein ordentlicher Batzen Geld dazugekommen. Nachdem seine ehemaligen Redakteure ihren Verlagsanteil nicht lange behalten wollten, an dem auch Bronner selbst noch beteiligt war, haben sie ihn umgehend versilbert. Eine Entscheidung, von der sich Bronner bis heute enttäuscht zeigt: „Ich habe an das Konzept der Mitarbeiter-Beteiligungsgesellschaft geglaubt. Aber das Einzige, was sie damit gemacht haben, war, ihre Anteile so schnell wie möglich zu verkaufen." An die Medienbranche hat Oscar Bronner in all den Jahren keinen Gedanken verschwendet. Sagt er.

In der Erinnerung seiner Freunde stellt sich das anders dar. Lange Zeit habe er sich etwa mit der Frage beschäftigt, warum in den USA zwar jede Stadt, jeder Bundesstaat große Zeitungen hat, sich aber keine davon landesweit durchsetzen kann. Diesen Gedanken wälzt Anfang der Achtziger nicht nur er. 1982 gründet der Gannett-Verlag „USA Today", die erste überregionale und bald auch meistgelesene

Tageszeitung Nordamerikas. Den Niederungen der österreichischen Innenpolitik hat er trotz seines Gratis-„profil"-Abos kaum Aufmerksamkeit geschenkt. Das ändert sich im Jahr 1986, als die Österreicher aufgerufen sind, einen neuen Bundespräsidenten zu wählen.

In Wien kursiert das Gerücht, dass die SPÖ plant, Belastendes über die Kriegsvergangenheit des ÖVP-Kandidaten an die Öffentlichkeit zu bringen. Ein junger „profil"-Journalist namens Hubertus Czernin lässt sich im Staatsarchiv dessen Wehrstammbuch ausheben. Fein säuberlich sind darin alle Stationen aufgelistet, die der 1918 geborene Soldat Kurt Waldheim im Zweiten Weltkrieg durchlaufen hat. Auf einer dem Dokument angehefteten Karte steht unter dem Punkt Mitgliedschaften handschriftlich vermerkt: „SA., N.S.D.St.B. Eintritt: 1938". Sturmabteilung und NS-Studentenbund? Waldheim dementiert. Er sei „als Student oft ausgeritten", rechtfertigt er sich, „auch mit SA-Leuten. Daher vielleicht die Verwechslung." Das Wehrstammbuch weist aber aber auch Lücken in der englischen Version der Memoiren des ehemaligen UNO-Generalsekretärs (1971–1982) nach. Seine Zeit als Dolmetscher und Ordonnanzoffizier der deutschen Wehrmacht am Balkan hat er darin einfach ausgelassen.

Die „New York Times" unterstellt Waldheim daraufhin, in der Nazi-Zeit eine zwielichtige Rolle gespielt zu haben. Waldheim will sich verteidigen, gibt dem ORF ein Interview und sagt in diesem Rahmen einen Satz, der ihn bis zu seinem Tod im Juni 2007 verfolgen wird: „Der Fragebogen wurde nicht von mir ausgefüllt. Ich war im Jahr '40 bei der deutschen Wehrmacht eingerückt als Soldat, wie Hundert-tausende andere Österreicher auch, die ihre Pflicht erfüllt haben." Der Rest des Wahlkampfs ist von Verschwörungs-theorien, nationalistischen und antisemitischen Untertö-nen, Demonstrationen und Gegendemonstrationen geprägt. In Österreich wird – erstmals in der Geschichte der Zweiten Republik auf breiter Basis – über die Verantwortung von Land und Volk für die Verbrechen des Nationalsozialis-mus diskutiert. Am 8. Juni 1986 geben 53,89 Prozent der Wähler dem ÖVP-Kandidaten ihre Stimme. Kurt Waldheim zieht in die Hofburg ein.

In einer langen Nacht rund um dieses Datum diskutiert Oscar Bronner in seinem Loft in SoHo bei ein paar Flaschen Wein mit einem Gast über die Affäre. Bei Fritz Molden, dem Gründer der Zeitung „Express", hat er in den Sechzigerjah-ren seine ersten journalistischen Erfahrungen gesammelt. Zuvor ist Molden Chefredakteur der „Presse" gewesen. Noch früher, in der unmittelbaren Nachkriegszeit, hat er im Kabi-nett von Außenminister Karl Gruber mit Waldheim zusam-mengearbeitet. Molden verteidigt seinen ehemaligen Kolle-gen, was Bronner schwer aufstößt, der zudem nicht fassen kann, dass Peter Marboe, den er als Kulturinstitutsleiter in New York kennen und schätzen gelernt hat, sich mittler-weile als Waldheims Wahlkampfmanager verdingt. Die bei-den trinken, streiten, trinken noch mehr und streiten noch heftiger. Am Ende schreien sie sich nur mehr gegenseitig an. Bei einem anderen Thema finden Bronner und sein Gast indes schnell zusammen. Der Buchverlag, den Fritz Molden 1962 gegründet hatte, war Anfang der Achtzigerjahre in den

Konkurs geschlittert. Zeitungen gibt er längst keine mehr heraus, aber das Thema lässt ihn nicht los. „Die ‚Presse' ist seit meinem Abgang ja ein Pfarrblatt geworden", lästert er. Gemeinsam jammern sie über die heimische Medienlandschaft. Gäbe es in Österreich doch Blätter vom Schlag einer „New York Times", einer „Washington Post" oder wenigstens einer „Neue Zürcher Zeitung"! Oscar Bronner sagt: „Man müsste in Wien eine liberale Tageszeitung von Format gründen. Es könnte funktionieren." Molden gibt sich von der Idee begeistert: „Aber mit einem guten Wirtschaftsteil, das fehlt total. Eine Art liberale ‚Financial Times'! Das lachsfarbene Papier könnte man auch gleich imitieren."

Zwei Wochen später läutet in aller Früh das Telefon. Bronner schreckt aus dem Schlaf. Molden, zurück in Wien, sagt ihm: „Wenn du glaubst, dass es funktionieren könnte, musst du es machen!" Ein paar Jahre später wird Kurt Waldheim das Gespräch mit Oscar Bronner suchen. Bronner folgt der Einladung zu einem gemeinsamen Mittagessen, im Zuge dessen er ein tieferes Verständnis für die wahre Dimension einer menschlichen Tragödie bekommt: „Das war teilweise richtig gruselig. Wie sich im Laufe der Unterhaltung herausgestellt hat, hat der Mann ganz offensichtlich schlicht und einfach nie verstanden, was die Leute so an ihm und seiner Haltung aufregt. Leute wie mich. Ich habe es ihm zu erklären versucht, aber es war richtiggehend erschütternd zu sehen, wie sich ein Mensch derart eine eigene Realität zusammenbastelt." Als Oscar Bronner das Gefühl bekommt, „dass das halbe Jahr, das ich bleiben wollte, um war", und ihn die Idee, dass Österreich eine neue Tageszeitung braucht, nicht mehr loslässt, lebt er seit knapp 13 Jahren in New York. „Ich war verwöhnt. In dieser Stadt lebt man mit der besten Zeitung der Welt. Ich wollte eine auf diesem Niveau in Wien lesen. Sie selbst zu machen war nie mein Plan." Verleger will er damals „sicher nicht wieder werden. Ich wollte weiter malen." Er möchte die Idee lancieren, mithelfen, das Projekt auf die Startrampe zu hieven. Aber er weiß auch, dass er nicht beides gleichzeitig machen kann: „Entweder man steht in der Früh auf und denkt ans Bild und man schläft ein und denkt ans Bild. Oder man steht in der Früh auf und denkt an die Zeitung. Offenbar brauche ich diese Form der Besessenheit, die mich vom Aufstehen bis zum Schlafengehen packt. Es wäre besser, wenn ich multitasken könnte."

Bronner fragt sich, was er sich am Ende seines Lebens mehr vorwerfen wird: dass er ein paar Bilder weniger gemalt oder dass er diese Zeitung nicht gegründet hat. Dass Bilder oft stärker sind als Worte, hat er erstmals 1973 festgestellt. „profil" hatte das Thema Vorschulerziehung mit einem fotorealistischen Bild Gottfried Helnweins illustriert, auf dem Erwachsenenhände ein Kindergesicht zusammendrücken. Angesichts der heftigen Leserreaktionen hatte Bronner im Herausgeberbrief der folgenden Ausgabe geschrieben: „Wir haben im Laufe der Zeit die wildesten Skandale dieses Landes penibel beschrieben, keiner dieser Berichte löste auch nur annähernd so eine Reaktion aus. Es ist interessant zu registrieren, dass ein Bild stärker provoziert als ein Text, dass Fiktion heftigere Reaktionen auslöst als ein Tatsachenbericht." Malen und Zeitung machen. Kann es sich vielleicht doch nebeneinander ausgehen? Oscar Bronner kehrt fix zurück nach Wien. In den nächsten 25 Jahren wird er nur mehr selten nach New York kommen und wenn, dann nie länger als drei, vier Tage. „Es gehört zum Wesen meines Vaters, dass er nichts bedauert. Wenn er etwas beendet, schließt er wirklich damit ab. Er blickt nicht zurück. Er ist getrieben, permanent etwas Neues zu beginnen", sagt Alexander Mitteräcker. Das Loft in SoHo werden bis Mitte der Neunziger, als es vermietet wird, vorwiegend er und sein Großvater in Anspruch nehmen.

Gerhard Bronner hat es, rund eineinhalb Jahre nachdem sein Sohn aus den USA nach Österreich zurückgekommen ist, in die umgekehrte Richtung getrieben. Weil er nicht unter einem Bundespräsidenten Waldheim leben will, sagt er. Weil er eine Steuerschuld in Höhe von vier Millionen Schilling hat und die für die Hinterziehung ausgefasste Strafe von einer Million nicht zahlen will, meinen die Finanzbeamten. Einen Tag vor seiner Abreise geht Gerhard Bronner 1988 aufs Finanzamt Wien-Leopoldstadt und hinterlegt seine neue Adresse. Die liegt in Boca Raton, einer Kleinstadt im US-Bundesstaat Florida, wo – Segen und Fluch zugleich, er leidet an Hautkrebs – das ganze Jahr die Sonne scheint. Ein Finanzbeamter hat dem prominenten Künstler zuvor geraten, beim Bundespräsidenten ein Gnadengesuch zu erwirken. Bronner senior hat gekontert, „dass das ja wohl zum Vergessen ist. Genauso wie der Waldheim". Mit dem Begriff Heimat kann er nichts mehr anfangen, seit er als Teenager vor den Nazis flüchten musste. Aber im Laufe der Jahre wird die Sehnsucht nach den Wiener Kaffeehäusern und den alten Freunden immer größer. Sie lassen ihn nicht hängen. Der Pianist Rudolf Buchbinder, die Kabarettistin Lore Krainer, Robert Jungbluth, der damalige Direktor des Theaters an der Josefstadt und eine Handvoll weiterer Freunde legen zusammen und tilgen seine Strafe beim Wiener Landesgericht. Auch die Steuerschuld ist geschmolzen, weil das Finanzamt ab dem Zeitpunkt, an dem Gerhard Bronner nach Florida entwischt war, seine Tantiemen kassiert hat. Am 15. September 1993 wird Gerhard Bronner zum ersten Mal nach fünf Jahren wieder österreichischen Boden betreten. Michael Schmutzer hat Oscar Bronner inzwischen davon überzeugt, dass es Zeit ist, das Loft in New York auszuräumen. Bilder und Zeichnungen, Briefe, Bücher, Fotos, die Skulpturen aus der Anfangszeit: alles rein in den Container. Eine Spedition holt die Sachen ab und transportiert sie nach Österreich. Am frühen Abend des 19. Oktober 1994 gibt die Wiener Feuerwehr Alarmstufe 4. Am Nordbahnhof brennt eine Lagerhalle, ein starker Wind lässt die Funken weiterspringen. 120 Mann rücken an. Weil es auf dem Bahnhofsgelände zu wenig Hydranten gibt, muss das Wasser aus den Straßen rund um den Praterstern hergeleitet werden. In der mit Containern vollen Lagerhalle kracht es, und noch einmal und wieder.

Es hört sich an, als würde da drinnen etwas explodieren. Bürgermeister Helmut Zilk eilt herbei, weitere 180 Feuerwehrmänner verstärken die Truppe. Das Feuer wütet die ganze Nacht. Erst um 7.15 Uhr kommt das Signal „Brand aus". Die Halle ist längst eingestürzt. Sie gehörte dem Transport- und Lagerunternehmen Schenker. Die Zeugnisse von 13 Jahren von Oscar Bronners Leben sind verbrannt.

XIII

Von der täglichen Erscheinungsweise abgesehen gleicht das Konzept des Wirtschaftsblatts, das Oscar Bronner im Sinn hat, der ursprünglichen Idee des „trend" aufs Haar: eine Zeitung für Generaldirektoren, Vorstandsmitglieder und andere Manager, deren Berufsleben ohne die Informationen ärmer wäre, die sie enthalten soll. Als Quartier wählt Bronner ein Büro bei der Kirche Maria am Gestade, ganz nahe jener Wohnung, in der er die ersten Jahre seines Lebens in Wien verbracht hatte. Eine famose Lage, wären da nicht die kleinen Schönheitsfehler. Im Haus mit der Adresse Am Gestade 1 gibt es Mitte der Achtzigerjahre noch keinen Telefonanschluss. Einer Intervention bei Josef Sindelka, dem Generaldirektor der Post, folgt der Besuch eines Technikers. Aber weil der auch nicht weiterhelfen kann, bleibt das erste Büro des neuen Zeitungsprojekts vorerst ohne Anschluss.

Einer der Ersten, denen Oscar Bronner von seinem Vorhaben erzählt, ist Jens Tschebull. „Es war im Prinzip dasselbe wie vor der Gründung des ‚trend'. Er hatte eine vage Idee, wie eine Wirtschaftstageszeitung aussehen sollte. Und dann hat er in bewährter Manier sein ‚Spinnennetz' aufgezogen. Er ist zu allen möglichen Leuten gegangen und hat sie anagitiert: Willst du mitmachen? Was glaubst du, von wem wir dafür Geld kriegen könnten?" Für Bronner tut sich noch eine Parallele zum Jahr 1969 auf: Er traut sich weder die Geschäftsführung zu noch die Chefredaktion. „Es war klar, dass die Führung einer Tageszeitung ganz andere Anforderungen stellt als die eines Magazins. Von der geschäftlichen Seite gar nicht zu reden." Das erste Gespräch über die Leitung der Redaktion führt Bronner mit Hugo Portisch. „Er hat mich geradeheraus gefragt, ob ich der Chefredakteur des Blattes werden möchte. Ich habe die Idee für die Zeitung sehr gut gefunden und ihn ermutigt, es zu machen. Aber ich war in der Zeit schon so mit meinen Fernsehgeschichten beschäftigt, dass ich einfach keinen Anlass hatte, das Angebot anzunehmen." Portisch hat 1981 mit dem Kameramann Sepp Riff mit der Arbeit an den Volksbildungsdokumentationen „Österreich I" und „Österreich II" begonnen, einer monumentalen Arbeit, die er erst 1995 abschließen wird.

Als Bronner sein Wunschkandidat absagt, wendet er sich an einen anderen Journalisten, der Portisch an Prominenz kaum nachsteht. „Irgendwann Ende 1986 hat er mich in seine Wohnung in die Böcklinstraße eingeladen, und da lagen überall internationale Zeitungen am Boden herum. Alle britischen, französischen, italienischen, amerikanischen. Einfach alles, was es zu der Zeit auf der Welt an Qualitätspresse gab. Er hat mir einen Job als Chefkommentator mit Option auf die Chefredaktion angeboten. Aber das Ganze war mir zu unsicher, weil die Finanzierung noch nicht gesichert war. Ich war damals immerhin Chef der Ostredaktion des ORF", sagt Paul Lendvai.

Obwohl er Bronners Zeitung nie als Redakteur angehören wird, wird ihr Lendvai dennoch von Beginn an dienen. Zunächst als Gastkommentator, dann als Kolumnist. Die Frage nach dem Geld bekommt Oscar Bronner in diesen Tagen jedes Mal zu hören, wenn er versucht, Leute für seine Idee zu begeistern. Jedem ist klar, dass allein der Druck und der Vertrieb einer Tageszeitung ein Vielfaches von dem kosten, was ein Wochen- oder Monatsmagazin braucht. Auf der Suche nach dem nötigen Kapital führt Oscar Bronner sein erster Weg zu jenem Mann, der ihm schon beim „trend" Starthilfe gegeben hat. Doch anders als damals stößt er bei Karl Schwarzenberg diesmal auf taube Ohren. „Es war ein durch und durch sachliches Gespräch, in dem er mir zunächst die Idee dargestellt und dann gefragt hat, ob ich mich daran finanziell beteiligen will. Ich habe Nein gesagt, und das war's", erzählt Schwarzenberg. Warum er sich auf das neue Abenteuer nicht einließ? „Ich habe es einfach nicht für nötig gehalten. Mit dem ‚trend‘ und dem ‚profil‘ hat es meines Erachtens ja schon kritische Medien gegeben. Und ich war mir nicht sicher, ob neben der ‚Presse‘ in Österreich überhaupt genug Platz ist für eine Qualitätstageszeitung."

Oscar Bronner lässt sich von diesem Urteil nicht abschrecken. Als Nächstes klappert er die Banken ab, die sich Mitte der Achtzigerjahre nach wie vor unter rotem respektive schwarzem Einfluss befinden. Termine in den Vorstandsetagen bekommt er problemlos. Seine langjährige Abwesenheit hat den Mythos des Mediengründers Oscar Bronner – „trend" und „profil" sind aus der Medienlandschaft nicht mehr wegzudenken – nur noch zusätzlich genährt. Die Säulen des Blattes, das er gemeinsam mit Tschebull ausgearbeitet hat, stehen mittlerweile fest: eine von Montag bis Freitag erscheinende Wirtschaftstageszeitung, Berliner Format (630 mal 470 Millimeter, in der Mitte geknickt), bestehend aus drei Ressorts: der Fokus auf Wirtschaft, so viel Politik wie nötig und ein bisschen Kultur. 10.000 Stück will er am Anfang täglich davon verkaufen, nach fünf Jahren sollen es laut Businessplan 30.000 sein. Nach ein paar Terminen mit den Bankenchefs der Stadt erklärt sich Karl Pale, der Nachfolger von Josef Taus als Generaldirektor der Girozentrale, im Frühjahr 1987 bereit, ein Bankenkonsortium anzuführen, das sich um die nötigen Kredite kümmert. Weil Pale das Risiko nicht allein tragen will, holt er die Erste Bank und die Zentralsparkasse und Kommerzialbank der Gemeinde Wien mit an Bord. Als die künftige Konkurrenz Bronners schnell Wind von den Kreditzusagen bekommt, berufen die Wiener Zeitungsbosse sofort eine Reihe konspirativer Treffen ein. An diesen nimmt unter anderen der damalige „Kurier"-Aufsichtsratschef Herbert Krecji teil. Obwohl als reines Wirtschaftsfachblatt geplant, begreift die „Kurier"-Geschäftsführung Bronners Projekt als direkten Angriff auf ihr Produkt. Krecji bestätigt später seine Teilnahme an diesen branchenintern als „Zeitungsverhinderungssitzungen" titulierten Treffen.

Obwohl er diese Bezeichnung nicht gern hört: „Das war ja alles nicht persönlich gemeint. Es ist doch ganz normal, dass man sich zusammensetzt, wenn man hört, dass neue Konkurrenz auf den Markt kommt und entsprechende Strategien entwickelt." Inwieweit diese konspirativen Sitzungen Einfluss auf das hatten, was folgte, darüber schweigen sich bis heute alle Beteiligten aus. Tatsache ist, dass Oscar Bronner im Spätsommer 1987 „vom einen Tag auf den anderen" von Karl Pale die Mitteilung erhält, dass das Bankenkonsortium kein Interesse mehr an der Finanzierung seines

Projekts hat. Er ärgert sich maßlos; reagiert dann aber wie gewohnt, wenn etwas nicht so klappt, wie er es sich vorstellt. Er setzt sich vor die Leinwand und macht damit weiter, womit er in New York aufgehört hat: Mit Malen. Sein Kampfgeist ist indes ungebrochen.

Noch während er die Verhandlungen mit den Banken geführt hat, hat ihn Fritz Molden mit Erna Lackner bekannt gemacht, einer jungen Kärntner Journalistin, die damals beim Magazin der „Frankfurter Allgemeinen Zeitung" („FAZ") arbeitet. Lackner erzählt auf Bronners Bitte einem ihrer Chefs von seinem Projekt, was ihm eine Einladung ins Hauptquartier der Zeitung nach Frankfurt am Main einbringt, wo ihn das „FAZ"-Herausgebergremium empfängt. In diesem sitzen damals neben bundesdeutschen Branchenkapazundern Leute wie der Historiker und Publizist Joachim C. Fest („Hitler. Eine Biographie").

Die Herrenrunde hört sich Bronners Konzept an und befindet sie für gut. Im Zuge der folgenden Diskussion kommt es zu einem denkwürdigen Dialog mit Fest. Der fragt Bronner, ob es „Ihnen denn wirklich bewusst ist, was es bedeutet, in einem Land, das so systematisch davon entwöhnt worden ist, Tageszeitung zu lesen, zu machen, was Sie vorhaben?" Bronner schmunzelt und antwortet: „Ja, das ist mir sehr wohl bewusst." Am Ende des Treffens zeigen sich die „FAZ"-Chefs großzügig. Die damals größte Qualitätszeitung Deutschlands will seinem Blatt, das in dieser Phase lediglich am Reißbrett existiert, zu einem Spottpreis ihr weltweites Netz von Auslandskorrespondenten zur Verfügung stellen. Zufrieden fährt Oscar Bronner zurück nach

Wien. Der Korrespondentendeal ist aber nicht das Einzige, was er aus Deutschland mitbringt. Erna Lackner hat ihm auch noch eine Personalempfehlung mitgegeben. In Graz gebe es einen leidenschaftlichen, aber nichtsdestoweniger seriösen Mittvierziger, der gerade als Chefredakteur die Berichterstattung einer Parteizeitung derart aufmische, dass deren Besitzerin ÖVP nicht mehr wisse, wo hinten und wo vorne sei. Oscar Bronner hört den Namen des Journalisten zum ersten Mal. Sein altes Vorurteil gegenüber dem in Graz in einer Auflage von 40.000 Stück erscheinenden Blatt – „Die ‚Südost-Tagespost' galt in den Sechzigern und Siebzigern als Provinzblatt mit bisweilen neonazistischen Tendenzen" – wiegt aber noch so schwer, dass sich Bronner den Namen ihres Chefredakteurs zunächst nicht merkt.

Erst als Lackner ein paar Monate nach Bronners Besuch in Hessen insistiert, dass dieser ein Mann sei, der ihm von großen Diensten sein könne, lässt er sich überzeugen. Der Steirer aus dem Dorf Oberzeiring, der Bronners Zeitung einst nachhaltig prägen wird, heißt Gerfried Sperl. Zur ersten Zusammenarbeit kommt es in einer Situation, die beide überrascht. Oscar Bronner: „Er hat angerufen und das Gespräch mit der Begrüßung eröffnet: ‚Hallo, hier Sperl. Wir werden eingestellt.'"

Schon seit langem hatten die 1945 als „Das Steirerblatt" wiedergegründete Parteizeitung, die 1951 in „Südost-Tagespost" umbenannt worden war, und das zu ihr gehörende Wochenblatt „Wochenpost" trotz 31.000 Abonnenten nur dank jener Subventionen überleben können, die ihnen die damals in der Steiermark noch allmächtige ÖVP offen oder versteckt zukommen ließ. Weil die Partei aber nicht mehr gewillt war, die Zeitung und ihr Wochenblatt angesichts hoher Verluste weiter zu stützen, befahl Landeshauptmann und ÖVP-Steiermark-Chef Josef Krainer jr. Ende 1986 ihre Einstellung. „Ich bin nach Graz gefahren und habe, nachdem ich mir die Zahlen angeschaut hatte, Verhandlungen über eine Übernahme geführt", erzählt Bronner. Sein Plan: den Nukleus des Blattes übernehmen, es mit einer Wien-Redaktion ergänzen – und schon soll bundesweit die Post abgehen. Das Gesprächsklima mit Josef „Joschi" Krainer jr. ist entspannt. „Wir haben uns schon vorher gekannt und auch gemocht. Er war einer von den vielen Leuten, die mich irgendwann einmal in New York besucht haben. Und ich hatte den Eindruck, dass er erfreut darüber war, dass da einer daherkommt, der ihm das Wrack abnehmen will", erzählt Bronner. Doch schon beim zweiten Termin – Bronner hat diesmal seinen Freund Viktor Wagner mitgenommen, als Chef der großen Reinigungsfirma Reiwag einer der alten Wiener Bekannten, die er als Investoren gewinnen will –, klingt Krainer schon nicht mehr so euphorisch.

Im Gegensatz zu ihm persönlich hat die lokale Konkurrenz großes Interesse an der Einstellung der „Südost-Tagespost" und tut folglich alles in ihrer Macht stehende, um ihren Tod zu besiegeln. Bis zum Zeitpunkt des Bekanntwerdens von Bronners Verhandlungen mit Krainer jr. haben die bürgerliche „Kleine Zeitung", die lokale SPÖ-Parteizeitung „Neue Zeit" und die „Südost-Tagespost" eine gemeinsame Hauszustellung organisiert. Im Laufe ihres zweiten Treffens setzt Krainer jr. Bronner davon in Kenntnis, dass als

Rechtspartner in dem entsprechenden Vertrag nicht die Zeitung, sondern die ÖVP fungiert – und die anderen Blätter einer Übertragung dieser Rechte an ihn nicht zustimmen werden. Bronner lässt sich davon nicht entmutigen. Seine Chance wittert er in der Zusammenarbeit mit einem Mann, den er diesmal als strategischen Verbündeten sieht. „Ich habe gewusst, dass er meinem Projekt positiv gegenübersteht. Weil er, wie die meisten, geglaubt hat, dass es vor allem dem ‚Kurier' schaden wird." Bronner ruft Hans Dichand an. Sein Kalkül geht auf. Der „Krone"-Chef verspricht ihm, Bronners Zeitung in seine Hauszustellung aufzunehmen. Alles scheint auf Schiene. Bis Krainer jr. Bronner bescheidet, dass es keine Redaktionsräume mehr gibt. Das Haus in der Grazer Innenstadt, in dem die „Tagespostler" untergebracht sind, gehört der ÖVP. Die Partei will es nicht Bronner, sondern dem Höchstbieter verkaufen. „Es war eine Salamischeibentaktik. In jeder Runde wurde eine neue Scheibe abgeschnitten", erzählt Oscar Bronner über die zermürbenden Stunden im Grazer Landhaus. Das Leiden wird bald ein Ende haben.

„Es war an einem Tag, als ich mich wieder mal auf den Weg nach Graz machen wollte. Ich war schon aus der Wohnung draußen, als ich das Telefon habe läuten horen." Am anderen Ende der Leitung ist Peter Merkl, damals als „Krone"-Geschäftsführer Hand Dichands rechte Hand. Was er ihm zu sagen hat, setzt den Schlussstrich unter das so hoffnungsvoll begonnene Projekt der „Südost-Tagespost"-Übernahme. Merkl erklärt Bronner, dass die „Kleine Zeitung", die bis dahin eine Zusammenarbeit mit der „Krone" bei der Hauszustellung kategorisch abgelehnt hat, ihre Meinung geändert habe; und Hans Dichand deshalb nicht mehr garantieren könne, dass seine ursprüngliche Zusage steht. Bronner: „Als ich aufgelegt habe, habe ich gewusst: Es ist vorbei." Am 31. März 1987 erscheint die „Südost-Tagespost" zum letzten Mal. In der „Kleinen Zeitung" – deren Geschäftsführung durch ihre Weigerung, Bronner als neuen Vertriebspartner zu akzeptieren, einen guten Teil zur Einstellung des Blattes beigetragen hat – hat der damalige Chefredakteur Fritz Czoklich schon am 28. Jänner in seinem Leitartikel Krokodilstränen vergossen: Der Tod der Zeitung sei „ein schrecklicher Verlust für unser ganzes Land".

XIV

Oscar Bronner: „Mein Plan war eigentlich immer schon, dass ich einmal heiraten und Kinder haben werde. Aber ich wollte nie Kompromisse eingehen. Und dann ist es passiert. Sie war 29, ich 44. Wir haben uns im Herbst 1987 im Schauspielhaus in der Porzellangasse kennengelernt, das ich mit dem Aco besucht habe. Ein Stück von George Tabori, ‚Schuldig geboren‘, das auf einem Buch von Peter Sichrovsky basiert. Tabori hatte das Theater in ‚Der Kreis‘ umbenannt. Ich habe bis dahin eigentlich nie an Liebe auf den ersten Blick geglaubt. Aber als ich sie zum ersten Mal gesehen habe, habe ich mir gedacht: ‚Das ist die Richtige.‘"

Andrea Bronner: „Ich war mit Freunden unterwegs, aber als ich ihn gesehen habe, habe ich nur mehr Augen für ihn gehabt. Wir haben in der kleinen Bar neben dem Theater etwas getrunken und uns unterhalten. Obwohl wir keine Telefonnummern ausgetauscht haben, wusste ich, dass er sich melden würde. Ich habe sehnsüchtig den ganzen Tag darauf gewartet, bis er am Abend angerufen hat. Der Peter Sichrovsky hat ihm meine Nummer gegeben. Danach sind wir das erste Mal miteinander ausgegangen, zur Verleihung der Friedrich-Torberg-Medaille, die damals der Peter Huemer bekommen hat. Die Laudatio hat der André Heller gehalten, nachher sind wir ins Hawelka. In den Tagen darauf waren wir bei einer Lesung im Alten Rathaus und sind in den Lokalen rund um Maria am Gestade fortgegangen. Dann waren wir im Burgtheater, ‚Ritter, Dene, Voss' von Thomas Bernhard. Er ist während des Stücks eingeschlafen, was mich ziemlich irritiert hat. Aber obwohl ich anfangs nicht ganz schlau aus ihm geworden bin, war ich überglücklich."

Oscar Bronner: „Am Anfang war es recht holprig. Zu Weihnachten wollten wir zusammen nach New York fahren, mit einem Zwischenstopp in Paris, weil wir mit der Air France geflogen sind. Als wir dort angekommen sind, hatten wir uns schon fürchterlich zerkracht, und der Trip war ab dann nicht mehr wirklich lustig."

Andrea Bronner: „Wir haben wirklich die ganze Zeit gestritten. Als wir in New York ankamen, haben wir kaum noch miteinander geredet. Zu Silvester hatten wir den Henryk M. Broder eingeladen, der Arme musste sozusagen zwischen uns vermitteln. Ich bin ein Einzelkind mit einem ausgeprägten Hang zur Unabhängigkeit, und er war es bis dahin auch nicht gewohnt, Kompromisse einzugehen."

Oscar Bronner: „Als wir wieder zu Hause waren, haben wir aber schnell wieder zusammengefunden."

Andrea Bronner: „Es hat einfach alles gepasst. Wir wollten beide mit jemandem zusammen sein, der Leo Perutz, Franz Kafka und Armin Berg kennt und mag und der bei den Sketches von Fritz Grünbaum an denselben Stellen lacht. Und als wir Anfang des neuen Jahres gemeinsam nach Budapest gefahren sind, hat sich nur mehr die Frage gestellt: Worauf sollen wir noch warten? Meine Eltern waren einverstanden, auch wenn sie nicht ganz glücklich waren. Ich komme aus einer sehr religiösen Familie, die 1956 aus Ungarn geflüchtet ist, und auch mir ist meine Stammeszugehörigkeit extrem wichtig. Und zu der gehören dann eben auch die entsprechenden Traditionen. Der Ossi ist da anders. Er kommt aus einer atheistischen Familie, ihm ist die Volks-, aber nicht die Religionszugehörigkeit wichtig. Ich sehe das nicht so getrennt wie er. Wir haben zwei Monate nach der standesamtlichen Hochzeit auch religiös geheiratet. In London, im engsten Familienkreis. Für Flitterwochen hatten wir fast keine Zeit, weil er ja schon mitten in der Zeitungsgründung gesteckt ist. Eine Woche in einem Wellnesscenter in der Shopping City Süd, das war alles."

Am Vormittag des 9. Juni 1988 geben sich Oscar Bronner und die Ärztin Andrea Lieber im Standesamt Währing das Jawort. Anschließend zieht das Paar gen Innenstadt, zu seiner Vernissage: Oscar Bronner stellt in der von Hans Dichands Tochter Johanna geführten Galerie Würthle seine Bilder aus, eineinhalb mal zwei Meter große Akte, die noch in New York entstanden sind. Für den Ausstellungskatalog hat der Kunstsammler Hans Dichand, der Werke von Egon Schiele, Gustav Klimt, Alfred Kubin und Kurt Moldovan sein Eigen nennt, persönlich den Text verfasst: „Die neue Serie großformatiger Acrylbilder von Oscar Bronner ist wie eine offene Tür zum Träumen. Die menschlichen Gestalten mit ihren wuchernden Gliedmaßen, verbunden mit Figuren kalter Geometrie, scheinen unentrinnbaren Zwängen ausgesetzt zu sein, führen in die Gefühlsräume des Unterbewusstseins. Ist es – nach Sartre – die Unfreiheit aller menschlichen Existenz, die hier anklingt? Diese und andere Fragen ergeben sich, werden aber nicht beantwortet. So haben die Bilder auch keine Beziehungen, ihre Botschaft wird nicht oktroyiert, es ist dem Betrachter überlassen, sie selbst zu finden." Der zweite Teil der Feier findet auf den Rängen der Trabrennbahn Freudenau in der Leopoldstadt statt, auf denen sich rund 150 geladene Gäste drängen. So umgänglich sich die Döblinger Zeitungsdynastie der Dichands privat gibt, so skeptisch steht ihr Oscar Bronner angesichts jenes Coups gegenüber, mit dem sie die Medienlandschaft Österreichs kurz vor seiner Hochzeit erschüttert hat.

Die Gründung der Mediaprint war eine der Folgen des sogenannten Gründerkriegs bei der „Krone". Bis Mitte 1988 hielten Hans Dichand und Kurt Falk je 50 Prozent Anteile an der Zeitung. Weil sich die beiden aber schon seit Jahren aus persönlichen wie geschäftlichen Gründen in den Haaren lagen, trugen sie ihren Streit am Ende bei Gericht aus. Im Rahmen eines dieser Prozesse entstand ein Vergleich, demzufolge Dichand die Chance erhalten sollte, Falk auszuzahlen. Weil er nicht genug Geld hatte, um alle Anteile Falks zu kaufen, musste er sich auf die Suche nach Partnern machen. Nachdem Dichand erfolglos mit österreichischen Investoren verhandelt hatte, fand er einen in Deutschland. Die WAZ-Gruppe (Westdeutsche Allgemeine Zeitung) legte für 45 Prozent der „Krone" 1,6 Milliarden Schilling auf den Tisch. Die restlichen fünf Prozent kaufte Dichand selbst.

Nur wenige Monate später stieg die WAZ auch bei der damals zweitgrößten Zeitung Österreichs ein, dem „Kurier" und seiner Zeitschriftengruppe. Für 45 Prozent der Anteile an der Kurier-Gruppe, zu der damals das „profil", der „trend", die „Wochenpresse" sowie die von den Salzburger Jungverlegern Wolfgang und Helmuth Fellner gegründeten Magazine „Rennbahn-Express" und „Basta" gehörten, bezahlte die WAZ rund 850 Millionen Schilling.

Weil den Deutschen angesichts der hohen Kaufpreise schwer an der Kostenminimierung im laufenden Betrieb gelegen war, etablierten sie umgehend Modelle zur Kooperation der beiden Tageszeitungen. Resultat: die Gründung einer Tochtergesellschaft namens Mediaprint, deren Chefetage gleichermaßen von Repräsentanten von „Krone", „Kurier" und WAZ gestellt wurde. Seither nutzen die Produkte der Gruppe – die in den kommenden Jahren noch weiter wachsen wird – gemeinsam zwei Druckzentren in Wien-Inzersdorf und Salzburg und arbeiten auch im Vertrieb zusammen. Eine Elefantenhochzeit, die auch international für Aufsehen sorgt.

Sämtliche Experten sind sich einig, dass mit einem ordentlichen – sprich im Österreich der späten Achtziger inexistenten – Kartellrecht der Zusammenschluss der beiden größten Zeitungen des Landes vom Gesetzgeber niemals hätte genehmigt werden dürfen, weil die daraus resultierende Marktdominanz jeglichen demokratischen Maßstäben spottet. Die Politiker von SPÖ und ÖVP, die das Land seit 1986 wieder gemeinsam regieren, haben damit kein Problem. Durch ihre marktbeherrschende Stellung kann – und wird

– die Mediaprint fortan Tarife diktieren, mit Kampfpreisen agieren und, im Extremfall, lokale Mitbewerber und kleinere Medien in den Ruin treiben. So sehr sich Oscar Bronner über den Deal empört, ergibt sich für ihn daraus eine unverhoffte Chance. Sowohl beim Geschäft mit der „Krone" wie bei jenem mit dem „Kurier" hat die WAZ-Gruppe einen anderen großen deutschen Verlag ausgestochen, der seine Wachstumsmöglichkeiten im Inland ebenfalls erschöpft sieht und sich auf der Suche nach Expansionsmöglichkeiten im Ausland befindet. Sein Gründer, der 1985 verstorbene Axel Cäsar Springer, hatte den nach ihm benannten Verlag seit Gründung der Bundesrepublik 1949 zu einem der größten und einflussreichsten der Welt gemacht; allen voran mit dem Boulevardblatt „Bild", das mit seinen zahlreichen regionalen Ausgaben Tag für Tag den Meinungsmainstream des damaligen Westdeutschland mitformt.

Der Geistesgegenwart jenes Mannes, der Bronner schon bei der gescheiterten Übernahme der „Südost-Tagespost" zur Seite stand, ist es zu verdanken, dass diesem sein Traum von einer liberalen Wirtschaftstageszeitung kein halbes Jahr nach seiner Hochzeit erfüllt wird. Ohne Bronner davon zu erzählen, ruft Viktor Wagner in der damaligen Springer-Zentrale in Hamburg an und fragt bei den Konzernvorständen nach, ob sie nach den geplatzten Deals mit „Krone" und „Kurier" das Interesse an Österreich nun gänzlich verloren hätten, oder „ob da noch etwas geht". Er wisse nämlich von einer günstigen Gelegenheit, wie Springer doch noch einen Fuß auf österreichischen Boden bekäme. Springer schickt sofort zwei Vorstandsmitglieder nach Wien: Christian Herfurth, damals Herr über die hauseigenen Verlage, und Erhard van Straaten, verantwortlich für die Stabsabteilung. Nachdem Springer mit seinen geplanten Beteiligungen in Österreich zweimal gescheitert ist, steht schnell fest, dass der Konzern seine dritte Chance unbedingt nutzen will. Dafür ist er sogar bereit, seine heiligste Doktrin aufzugeben. Die beruht auf drei Prämissen, die für alle zum Konzern zählenden Redaktionen gelten und unter anderem dafür sorgen, dass die Deutsche Demokratische Republik (DDR) in Springer-Blättern stets unter Anführungszeichen gesetzt wird. Der erste Prämisse: das Bekenntnis zur Wiedervereinigung Deutschlands mit friedlichen Mitteln.

Zweitens: das Bekenntnis zur Aussöhnung der Deutschen mit dem jüdischen Volk und, daraus resultierend, das bedingungslose Eintreten für das Existenzrecht Israels. Drittens: das unumstößliche Bekenntnis zur Erhard'schen Interpretation der sozialen Marktwirtschaft. Was die in Österreich neu zu gründende Wirtschaftszeitung angeht, soll für deren Journalisten nichts von alldem gelten. Bronner: „Als das Gespräch darauf gekommen ist, habe ich gesagt: ‚Schaun Sie, in Österreich haben wir keine Mauer. Das würde bei uns niemand verstehen, wenn wir das übernehmen.' Und schon haben wir über den nächsten Punkt gesprochen." So dauert es am Ende keine drei Monate, bis man sich in allen Punkten einig ist. Im Sommer 1988 ist Oscar Bronner am Ziel. Das Gros der Finanzierung der Zeitung übernehmen die Deutschen. Dafür hält man vertraglich fest, dass etwaige Gewinne im Verhältnis 70 (für Springer) zu 30 (für Bronner) ausfallen. Die Gesellschafteranteile teilt man sich fifty-fifty. Bronner soll für die Leitung der Redaktion sorgen, Springer für die Geschäftsführung und die Verwaltung. Was die Verhandler von Springer ebensowenig wissen wie die künftigen Mitarbeiter des Blattes: Um ein Haar wären nicht die Hamburger, sondern die Stockholmer zum Zug gekommen. Kurz bevor Bronner die Verhandlungen mit den Deutschen eröffnet hatte, war er sich bereits mit Lukas Bonnier, Herr über das gleichnamige schwedische Medienhaus und einen der größten Verlage Europas, über eine Beteiligung einig gewesen. Damals wie heute hält Bonnier Anteile an Bücher- und Zeitschriftenverlagen (in Europa unter anderen Carlsen, Piper, Ullstein) sowie an Film- und Fernsehproduktionsfirmen auf der ganzen Welt. „Wir haben uns über eine Minderheitsbeteiligung verständigt, bei der er 49 Prozent und ich 51 haben soll", sagt Oscar Bronner. Als der Deal dann aber nicht mehr mit Lukas Bonnier persönlich, sondern auf Ebene der Manager verhandelt wird, heißt es plötzlich, dass sich der Konzern nur im Falle einer Mehrheitsbeteiligung bei Bronners Zeitung engagieren würde. Ein paar Dutzend Flugstunden zwischen Wien und Stockholm und ein paar Gesprächsrunden später hatte sich das Thema Bonnier erledigt.

Hätte der Einstieg eines – trotz seiner Größe in Österreich so gut wie unbekannten – Medienkonzerns aus Schweden kaum für Aufsehen gesorgt, ist das mit Springer deutlich anders. In der Öffentlichkeit wird das Engagement skeptisch aufgenommen. Es ist ein Nachhall auf eines der unrühmlichsten Kapitel der Verlagsgeschichte. Spätestens seit 1968 gilt Springer praktisch allen Deutschen und Österreichern, die politisch links der Mitte stehen, als Feindbild. Im April dieses Jahres war in West-Berlin auf den linksradikalen Studentenführer Rudi Dutschke ein Attentat verübt worden. Auch das Resultat einer monatelangen Hetzkampagne der „Bild"-Zeitung, die die Anliegen der 68er mit einer Vehemenz bekämpfte, die bisweilen pathologische Züge annahm. Der Fall des Rudi Dutschke – den die Republik Österreich ein paar Jahre später zur Persona non grata erklärte, als er mit seiner Familie einwandern wollte, und der 1979 in Dänemark an den Spätfolgen des Attentats starb – zeitigte für Springer zwar keinen geschäftlichen Schaden; der Ruf seitdem aber in vieler Hinsicht perdu. So kommt es, dass man auch in Bronners unmittelbarem Freundeskreis Bedenken gegen die geschäftliche Vernunftehe anmeldet.

Viktor Matejka, der ehemalige Wiener KPÖ-Kulturstadtrat und langjährige väterliche Freund, schreibt ihm einen Brief, in dem er Springer kritisiert, am Ende aber doch Milde walten lässt: „Ich habe die Meldungen und Meinungen zu deiner Zeitung verfolgt... allerhand Wind, was so aus dem Westen kam. Natürlich habe ich so meine Bedenken, wenn ich Axel Springer höre. Dieses Zeitungszaren wegen habe ich mich genug mit Freund Kokoschka herumgeschlagen, nichts ist dabei herausgekommen. Der Zeitungszarismus blüht weiter und der O. K. ist und bleibt der große Klassiker, für mich auf jeden Fall. Aber ich weiß, was du willst. Zum Glück gibt's solche Besessenheit. Ich traue dir viel zu, weil ich dich lang genug schätze..." Unerwartete Aufmunterung erfährt Bronner auch von einer Seite, von der er es nicht wirklich erwartet hat. „Ich glaube, die Produkte des Springer-Konzerns sind nicht mehr das Schreck-gespenst, das sie zu Zeiten des leider verstorbenen – mit mir übrigens befreundeten – Axel Cäsar Springer waren. Eine liberale Zeitung fehlt in Österreich, und dem Oscar Bron-ner ist es zuzutrauen, dass er eine zusammenbringt", erzählt Bruno Kreisky der Zeitschrift „Basta" im Sommer 1988.

XV

Als der Deal mit Springer beschlossene Sache ist, muss alles ganz schnell gehen. Weil man schon im Herbst 1988 am Start sein will, gilt es, innerhalb von wenigen Monaten eine Redaktion aufzustellen. Neben weiteren Räumen rund um die Adresse Maria am Gestade mietet Oscar Bronner ein Büro in der Prinz-Eugen-Straße im dritten Bezirk an. Jetzt machen sich auf einen Schlag die zahllosen Gespräche bezahlt, die er noch zu jenen Zeiten geführt hat, als sich sein Projekt noch im Planungsstadium befand. Gerfried Sperl, der seinen neuen Job als stellvertretender Chefredakteur des „Kurier" kündigt, nachdem ihn Bronner vom Springer-Deal in Kenntnis gesetzt hat, soll ihm bei der Leitung der Redaktion helfen.

Ebenso der Schriftsteller, Dramaturg und Journalist Peter Sichrovsky, der wie Bronner aus einer alteingesessenen jüdischen Wiener Familie stammt. Der ehemalige Chemie- und Physiklehrer hatte sich Anfang der Achtzigerjahre einen guten Ruf als Publizist erworben. Unter anderem hatte Sichrovsky als Korrespondent des „Spiegel" in New York und als Chefredakteur der deutschen Ausgabe des Modemagazins „Vogue" in München gearbeitet. Dieser Dreierbande assistiert die oberösterreichische Fulbright-Stipendiatin Bettina Loidl, die gerade aus Chicago zurückgekehrt ist und sich ihr Dolmetschstudium als Sekretärin finanziert. Gemeinsam mit Sperl und Sichrovsky ackert sich Bronner durch Wäschekörbe voll mit Lebensläufen, Motivationsschreiben und Qualifikationsauflistungen. „Es war wie in einem Zirkus, der seine Jongleure, Dompteure und Clowns aussucht", erzählt Gerfried Sperl. Daneben verhandeln er und Bronner mit Leuten, die sie unbedingt dabeihaben wollen. Was nicht ohne Reibung abläuft. Bronner: „Wenn du manchen in die Augen geschaut hast, hast du dort förmlich die D-Mark-Zeichen leuchten gesehen." War es ohne mächtigen Partner im Rücken noch relativ leicht gewesen, idealistische junge Kräfte für das Projekt zu begeistern, locken jetzt die Millionen des deutschen Zeitungsgiganten. Bronner erkennt das Problem und beschließt fortan einer Geschäftsphilosophie treu zu bleiben, die seine Zeitung bis heute, von wenigen Ausnahmen abgesehen, verfolgt: Sie stellt keine Leute um ein Gehalt ein, das höher ist als jenes, das sie bei ihrem bisherigen Medium bekommen haben. Das sorgt anfangs zwar dafür, dass die neue Zeitung ohne bekannte Autoren auskommen muss. Andererseits aber für ein überschaubares Gehaltsgefüge und den „richtigen Spirit", wie es Bronner nennt.

In den Branchenblättern mokieren sich die professionellen Auguren über die „No-Name-Zeitung". Bronner ist das egal. Aus seiner „trend"/„profil"-Zeit weiß er, dass aus schreiberischen Nobodys binnen kurzer Zeit journalistische Marken werden können, um die einen die Konkurrenz beneidet. Einzig beim Chefredakteursposten will er nicht auf einen großen Namen verzichten. Obwohl ihm Hugo Portisch stets mit Rat und Tat zur Seite steht – Bronner informiert sich bei ihm regelmäßig über Bewerber und holt vor zahlreichen redaktionellen Entscheidungen seine Meinung ein –, lehnt dieser das Angebot wegen seiner ORF-Engagements trotz mehrmaliger Nachfrage endgültig ab. Auch Jens Tschebull kommt für die Führungsposition nicht in Frage. Seine Absage erfolgt dabei weniger aus beruflichen denn aus privaten Gründen.

Als Kandidaten hatte Bronner ursprünglich auch den „profil"-Herausgeber und alten Freund Peter Michael Lingens im Auge. Als ihm aber ein von diesem verfasster Brief an den trend-profil-Verlag zugespielt wird, in dem Lingens seinem Arbeitgeber Bedingungen stellt, die erfüllt werden müssten, damit er nicht zu Bronners Zeitung wechselt, verwirft er den Plan. Bronners Wunsch nach einem bekannten Chefredakteur bleibt unerfüllt. In die Lücke stößt Gerfried Sperl, auch wenn es noch drei Jahre dauern wird, bis er sich Chefredakteur nennen darf. Zwar nicht für eine Führungsposition, aber als Berater holt sich Oscar Bronner seinen alten Freund Fritz Molden, als Wirtschaftskolumnisten Horst Knapp, der schon als Freier für den „trend" schrieb.

Bronners Vorgaben an das Kreativteam unter der Leitung des Art Directors Joey Badian könnten klarer kaum sein. Das Layout der Zeitung soll „modern, aber nicht modisch" sein. Und vor allem anderen soll es den Eindruck erwecken, „dass der Leser das Gefühl hat, dass die Zeitung schon immer da war". In diesem Punkt erfüllt das „Wirtschaftsblatt", wie es zunächst heißt (unter diesem Namen hatten Bronner und Tschebull in der Wohnung des Herausgebers den ersten Dummy produziert), von Beginn an die Intention seines Gründers. Nach dem Erscheinen der Nullnummer hatte Christian W. Mucha, der Herausgeber des Branchenmagazins „Extradienst" in seinem Editorial geschrieben: „Man könnte meinen, dass die Zeitung schon 80 Jahre auf dem Buckel hat." Dass er bis heute als schwierig gilt, wenn es darum geht, die Optik des Blattes zu reformieren, will Oscar Bronner trotzdem nicht gelten lassen: „Natürlich muss sich eine Zeitung stetig wandeln. Wir probieren ja seit der Gründung ständig neu Sachen aus. Aber die meisten Relaunches sind in der Regel Egotrips neuer Chefredakteure oder Eigentümer. Das Wichtigste ist, dass sich der Leser zu Hause fühlt. Eine Tageszeitung ist ein sehr intimes Produkt, fast ein Familienmitglied. Der Leser darf nie den Eindruck bekommen, dass er von heute auf morgen plötzlich eine andere Zeitung in der Hand hat."

So vergleichsweise glatt – mit Ausnahme einer lautstark ausgetragenen Diskussion mit dem Chef über die Badian'schen Lohnvorstellungen – die Erstellung des Grunddesigns des Blatts passiert, so kompliziert gestaltet sich die Namensfindung. „‚Wirtschaftsblatt‘, das war der Urfaust dieser Unternehmung. ‚Die Unabhängige‘ erinnerte uns an den ‚Independent‘, ‚Merkur‘ klang so schön wirtschaftlich. Mir selbst gefiel ‚Der Delphin‘. Sind wir nicht alle ein bisschen Meeressäuger? Bis zum Vornamen des Gründers reichten die Vorschläge.

Zwei Dutzend waren es letztendlich, mit so ehrenwerten Überlegungen wie ‚Neueste Nachrichten‘ oder ‚Bürgerzeitung‘ und ‚Das Telegramm‘. Die ‚Gazette‘ klang da schon moderner. Aber nichts griff so recht. Der zündende Funke schien nicht dabei zu sein", schreibt Gerfried Sperl später. Am Ende setzt er – gegen die Ergebnisse der Marktforscher,

die eine klare Präferenz für ein „Wirtschaftsblatt" signalisie-
ren – einen Namen durch, der zunächst auf keiner Liste gestanden ist. Anlässlich des Erscheinens der 1000. Ausgabe
wird Gerfried Sperl erstmals ausführlich beschreiben, wie er
darauf kam: „Der Feiertag am 15. August bot ein Wochen-
ende geistiger Streckung. Zwischen südoststeirischen Wein-
stöcken blätterte ich in Büchern über Zeitungen, Kritisches
und Historisches. Aus dem Kopf ging mir allerdings nicht
mehr, was ich in Meyer's Konversationslexikon des Jahres
1896 gelesen hatte: ‚Der Standard' als Zeitungsname und
unter ‚Standard' auch die Information, dies bedeute u. a.
‚die Behauptung eines hohen Kulturniveaus'."

Am Abend des 18. Oktober 1988 feiern Oscar Bronner,
Gerfried Sperl und ihr Team im Kunsthistorischen Museum
in Wien das Geburtsfest. In seinem ersten Herausgeberbrief
hat Bronner die Leitlinien des neuen Blattes festgeschrieben:
„Wir wollen damit eine intelligente, mündige, überregiona-
le Tageszeitung schaffen, die von allen Interessengruppen
unabhängig ist. Eine Zeitung, die niemand anderem als den
Lesern und der höchsten Professionalität verpflichtet ist.
Dabei wissen wir natürlich um die Grenzen der journalisti-
schen Mittel. Wir wissen, dass es Objektivität nicht gibt, aber
wir können versuchen, uns ihr asymptotisch zu nähern. Als
Werkzeug dazu dienen Meldung, Analyse und Kommentar.
Die drei auseinanderzuhalten werden wir uns bemühen.
Wir selbst wollen nicht verändern, wir wollen Veränderung
fassbar machen. Wir wollen nicht beeinflussen, sondern
Beeinflussungen aufzeigen." Tags darauf erscheint die erste
Ausgabe des „Standard" an Kiosks im ganzen Land. Sie kos-

tet zehn Schilling, die Startauflage beträgt 80.000 Stück. Als Oscar Bronner am nächsten Morgen die Redaktion betritt, erfährt er, dass die erste Ausgabe des „Standard" ausverkauft ist. Am 22. März 1989 urteilt Michael Frank, der Wiener Korrespondent der „Süddeutschen Zeitung", anlässlich des Erscheinens der 100. Ausgabe des „Standard": „Tatsächlich ist der sehr aufwendige Wirtschaftsteil unter dem überaus sachkundigen und quirligen Michael Hann die Perle des ‚Neuen'. Der Kulturteil arbeitet sich allmählich aus dem Widerstreit profunder Erörterungen und kruder Zufallsprodukte heraus. Die Außenpolitik begann fulminant unter dem Schweizer Arthur Meyer, der die Leitung jetzt mit der Osteuropa-Berichterstattung tauscht. Wirklich schwer tut man sich mit der Kommentierung. Vielleicht ist aber der ‚Standard' dem Ideal, liberal zu sein, doch relativ nah, schimpfen doch die einen, er sei zu gezielt konservativ, und bescheinigt ihm etwa ein einflussreicher Mann aus den Zentrum der Österreichischen Volkspartei, längst das Sprachrohr sozialdemokratischer Politik geworden zu sein."

Tatsächlich sind die Kommentare eine jener Stärken, die den „Standard" von Anfang an kennzeichnen. Der nach langem Machtkampf mit den späteren Haupteigentümern Armin Thurnher und Siegmar Schlager frisch von der Wiener Stadtzeitung „Falter" geschiedene Michael „Mischa" Jäger kultiviert mit dem „Kommentar der anderen" eine Form, die bis zu diesem Zeitpunkt im österreichischen Medienmainstream unbekannt ist. Als Glücksfall erweisen sich auch die Reaktionen der Konkurrenz, allen voran die der „Presse". Während deren Chefredakteur Thomas Chorherr den neuen Konkurrenten in Interviews schlecht redet, greifen seine Redakteure tief in die Kiste latent antisemitischer Vorurteile. „In New York lebend, gelang es ihm, Bronner, in Zeiten wie diesen, unschwer kapitalstarke Persönlichkeiten aus Finanzkreisen der Ostküste für das zunächst abenteuerlich scheinende Projekt zu interessieren. Der Wirbel um Waldheim, das einhellig negative Auslandsecho, die Attacken des jüdischen Weltkongresses waren Anlass genug. Person und Herkunft von Bronners Blattmacher (Peter Sichrovsky, Anm.) lassen freilich darauf schließen, dass die Intentionen der Proponenten nicht nur kaufmännische sind…", schreibt Hans Werner Scheidl, mittlerweile pensionierter „Presse"-Spezialist für Zeitgeschichte, im Vorfeld der „Standard"-Premiere. Ein Boykott durch die Mediaprint befeuert den Ehrgeiz der Gründungsmannschaft zusätzlich: Von der „Krone" über die „Wochenpresse" bis zu „trend" und „profil" hatten sich alle unter ihrem Dach erscheinenden Medien Austauschinseraten verweigert.

Auch um das von vielen als problematisch empfundene Image Springers weiter abzufedern, hat man sich bei der „Standard"-Eigenwerbung entschlossen, ganz auf die einzige in Österreich bekannte Trademark zurückzugreifen, die die neue Zeitung hat: ihren Herausgeber. „profil" und „trend" erfreuten sich in den Achtzigerjahren bester Gesundheit und hatten, weniger dank ihrer Eigentümer als wegen ihres starken Redaktionsstatuts, die Wahrnehmung der Österreicher, was kritische Medien angeht, längst revolutioniert. Von der Überlegung, das daraus resultierende gute Image ihres Gründers zu nutzen, ging man bei der

Wahl jener Unterzeile aus, die bis heute jede Ausgabe des „Standard" ziert: „Herausgegeben von Oscar Bronner". In den ersten Monaten nach dem Erscheinen der Erstausgabe muss sich Oscar Bronner dem widmen, was er bis heute nach eigener Aussage „am wenigsten mag": sich der Öffentlichkeit stellen; und das in der Regel unter Rahmenbedingungen, die er nicht kontrollieren kann. Bemerkenswert ist aber, dass es gerade seine Aversion gegen öffentliche Auftritte ist, die ihn manchmal zur Höchstform auflaufen lässt. Nicht zuletzt, weil er sich dabei des wahren Ausmaßes der Fest'schen These gewahr wird, derzufolge die Österreicher jeglicher guten Tageszeitungslektüre entwöhnt wären.

Seine Reaktion darauf fällt stets gleich aus. Er verfällt in den ihm eigenen Sarkasmus, der sein Gegenüber in der Regel so beschämt, dass dieses nachher das Gefühl hat, ihm zeigen zu müssen, dass man doch nicht so dumm ist wie von ihm unterstellt. Im Zuge des Auftrittsreigens, den Bronner in den ersten Monaten nach dem „Standard"-Start absolviert, belehrt ihn eines Abends ein Mitglied des Wiener Rotary-Clubs, dass „kein Mensch die Zeit hat, so viel zu lesen, wie in Ihrer Zeitung steht". Was dieser daraufhin zu hören bekommt, wird fortan zum fixen Repertoire Bronners gehören: „Ach wissen Sie, ich habe lange in New York gelebt. Ein New Yorker Manager muss jeden Tag, sei's, um mitreden zu können, sei's aus beruflichen Gründen, die ‚New York Times' und das ‚Wall Street Journal' lesen. Aber natürlich haben die New Yorker Manager viel mehr Zeit als die österreichischen." Dabei macht Oscar Bronner in jener Zeit weniger die Provinzialität der Eliten des Landes zu schaffen als ein anderes Problem. Eines, mit dem er und seine Partner nicht hatten rechnen können und das sie bis zum Frühling 1989 beschäftigt. Die Suche nach einer Druckerei für den „Standard" hat sich von Anfang an schwierig gestaltet. Bronner hat noch vor der Mediaprint-Gründung Angebote beim „Kurier" eingeholt, dessen Druckerei, wie jedermann wusste, zu diesem Zeitpunkt alles andere als ausgelastet war. Trotzdem war die „Kurier"-Geschäftsführung nicht auf das Geschäft eingestiegen; zu groß war die Angst vor dem neuen Konkurrenten. So machte am Ende die Druckerei Vorwärts das Rennen, die die „AZ" zu ihren Kunden zählte. Weil Bronner schon vor der Auftragsvergabe um die prekäre finanzielle Lage des SPÖ-eigenen Unternehmens und ihres Mediums wusste, hatte er sich mit einem Vorkaufsrecht auf die Druckerei abgesichert. Als seine Befürchtungen noch vor dem Start des „Standard" ihre Bestätigung erfahren, nutzt ihm das wenig. Genau eine Woche vor Erscheinen der ersten Ausgabe steigt der neue Verlagsgigant Mediaprint mittels einer Kapitalerhöhung, mit der er Bronners Vorkaufsrecht umgeht, bei Vorwärts eingestiegen.

Bronner erwischt der Deal am falschen Fuß. Nur wenige Wochen zuvor hat er noch den damaligen SPÖ-Zentralsekretär Gunther Sallaberger mit Gerüchten über Verhandlungen zwischen Vorwärts und der Mediaprint konfrontiert, die ihm zu Ohren gekommen waren. Sallaberger hat ihm versichert, „dass da nichts dran ist". In seiner – wie sich kurz darauf herausstellt, begründeten – Panik, dass der Druck des „Standard" nicht mehr gewährleistet ist, gibt Bronner sofort nach Bekanntwerden des Mediaprint-Deals dem ORF-„Mittagsjournal" ein Interview, in dem er auf die Problematik des Besitzerwechsels hinweist. Keine zwei Stunden nach Ausstrahlung der Sendung meldet sich bei ihm Mediaprint-Geschäftsführer Bernd Nacke und tut ihm kund, dass er sich um den Druck seiner Zeitung keine Sorgen machen müsse, „für die kommenden sechs Monate". Als Bronner darauf hinweist, dass es zwischen Vorwärts und dem „Standard" eine Vereinbarung über fünf Jahre gebe, wiederholt Nacke die Garantie für sechs Monate – aber nur unter der Bedingung, dass Bronner damit aufhöre, sich öffentlich zur Causa zu äußern. Sofort nachdem er aufgelegt hat, ruft Bronner in der Springer-Zentrale an. Jetzt macht es sich erstmals bezahlt, dass er einen Partner hat, der es sich leisten kann, die Machtverhältnisse zu ignorieren. Springer beordert kurzerhand eine Druckmaschine Richtung Österreich. In der Tullner Druckerei Goldmann findet Bronner eine Alternative zu Vorwärts.

Goldmann beginnt umgehend mit dem Bau des Fundaments einer Halle für die aus Deutschland kommende Maschine. Schon vor dem Ablauf der sechsmonatigen Frist druckt der „Standard" in Tulln. Im Zuge dieser Farce hat Oscar Bronner ganz nebenbei den Bundeskanzler in eine der peinlichsten Situationen seiner noch jungen Regentschaft gebracht. Als er Franz Vranitzky nach dem Auffliegen des Vorwärts/Mediaprint-Deals mit den Zusagen seines Zentralsekretärs konfrontiert, antwortet der: „Ich weiß, Herr Bronner. Aber glauben Sie mir: Wir (die SPÖ, Anm.) stehen finanziell mit dem Rücken zur Wand." Im Februar 1987 hat Oscar Bronner einen Abstecher nach London gemacht, um der damals frisch gegründeten Tageszeitung „The Independent" einen Besuch abzustatten. In der Hauptstadt Großbritanniens hatten ihn deren Macher mit einem Phänomen vertraut gemacht, das sie selbst erlebt hatten und das bei Neugründungen am Printmedienmarkt oft auftritt, dem „Hockeyschlägereffekt". Der Name dieser Geschäftstheorie geht auf die Form des Sportgeräts zurück und lautet so: Kommt eine neue Zeitung auf den Markt, verkauft sie erst mal sehr viel, weil die Leute neugierig sind; nachdem sich der Überraschungseffekt erschöpft hat, folgt ein erster Einbruch. Erst dann – und nur dann, wenn das Produkt erfolgreich ist – gehen die Verkaufszahlen wieder nach oben. Auch der „Standard" bekommt den „Hockeyschlägereffekt" in seinen ersten Jahren zu spüren. Freilich anders, als es sich seine Macher vorgestellt haben.

Die Nachfrage übertrifft alle Erwartungen. In seinen ersten zwei Jahren rutscht der „Standard" – im Businessplan waren Bronner und seine Partner von 10.000 verkauften Exemplaren pro Tag ausgegangen – kein einziges Mal unter die Marke von 30.000. Angesichts dieser Entwicklung schießen schon nach kurzer Zeit Diskussionen ins Kraut, die Zeitung, deren Berichterstattung sich im Wesentlichen auf drei Themen beschränkt – Wirtschaft, Politik und Kultur –, zu dem auszubauen, was Oscar Bronner eine „Vollzeitung" nennt. Ungeachtet des noch relativ bescheidenen Anzeigenumsatzes nimmt Bronner den Erfolg am Lesermarkt zum Anlass, Springer einerseits von der Sinnhaftigkeit des Ausbaus der Ressorts Innenpolitik, Außenpolitik und Kultur zu überzeugen. Andererseits davon, mehr Geld zur Erweiterung der bisher etablierten Strukturen in die Hand zu nehmen, um auch jene Themen abzudecken, die Teil jeder klassischen Tageszeitungsberichterstattung sind, wie Chronik und Sport. Zunächst wird aber nur die Erscheinungsweise ausgeweitet. Ab 15. April 1989 erscheint der „Standard" erstmals auch am Samstag. Was die politische Berichterstattung angeht, haben die „Standard"-Redakteure vom Start weg gut zu tun. Unter der Führung Vranitzkys und dem Druck der ÖVP unter Alois Mock hat die große Koalition Ende der Achtzigerjahre den Beitritt zur Europäischen Gemeinschaft (EG) zum Staatsziel erklärt.

Die Außenpolitikredaktion kommt von Anfang an kaum zum Verschnaufen. Als die Repräsentanten des „Gulaschkommunismus" der demokratischen Kräfte in Ungarn nicht mehr Herr werden, nutzen im Sommer 1989 Tausende dort urlaubende Bürger der DDR die Situation, um nach Österreich überzusetzen. Im Herbst 1989 überschlagen sich die Ereignisse. Am 11. November, zwei Tage nach dem Fall der Berliner Mauer, findet sich Oscar Bronner im obersten Stock der Springer-Zentrale wieder, wo der versammelte Vorstand auf die Massen hinunterschaut, die gen Westen drängen. Viele der hartgesottenen Medienmanager haben feuchte Augen. Der erste Schritt zur Erfüllung des alten Traums des nur vier Jahre zuvor verstorbenen Firmengründers Axel Cäsar Springer ist getan, die deutsche Wiedervereinigung naht. Oscar Bronner selbst hatte in diesem Jahr auch schon Grund zur Freude. Im Mai wurde seine Tochter Laura geboren. Für die junge Zeitung aus Wien zeitigt der Zusammenbruch des realen Sozialismus schnell

Folgen. Weil das Sowjetreich binnen weniger Monate implodiert, braucht der „Standard" plötzlich Berichterstatter in Ländern, die zuvor kaum oder nur in beschränktem Maße zugänglich waren. Bronners schon zuvor formuliertem Willen zum schnellen Ausbau der Zeitung kommt die weltpolitische Lage ebenso zupass wie der Erfolg bei den Lesern. Nachdem Springer jetzt mitzieht, folgen Taten.

Weil die Büros am Standort Maria am Gestade zu klein werden, beschließt man, die Zeitung an den vor den Toren der Hofburg gelegenen Michaelerplatz zu übersiedeln. Zwei Monate später, im März 1990, scheinen die Zahlen des „Standard" erstmals in der Media-Analyse auf. Sie attestiert dem Blatt rund eineinhalb Jahre nach seiner Gründung eine Reichweite von 242.000 Lesern. Auf Anhieb hat sich der „Standard" als Leib- und Magenblatt für überdurchschnittlich junge, gebildete und somit tendenziell kaufkräftige Österreicher etabliert. So sehr sich Oscar Bronner über die Ergebnisse freut, ist er zu jener Zeit, wenn er allein in seinem Büro sitzt, mit seinen Gedanken oft woanders. Anfang 1990 ist bei seinem Sohn Alexander Mitteräcker Morbus Hodgkin diagnostiziert worden; ein bösartiger Tumor des Lymphsystems, der tödlich sein kann. Als Erste zum Arzt geschickt hat ihn Andrea Bronner, der aufgefallen ist, dass die Hemden des Teenagers eine für sein Alter ungewöhnliche Kragenweite aufweisen („Es war mehr ein Gefühl, dass da etwas nicht ganz stimmt. Wir sind kurz vor Weihnachten in der Meierei im Prater beisammengesessen, und mir ist vorgekommen, dass seine Lymphknoten am Hals extrem angeschwollen waren. Aber die Diagnose war niederschmetternd"). Im Alter von 17 Jahren muss Aco, der mittlerweile aufs Lycée Français geht, eine Chemotherapie absolvieren und sich regelmäßigen Bestrahlungen unterziehen. Er und seine Familie machen aus der Krankheit kein Geheimnis. „Das hat jeder mitbekommen, weil der Aco eine Glatze hatte. Er ist mich ja regelmäßig in die Arbeit besuchen gekommen", erzählt Oscar Bronner. Sein Leid mit jemandem in der Redaktion zu teilen, würde ihm aber nie einfallen. Zu seinem und dem Glück seiner Familie verläuft die Krankheit glimpflich. Bis zu dieser Gewissheit heißt es allerdings fünf Jahre warten. So lange dauert es, bis sich mit relativer Sicherheit sagen lässt, ob der Krebs endgültig besiegt ist oder nicht.

Bronners Mitarbeiter merken von seinen privaten Sorgen wie üblich „wenig bis gar nichts", wie eine langjährige Mitarbeiterin erzählt. Im Gegenteil. Mit dem Ausbau des Blattes kann es dem Herausgeber plötzlich nicht mehr schnell genug gehen. Kurze Zeit nach dem Erscheinen der Media-Analyse verlässt Johann Skocek das Chronik-Ressort der „Presse", um gemeinsam mit Christian Hackl, Fritz Neumann, Benno Zelsacher – dem Sohn von Günther Zelsacher, unter dem sich Bronner beim „Express" seine ersten journalistischen Sporen verdient hatte – und dem Burgenland-Korrespondenten Wolfgang Weisgram ein so eigenständiges wie eigenwilliges Sportressort aufzubauen. Das pflegt fortan eine Art von Sportjournalismus, die Österreich bis dahin nicht gekannt hatte: witzig, gescheit, manchmal auch rotzfrech und kindisch, aber in jedem Fall nie langweilig. Bundesheerexperte Conrad Seidl, der im Laufe der Jahre auch zum „Bierpapst" aufsteigen wird, kommt vom „Kurier". Günther Traxler, Ex-Chefredakteur der „AZ" und zum Zeitpunkt seiner Anheuerung Pressesprecher des Verbunds, bekommt eine Anstellung als Beilagenredakteur, steigt aber aufgrund seiner stilistischen Brillanz bald zum regelmäßigen Anrichter der Kolumne „Blattsalat" auf.

Die Weltenläufte verlangen den neuen wie den Mitarbeitern der ersten Stunde alles ab. Als am 9. März 1991 die tausendste Ausgabe erscheint, steckt die Zeitung nicht nur in der Abarbeitung der Auswirkungen des Mauerfalls, sondern auch mitten im ersten großen Krieg seit dem Zusammenbruch des Kommunismus. Im Jänner 1991 haben die Amerikaner und ihre Alliierten damit begonnen, Kuwait von den Truppen des irakischen Diktators Saddam Husseins zu befreien. Nahezu zeitgleich eskaliert im Nachbarland Jugoslawien nach den Unabhängigkeitserklärungen der Teilrepubliken Slowenien und Kroatien der Bürgerkrieg. Auch die Innenpolitikredakteure müssen an ihre Grenzen gehen.

Während die große Koalition am EU-Beitritt feilt, eilt der seit 1986 an der Spitze der FPÖ stehende Jörg Haider von Wahlerfolg zu Wahlerfolg. Mit den Methoden des Rechtspopulisten hat Oscar Bronner zu diesem Zeitpunkt bereits Erfahrungen gemacht: „Ich hatte ihn, es muss so im Herbst 1986 gewesen sein, zum ersten Mal persönlich erlebt. Zufällig, bei einer Wahlkampfveranstaltung auf der Kärntner Straße. Es war faszinierend anzuschauen, wie er mit seiner Rhetorik seine Zuhörer in den Bann gezogen hat." Rund zwei Jahre später, am 8. November 1988, hat die US-Botschaft im Hotel Hilton am Wiener Ring anlässlich der Präsidentschaftswahl – um die Nachfolge Ronald

Reagans stritten sich Vizepräsident George H. Bush und der Demokrat Michael Dukakis – eine Party veranstaltet, zu der auch das junge Ehepaar Bronner eingeladen war.

„Wir standen an einem Ende des Raums, als der Haider, nachdem er mich gesehen hat, plötzlich vom anderen Ende schnurstracks auf uns zumarschiert ist, im Rücken seine ganze damalige Buberlpartie. Er hat sich vorgestellt und was geredet von ‚gemeinsamen Zielen‘, die wir angeblich teilen würden. Ich habe ihn auf seine problematischen Äußerungen zur Nazi-Vergangenheit des Landes angesprochen, woraufhin er mir erklärt hat, dass ihm das leid täte, wenn ich mich dadurch verletzt gefühlt hätte und dass ihm das ‚sicher nicht wieder passieren‘ würde. Worauf ich gesagt habe: ‚Das glaube ich nicht.‘ Noch während er mich fragt, ob wir darum wetten wollen, hat schon eines der Buberl, quasi aus dem Nichts, eine Flasche Champagner und eine Handvoll Gläser hervorgefischt und uns in die Hand gedrückt. Eine klassische Überrumpelungsaktion, das politische Talent in Action." Haider fragt, ob die Bronners mit ihm anstoßen. Geistesgegenwärtig zieht Andrea Bronner ihr Glas zurück und sagt: „Ich will nicht mit Ihnen anstoßen." Erst nach ein paar peinlichen Sekunden der Stille gibt Jörg Haider seiner Entourage das Kommando weiterzuziehen. Wie die Innenpolitik bekommt auch der österreichische Zeitungsmarkt Anfang des neuen Jahrzehnts den – in seinem Fall weitgehend hausgemachten – Strukturwandel zu spüren. Am 31. Oktober 1991 erscheint die letzte Ausgabe der „AZ". Bis 1989 im Besitz der SPÖ, haben es die nunmehrigen privaten Eigentümer nur mehr zwei Jahre lang geschafft, den

Betrieb aufrechtzuerhalten. Dem „Standard" beschert die Einstellung des 1889 von Victor Adler gegründeten Traditionsblatts ein rundes Dutzend neuer Mitarbeiter, darunter Susi Schneider. Auch in der Führungsebene des „Standard" kommt es zu Veränderungen. Mit der offiziellen Ernennung von Gerfried Sperl zum Chefredakteur im September 1992 wird laut Bronner „der Ist-Zustand, der schon seit einiger Zeit besteht, endlich auch nach außen dokumentiert". Bis dahin war in der Chefredakteurszeile im Impressum nur sein Name gestanden.

Aber auch dann wird Sperl die Arbeit nicht leichtfallen, nachdem ihm sein Chef kurz darauf („Mit Bauchweh, aber doch") Peter Michael Lingens zur Seite stellt. Der hatte nach seinem „profil"-Abgang 1989 bis zu seiner Bestellung beim „Standard" die aus der „Wochenpresse" hervorgegangene, nunmehr der deutschen Verlagsgruppe Holtzbrinck gehörende „Wirtschaftswoche Österreich" herausgegeben. „Es war ein korrektes Arbeitsverhältnis, aber es war ein wenig seltsam. Es gab dann ja drei Mitglieder der Chefredaktion: Bronner, Lingens und mich. Für die Leute war es ein Problem, weil nicht klar war, wer das Sagen hatte. Ich habe mich nicht wirklich wohlgefühlt, und der Lingens auch nicht. Eines Tages hat sich's dann von selber gelöst, indem er sich verabschiedet hat", erzählt Gerfried Sperl. Lingens, den die deutsche „Zeit" einmal den „Entdecker der Moral in Österreich", den „saubersten Zeigefinger der Republik" genannt hat, war zu diesem Zeitpunkt über eine Affäre gestolpert, die ihm eine Anklage wegen „versuchter Anstiftung zum Missbrauch der Amtsgewalt" eingebracht und unter der sein Ruf in der Folge schwer gelitten hatte. Trotz mehrfacher Anfrage wollte Peter Michael Lingens zu diesem Buch nichts beitragen. Den „Standard"-Herausgeber plagen indes ganz andere Sorgen. Obwohl sich Springer von außen betrachtet als der beste Partner präsentiert, den Bronner sich wünschen kann, ist es schon nach kurzer Zeit zunächst zu kleineren, dann aber immer größeren Problemen gekommen. Als ersten Geschäftsführer des „Standard" hat die Springer-Gruppe Bronner Karsten Hügelmann zur Seite gestellt, den Chef der „Hörzu"-Magazingruppe. Weil Hügelmann mit seinem Job aber voll ausgelastet ist, hat Springer als dessen Vertretung Martin Feldenkirchen nach Wien geschickt, einen Assistenten des für die Auslandsbeteiligungen zuständigen Vorstandsmitglieds Christian Herfurth. Und damit ein Kommunikationsproblem geschaffen, das den operativen Teil schwer belastet.

Feldenkirchen ist angewiesen, jede geschäftliche Entscheidung, und sei sie noch so klein, mit Hügelmann abzusprechen. Weil der aber andere Prioritäten hat, dauert es oft wochenlang, bis etwas entschieden ist. Weil sich das Modell als wenig tauglich erweist, ergänzt ab 1991 Joachim Wotzka informell die Geschäftsführung, der das Haus in seiner Funktion als Assistent des Assistenten Feldenkirchen bereits kennt. „Obwohl das alles sehr nette und an sich kompetente Herren waren, ist die Situation dadurch leider auch nicht besser geworden. Wir waren in der Aufbauphase. Aber jeder neue Geschäftsführer, der gekommen ist, hat sich zuerst einmal den Kopf über Sparmaßnahmen zerbrochen", sagt Oscar Bronner. Auf seine Bitte, endlich eine klare Führungsstruktur zu schaffen – möglichst mit einem Österreicher an der Spitze, der mit den Eigenheiten des heimischen Zeitungsmarkts vertraut ist –, beauftragt Springer 1992 einen Headhunter, der die geeignete Person finden soll. Dieser findet einen gelernten Juristen und Betriebswirten aus der Steiermark, dessen Karriere als Medienmanager 1984 als Assistent des Direktors der Kärntner Ausgabe der „Kleinen Zeitung" begonnen hat und der binnen kurzer Zeit zum Verlagsdirektor der Grazer Styria aufgestiegen ist. Als man ihm den Job als „Standard"-Geschäftsführer anbietet, winkt der damalige Mittdreißiger aber ab. Springer entscheidet sich daraufhin für den bequemsten Weg und macht Joachim Wotzka zum Geschäftsführer. Dass der damalige Wunschkandidat seine Entscheidung bereut, darf bezweifelt werden.

Von 1999 bis 2010 stand Horst Pirker, heute Geschäftsführer des internationalen Entsorgungsunternehmens Saubermacher, der Styria Medien AG vor, dem heute zweitgrößten Medienkonzern Österreichs. Auch der Headhunter und Unternehmensberater, der ihn empfohlen hat, wird am Ende zufrieden gewesen sein. Helmut Zambo dient Oscar Bronner bis heute als Verwalter seiner Familienstiftung und als „persönlicher Beichtvater. Er ist sicher der Erste, zu dem ich gehe, wenn ich ein Problem habe." Mit der Lösung, Wotzka als Geschäftsführer zu installieren, ist formal vorerst für Ordnung gesorgt. Dass sich die Lage aus Oscar Bronners Sicht trotzdem nicht bessert, liegt aber weniger an der Person Wotkzas als an der akuten Führungskrise, an der der Springer-Konzern zu dieser Zeit intern leidet. Nach dem

Abgang des Vorstandsvorsitzenden Peter Tamm, unter dessen Ägide Bronner die „Standard"-Gründung vollzogen hat, haben sich innert kurzer Zeit drei Leute auf dem Posten des Springer-Chefs abgelöst. 1991 ist auf Tamm Günter Wille gefolgt, der zuvor sein Geld als Manager beim deutschen Ableger des Philip-Morris-Konzerns verdient und ihm Rahmen dieser Tätigkeit die Marke „Marlboro" zur populärsten Zigarette im deutschsprachigen Raum gemacht hat. Weil Wille aufgrund seiner beruflichen Biografie vom Zeitungsgeschäft wenig Ahnung hat, holt er den noch unter Tamm geschassten „Bild"-Manager Günter Prinz in den Vorstand zurück, der auch als Ansprechpartner Bronners dient.

„Mit dem Herrn Prinz habe ich mich gut verstanden. Der war ein Vollprofi, bei dem fühlte man sich gut aufgehoben", erzählt Oscar Bronner über die Zeit nach dem ersten Führungswechsel. Günther Wille will den Großverlag mit Härte und im Hause bislang ungewohnter Sparsamkeit neu aufstellen. Keine leichte Aufgabe, gleicht die Führung des Medienkonzerns mit seinen TV-Interessen (damals Sat 1, Tele 5), mehr als 30 Verlagen im In- und Ausland sowie Zeitungen von „Bild" bis zu den „Lübecker Nachrichten" und Zeitschriften wie „Hör zu", „Journal für die Frau" und „Tennis Magazin" doch einer Herkulesaufgabe. Selbst beim Reiseriesen TUI ist Springer damals Gesellschafter. Und dann sind da noch die Managementfehler seiner Vorgänger, mit denen sich der neue Vorstand herumschlagen muss. Bald nach der Gründung des „Standard" hat sich der Konzern – neben weiteren Engagements in Österreich, wo man sich mit zunächst 45 Prozent (später mehrheitlich) an der in Innsbruck ansässigen Moser Holding („Tiroler Tageszeitung") und mit 50 Prozent an der Gründung der Infoillustrierten „News" beteiligt hat – an einem weiteren Experiment im Ausland versucht. Im April 1991 ist nach zweijähriger Vorbereitung in Spanien „Claro" auf den Markt gekommen, ein Boulevardblatt nach Machart der „Bild"-Zeitung. Die Neugründung wurde für Springer zum Desaster, „Claro" schon nach vier Monaten eingestellt. 150 Millionen Mark hat Springer ihr Abenteuer auf der Iberischen Halbinsel gekostet. Dass es soweit kam, lag laut dem „Spiegel" vor allem „an den stolzen Spaniern und den deutschen Besserwissern, die sich zeitweilig im redaktionellen Kriegszustand gegenüberstanden – zweisprachig, claro".

Für den „Standard" zeitigt das fehlgeschlagene Engagement seines 50-Prozent-Inhabers verheerende Auswirkungen. Nachdem Vorstandschef Wille, der laut „Spiegel" konzernintern wahlweise als „der wilde Cowboy" oder „der Kippendreher" bekannt ist, sich des Ausmaßes der Katastrophe gewahr geworden ist, äußert er öffentlich, dass ab sofort „sämtliche Neugründungen der letzten Zeit, insbesondere die im Ausland, auf den Prüfstand kommen". Für die Konkurrenz des „Standard" ein gefundenes Fressen. Die Kommentatoren von „Presse", „Krone" und „Kurier" nehmen die Wille'sche Äußerung zum Anlass, um auszubreiten, wie schlecht es um die Überlebenschancen der Zeitung stehe. Bronner reagiert mit einem Brief an Wille, in dem er den Springer-Chef darauf aufmerksam macht, dass dieser „mit derart fahrlässigen Statements sein Investment gefährdet", und darum bittet, „diesbezüglich künftig ein bisschen vorsichtiger zu sein". Um den Gerüchten von der angeblich bevorstehenden Einstellung Stärkeres entgegenzusetzen, geht er aber noch weiter.

Bronner diktiert seiner damaligen Sekretärin Margret Rausch ein Schreiben, in dem er fest hält, dass Springer „zu 100 Prozent zu dem Engagement in Wien steht", und das er dem Springer-Chef als „Anregung für ein Statement" schickt. Wille versteht und unterschreibt eine entsprechende Aussendung. Der Springer-Chef hat zu jener Zeit nicht nur geschäftliche Probleme zu bewältigen. Im Zuge einer Routineuntersuchung ist bei ihm kurz nach Amtsantritt Lungenkrebs diagnostiziert worden. Er kämpft, aber seine Kraft reicht nicht mehr. Zwei Jahre später, am 15. November 1993, stirbt Günter Wille an den Folgen der Krankheit in einem süddeutschen Sanatorium. Er wurde 50 Jahre alt.

Oscar Bronner bedauert den Tod des „straighten, sehr korrekten Menschen, den ich bei allen Problemen immer dafür bewundert habe, dass er trotz seiner Krankheit bis zuletzt nicht aufgehört hat zu arbeiten". Noch näher geht ihm freilich der Tod eines der wenigen Menschen in seinem Leben, die ihm wirklich nahegestanden sind.

Sechs Tage nach dem Tod Willes stirbt Lisbeth Kreutzer im Alter von 70 Jahren in ihrer Wohnung in Wien. Im Jänner noch hat sie die Geburt ihres dritten Enkels erleben dürfen. In diesem Monat haben Andrea und Oscar Bronner ihr zweites Kind bekommen. Einen Sohn, dem sie den Namen Leonard geben. Zu seiner Mutter hatte Oscar Bronner bis zuletzt ein so gutes wie inniges Verhältnis: „Sie war eine starke Frau. In vieler Hinsicht ein absolutes Vorbild, auch wenn sie Fehler hatte, wie jeder von uns. Aber denken Sie nur daran, unter welch schwierigen Umständen sie mich aufgezogen hat. Wir hatten nie viel Geld. Aber sie hat immer dafür gesorgt, dass genug zum Essen am Tisch stand und dass ich eine gute Bildung bekomme." In jenen Tagen merken viele „Standard"-Mitarbeiter zum ersten Mal, dass die harte Schale des kühlen Taktierers – unglaublich, aber wahr –, einen empfindsamen Kern birgt. „Er hat gar nichts sagen müssen. Hätte er sowieso nicht, dafür ist er nicht der Typ. Aber man hat gemerkt, dass ihn der Tod der Mama wirklich mitgenommen hat. Er war eine Zeitlang echt fertig, auch wenn er wie immer versucht hat, sich nichts anmerken zu lassen. Die Frauen haben das freilich mehr bemerkt als die Männer", erzählt eine Mitarbeiterin.

Auf dem Posten des Springer-Vorstandsvorsitzenden ist auf Günter Wille Günter Prinz gefolgt. Als diesem die Eigentümer aber schon nach kurzer Zeit das Vertrauen entziehen, weil sie ihm die Bewältigung der Probleme nicht zutrauen – im Westen des frisch wiedervereinigten Deutschland fehlt für die verlustreiche „Welt" ein Überlebenskonzept, im Osten führt das Zugpferd „Bild" einen teuren Kampf gegen Burdas Boulevardblatt „Super" – bekommt Jürgen Richter den Job an der Spitze. Obwohl jeder Springer-Chef in seiner jeweiligen Ära ein Bekenntnis zum Engagement beim „Standard" abgibt, hat Oscar Bronner angesichts der gespannten Situation bei seinem Partner allen Grund, misstrauisch zu sein. Nicht zuletzt, weil er mit dem Amtsantritt Richters schon wieder einen neuen Geschäftsführer zur Seite gestellt bekommt. Thomas Elsing war bis zu seiner Berufung nach Wien Verlagsleiter des „Hamburger Abendblatts". Als erste Sparmaßnahme fordert Elsing von Bronner die Einstellung eines Projekts, das den Verlag zwar kaum Geld kostet, ihm aber sinnlos erscheint: des Aufbaus einer Präsenz des „Standard" in einem neuen Medium namens Internet. Elsing wird der letzte Geschäftsführer des „Standard" sein, der aus Deutschland kommt.

Eine Ablenkung von den internen Querelen hat Oscar Bronner zu dieser Zeit immerhin beim Vorantreiben der Institutionalisierung der Österreichischen Auflagenkontrolle (ÖAK) gefunden, die der Werbewirtschaft künftig als zusätzliches Messinstrument bei der Erhebung der Breitenwirksamkeit heimischer Printprodukte dienen soll. (Zuvor hatte der Verband österreichischer Zeitungsverleger – nicht immer ganz seriös – lediglich die Druckauflagen seiner Mitglieder verlautbart.) Als die ÖAK im Vorfeld ihrer im April 1994 vollzogenen Gründung einen Wettbewerb ausschreibt, in dessen Rahmen ein Logo gesucht wird, setzt sich Oscar Bronner hin und entwirft eines, „einfach nur aus Spaß an der Arbeit": ein Rechteck, auf dem auf weißem Grund in schwarzen Buchstaben und schwarz umrahmt das Kürzel der Institution steht und hinter dem drei weitere, schwarze Vierecke – ein Symbol für die Mitgliedszeitungen – hervorragen. „Nachdem ich der Verleger einer ÖAK-Mitgliedszeitung war, konnte ich aber schwer sagen, dass das Design von mir stammt." Die Lösung: Bronner weiht einen befreundeten Grafiker ein, gibt diesen als Urheber an und schickt den Entwurf ein. Die Vierecke bilden bis heute das

Logo der ÖAK. Den dafür ausgelobten Preis und das damit verbundene Geld nimmt der befreundete Grafiker, mit der ausdrücklichen Zustimmung Bronners, dankbar an.

XVI

Thomas Paine lautet der Name eines 1737 im englischen Thetford geborenen Schriftstellers, der in Amerika aufgewachsen und im Zuge der Unabhängigkeitskriege zu einem der Gründungsväter der USA geworden war. Die Stärke von Paines Prosa lag in den zahlreichen Merksätzen, die die US-Generäle im Kampf gegen die Briten gern zur Motivation ihrer Truppen einsetzten. Einer der populärsten lautet: „Lead, follow, or get out of the way." Mit einer Abwandlung davon – „Die Geschäftsführer, die Sie uns nach Wien schicken: They don't lead, they don't follow – but they don't get out of the way" –, hat Oscar Bronner noch praktisch jeden Springer-Chef konfrontiert.

Auch dem neuen, seit der Gründung nunmehr vierten Konzernchef Richter bleibt Ende des Jahres 1994 die eingehende Erläuterung der Probleme nicht erspart, die die Zusammenarbeit prägen. Dem Gespräch wohnen auch Thomas Elsing und ein Assistent der Geschäftsführung bei. Richter ist anderer Meinung als der „schwierige Österreicher", wie Bronner mittlerweile Springer-intern geheißen wird. Er zeigt sich aber kooperativ, als Bronner einen Vorschlag macht, den er schon Richters Vorgängern jedes Mal dann unterbreitet hat, wenn die Probleme wieder einmal zu groß geworden waren. Im Gegensatz zu seinen Vorgängern nimmt ihn Richter an. Zu diesem Zeitpunkt hat Springer bereits rund 560 Millionen Schilling in den Aufbau der Zeitung gesteckt. Bronners Vorschlag lautet, die Anteile Springers zu kaufen und damit hundertprozentiger Eigentümer des „Standard" zu werden. Man einigt sich darauf, dass sich Springer mit dem Datum 30. April 1995 – rückwirkend zum 1. Jänner des Jahres – aus dem „Standard" zurückziehen soll. Kaufpreis: 150 Millionen Schilling. 90 Millionen für den Kauf der Anteile, 60 Millionen für die Übernahme von Altschulden bei der Deutschen Bank.

Zunächst gilt es noch ein Detail zu klären. Seit September 1990 ist Oscar Bronner nicht nur 50-Prozent-Partner beim „Standard", sondern auch Gesellschafter von zwei Regionalzeitungen in Ungarn, die er für sein Unternehmen im Auftrag Springers, aber unter seinem Namen, der dortigen Sozialistischen Partei abgekauft hat. Die noch verbliebenen Anteile an „Petőfi Népe", die in der rund 80 Kilometer vor den Toren Budapests gelegenen Kleinstadt Kecskemet erscheint, sowie an „Békés Megyei Népújság", die im äußersten Südosten Ungarns verlegt wird, sollen jetzt auch formal in den Besitz Springers übergehen. Als die Trennung besiegelt ist, veröffentlicht Jürgen Richter eine Presseaussendung, in der er begründet, warum sich Springer zurückzieht: „Wir sehen keine Chance auf das baldige Erreichen des Breakeven." Im Jahr 1994 schreibt der „Standard" 40 Millionen Schilling Verlust, bei einer Presseförderung von 34,5 Millionen. „Ich habe gedacht, dass zwei Monate reichen müssten, um einen neuen Partner zu finden. Aber schon nach den ersten Wochen habe ich gemerkt: Das wird doch nicht so leicht", erzählt Oscar Bronner. Er braucht Geld, um Springer seinen 50-Prozent-Anteil abzukaufen. Viel mehr, als er hat. Außerdem soll es mit einem neuen Partner keine

Fifty-fifty-Partnerschaft mehr geben, bei der er in puncto Geschäftsführung auf das Engagement eines Gleichberechtigten angewiesen ist. Das hat sich Oscar Bronner nach den Erfahrungen der vergangenen sechs Jahre geschworen. Sein erster Ansprechpartner ist ein Medientycoon aus dem äußersten Westen Österreichs. Mit den „Vorarlberger Nachrichten" als Zugpferd hat Eugen Russ seit seinem Amtsantritt als Geschäftsführer der Unternehmensgruppe Vorarlberger Medienhaus im Jahr 1983 ein regionales Imperium aufgebaut, das sich nebenbei anschickt, auch international Fußabdrücke zu hinterlassen. Bronner will dem Sohn einer Vorarlberger Verlegerdynastie die Chance bieten, mit einer Minderheitsbeteiligung am „Standard" auch bundesweit mitzumischen. Nach einem Telefonat kommt Russ nach Wien. Nachdem er sich die Zahlen angesehen hat, winkt er ab.

Der Nächste, den Bronner anruft, ist Hans Heinrich Coninx, als Chef der TaMedia unter anderem Eigentümer der Zürcher Qualitätszeitung „Tagesanzeiger", mit der der „Standard" – nachdem sich der Korrespondentendeal mit der „FAZ" wegen des Springer-Engagements erledigt hat – seit dem Start einen regen Korrespondentenaustausch pflegt. Wie Russ zeigt sich Coninx zunächst angetan, hört dann aber auf den Rat seiner Geschäftsführer und sagt ab. Als Nächstes kontaktiert Oscar Bronner den Süddeutschen Verlag. Der schickt im Frühling 1995 seine Buchprüfer nach Wien, aber auch die machen der Münchner Zentrale Meldung, dass ein Einstieg beim „Standard" nicht ratsam sei. Bronner und seine Mitarbeiter haben es zwar binnen kurzer Zeit geschafft, die Zeitung am Lesermarkt zu etablieren, was sich trotz der relativ schwachen Werbekonjunktur in der ersten Hälfte der Neunzigerjahre auch in stetig steigenden Anzeigenumsätzen niederschlägt. Trotzdem schreibt die Zeitung immer noch Verluste. So verabschiedet sich der oberste für den „Standard" zuständige Buchprüfer der „Süddeutschen" nach getaner Arbeit am Telefon von Bronner mit den Worten: „Ich hoffe sehr, dass das jetzt kein Todesurteil für Sie ist. Sie machen eine gute Zeitung."

Im Zuge dieser Gespräche ist, abseits des Zahlenwerks, aber auch das größte Problem von allen offen zu Tage getreten: Der „Standard" hat durch den Ausstieg Springers schwer an Glaubwürdigkeit eingebüßt. „Bei jedem Gespräch mit einem potenziellen Partner ist die Frage in der Luft gehangen: Warum ist Springer ausgestiegen? Da konnte ich meine Gründe für die Trennung noch so oft ins Treffen führen. Man hat angenommen, dass es irgendwo Leichen geben muss, weil sich doch sonst dieser große deutsche Verlag nicht einfach so verabschiedet hätte." Noch bevor die mit Springer vereinbarte Frist für den Kauf der Anteile abgelaufen ist, ist Oscar Bronner klar: Wenn es den „Standard" weiter geben soll, muss er die wirtschaftlichen Probleme des Unternehmens vorerst alleine stemmen. Und das bedeutet mangels Geld die Aufnahme eines Kredits. Der soll ihm jenen Spielraum geben, den er braucht, um das Unternehmen für einen neuen Partner attraktiv zu machen. „Die Braut ordentlich schmücken", wie er es nennt. Am 13. Mai 1995 äußert sich Oscar Bronner in einem Herausgeberbrief, in dem er die Probleme, die er mit Springer hatte, offenlegt. Um sich im nächsten Absatz, untermauert mit Zahlen, kämpferisch zu geben: „Die Gründung des ‚Standard' ist eine in der europäischen Medienbranche genau beobachtete Erfolgsstory. Mit unseren heute 321.000 Lesern erreichen wir 4,9 Prozent der Österreicher über 14 Jahre (zum Vergleich: die größte Qualitätszeitung Deutschlands hat dort nur eine Reichweite von 1,8 Prozent). Aber nicht nur die Quantität der Leser ist beachtlich, sondern auch die Qualität: Sie stellen die Bildungs- und Einkommenselite des Landes dar. Und während fast alle Verlage der Welt darüber klagen, dass die Jugend immer seltener zur Zeitung greift, kann der ‚Standard' gerade auf diesem Zukunftsfeld punkten. Unsere Leser sind im Durchschnitt um rund 5,8 Jahre jünger als der Altersdurchschnitt der österreichischen Zeitungsleserschaft. Dieser Erfolg bei unseren Leserinnen und Lesern bewirkt den existenziell notwendigen Erfolg bei den Inserenten. Der ‚Standard' erzielte im Vorjahr einen Marktanteil des Anzeigengeschäfts aller österreichischen Tageszeitungen von 6,8 Prozent. Und der Anteil steigt weiter."

Im Februar 1995 hat Gerhard Randa eben erst seinen neuen Posten als Generaldirektor der Bank Austria angetreten. Zu diesem Zeitpunkt alles andere als ein leichtes Amt. Das erste Gespräch zwischen Oscar Bronner und dem neuen Chef seiner Hausbank findet statt, als dieser gerade mit der Endphase der Abwicklung einer der größten Firmenpleiten der österreichischen Nachkriegsgeschichte beschäftigt ist, dem Konkurs des roten Handelsriesen Konsum. Bronner trägt dem fast Gleichaltrigen – Randa ist Jahrgang 1944 und wie er in den Trümmern des Nachkriegs-Wien aufgewachsen –

sein Anliegen und seinen Businessplan vor. Das Risiko für die Bank Austria ist kein kleines. Als Sicherheit für einen Kredit über 200 Millionen Schilling, mit dem Bronner einerseits die Springer-Anteile kaufen, andererseits die Mittel für die Aufrechterhaltung des mittlerweile auf rund 200 Angestellte angeschwollenen Betriebs stellen will, kann er nur eines bieten: die Zeitung selbst. Randa schickt die Mitarbeiter seiner Kreditabteilung los, um die „Standard"-Bücher zu prüfen.

Als einige Wochen ohne Ergebnis vergehen, verliert Bronner die Geduld. Er schreibt Randa einen Brief, woraufhin ihm dieser einen Gesprächstermin gewährt. Bronner nimmt dazu seine Anwälte Franz Eckert und dessen Tochter Christa Fries mit, die Inhaber der gleichnamigen Badener Kanzlei. Eckert senior hat in Sachen Medien einschlägige Erfahrung. Unter der Federführung des langjährigen „Kurier"-Anwalts – zu diesem wurde er Mitte der Siebzigerjahre infolge des Verkaufs von „trend" und „profil", den er im Auftrag Oscar Bronners betreut hatte – wurden die so genannten „Badener Verträge" erstellt, die die rechtliche Grundlage für den Zusammenschluss von „Krone" und „Kurier" bilden. Das Gespräch verläuft aus Bronners Sicht leidlich zufrieden stellend. Randa macht zwar eine prinzipielle Zusage für den Kredit, verweist ihn aber zur Klärung der Details an den Rechtsanwalt Ewald Weninger.

Der steht Mitte der Neunzigerjahre im Ruf eines der profiliertesten Wirtschaftsanwälte der Republik – und dem eines „Consigliere", wie er sich selbst dem renommierten Ex-Wirtschaftsjournalisten, Buchautor und heutigen Sprecher der Finanzmarktaufsicht, Klaus Grubelnik, gegenüber einmal bezeichnet: eines Ratgebers, der im Hintergrund Probleme aller Art löst. Die Karriere des Wiener Juristen mit einem Faible für die Zeitungswelt nahm Ende der Sechzigerjahre ihren Ausgang, als er im Auftrag eines Klienten namens Piatnik, eines Abkömmlings aus der Dynastie der Wiener Spielkartenhersteller, den ehemaligen Innenminister und ÖGB-Präsidenten Franz Olah im Gefängnis besuchte, um mit ihm (erfolglos) über die Möglichkeiten eines Kaufs der „Kronen Zeitung" zu reden. Ab den Siebzigern pflegte der politisch flexible Anwalt eine enge Beziehung zu dem oberösterreichischen ÖVP-Abgeordneten und Industriellen Leopold Helbich, der damals als Aktionär Anteile am „Kurier" hielt.

Es war derselbe Helbich, der damals den „profil"- und späteren „Krone"-Redakteur Georg Nowotny mit 100.000 Schilling bestechen wollte. Mitte der Achtzigerjahre schließlich hatte Weninger unter anderem den Brüdern Wolfgang und Helmuth Fellner geholfen, ihre Erstlingswerke, die 1968 gegründete Teenagerpostille „Rennbahn-Express" und das 1983 erstmals erschienene Boulevardmagazin „Basta", an die „Kurier"-Gruppe zu verkaufen. Ein weiterer Grund für seine Bekanntheit liegt in seiner Lieblingsbeschäftigung begründet, die er damals, ungeachtet des jeweiligen Gesprächsthemas, in nahezu jede Konversation mit einem männlichen Geschäftspartner einzubringen pflegt. Von dieser kündet im Jahr 1995 nicht zuletzt das Kennzeichens seines Autos: CLIT69. Oscar Bronner, dem Weningers Ruf bekannt ist, ist heilfroh, dass ihm seine Anwälte die Feinarbeit des Kreditvertrags abnehmen. Alles scheint unter Dach und Fach, als am Tag der Unterzeichnung bei Oscar Bronner das Telefon klingelt. Weninger bittet vor dem Termin beim Notar um ein gemeinsames Mittagessen im Restaurant des Hotels Sacher. Bronner wundert sich, sagt aber zu – nicht ohne sofort seinen zweiten Anwalt Alexander Marquardt zu bitten, zu dem Termin mitzukommen. Marquardt ist ein alter Freund Bronners aus New Yorker Zeiten, der mittlerweile zu einem international renommierten Top-Anwalt geworden ist und den er regelmäßig konsultiert. Nach seinem Jusstudium in Wien und New York hatte Marquardt das europäische Büro der US-Anwaltskanzlei Rogers&Wells aufgebaut. Der Hauptgang ist noch nicht serviert, als Weninger die Katze aus dem Sack lässt.

Der Bank-Austria-Vorstand habe beschlossen, dass Bronner sein Honorar übernehmen solle, das sich auf zwölf Millionen Schilling belaufe. „Weil die Verhandlungen aber so amikal verlaufen seien, würde er sich auch mit der Hälfte zufriedengeben, wie er sagte", erzählt Oscar Bronner. Nach einem kurzen Gedankenaustausch zwischen Bronner und Marquardt teilen ihm die beiden mit, dass die Honorarzahlung nicht in Frage komme. Weninger antwortet nicht, sondern ruft nach dem Ober und weist diesen an, ein Telefon zu bringen. Der Anwalt wählt eine Nummer, sagt seinen Namen und dann: „Ja, also, der Herr Bronner will den Kredit sowieso nicht mehr..." Bronner unterbricht ihn: „Moment. So habe ich das nicht gesagt..." Nach einem weiteren kurzen Gespräch sagt Oscar Bronner Ewald Weninger die Zahlung des Honorars zu. Im Anschluss informiert er sofort Christa Fries über das Treffen. Zwei Stunden später trifft man sich in Weningers Kanzlei wieder, wo ein Notar im Beisein von zwei Mitarbeitern der BA-Kreditabteilung den Vertrag verliest – und in dem ein Passus festhält, dass sich jede Partei ihren Anwalt selber zahlt. Weninger wirft ein, dass sich der Passus mittlerweile geändert habe. Fries merkt daraufhin an, dass man in diesem Fall den Betrag in den Vertrag hineinschreiben müsse. Weninger argumentiert, dass er mit Bronner vereinbart habe, dass das nicht sein müsse. Darauf kontert Fries, dass sie in diesem Fall nicht unterschreiben könne. Es folgt eine lange, peinliche Schweigeminute. Dann sagt Ewald Weninger: „Na gut. Verzichten wir auf diesen Punkt und machen weiter."

Tags darauf bekommt Oscar Bronner, der sich gerade auf dem Weg in die Springer-Zentrale zur Finalisierung des Anteilskaufs befindet, einen Anruf von Christian Ortner, damals Chefredakteur der „Wirtschaftswoche Österreich". Bronner ist nicht erreichbar und erfährt dadurch erst nach seiner Rückkehr, dass Ortner bereits zu einem Zeitpunkt über den Kredit bestens informiert zu sein scheint, als die Tinte unter dem Vertrag noch nicht trocken ist. In der darauffolgenden Ausgabe der „Wirtschaftswoche" wird ein anonymer Banker zitiert, der angesichts der Anlaufkosten von einem „sehr guten Geschäft Bronners" spricht. Der Grund: Medienunternehmen sind teurer als Schraubenfabriken oder Textilfirmen. Diese Bewertungsdifferenz wird von Verlegern „Medienwert" genannt und drückt aus, welches Potenzial in einem Zeitungstitel steckt; vorausgesetzt, es gibt in absehbarer Zeit Gewinne. Schon am 8. Mai, zwei Tage bevor Bronner den Kaufvertrag mit Springer unterschreibt, schreibt der „Kurier": „Bei einer Tageszeitung wie dem ‚Standard' sind 6.000 bis 7.000 Schilling pro verkauftem Exemplar durchaus angemessen – man kommt dann auf einen Substanzwert von 400 Millionen Schilling." Noch während Oscar Bronner in Berlin weilte, hatte Ewald Weninger bei Christa Fries in Baden angerufen und verlangt, die zwischen ihm und Bronner am Vortag getroffene Honorarvereinbarung sofort nachzuholen.

Man einigt sich mündlich darauf, dass Bronner drei Millionen sofort bezahlt und den Rest, wenn der Kredit getilgt ist. Über die zweite Rate wird später prozessiert, nachdem Bronner Weninger wegen Nötigung geklagt hat. Entgegen der Information des Anwalts hat der Vorstand der Bank Austria nie beschlossen, dass Bronner dessen Honorar bezahlen muss. Oscar Bronner wird den Prozess gewinnen. Trotz aller Widrigkeiten hat er sein erstes Ziel seit dem Ausstieg von Springer erreicht. Die 200 Millionen Schilling Kredit der Bank Austria sichern dem „Standard" für die kommenden zwei Jahre das Überleben. Nunmehr auf sich allein gestellt, will Bronner die Zeit nutzen, um die Zeitung in die Gewinnzone zu schubsen. Privat bemüht er sich redlich, den beruflichen Druck außen vor zu lassen. „Dazu hat zum Beispiel auch gehört, dass er während all der Jahre jeden Tag pünktlich um halb acht zum Essen zu Hause war. Oder dass er sich, wenn ich wieder einmal überfordert war – und das war ich, als die Kinder noch ganz klein waren, nicht selten –, nach dem Motto ‚Der Vater muss den Kindern die Mutter verdaubar machen' um sie gekümmert hat, ohne Murren. Das heißt nicht, dass wir nicht darüber gesprochen hätten, was in der Zeitung vor sich geht. Er konnte sich, egal in welcher Phase, immer wahnsinnig darüber aufregen, wenn Meinung und Kommentar vermischt wurden. Oder, viel später, darüber, wie diverse Intellektuelle nach dem 11. September 2001 auf den islamistischen Terror mit Verständnis reagiert haben", erzählt Andrea Bronner.

Sein Ziel, möglichst schnell einen neuen Partner zu finden, verfolgt Oscar Bronner indes weiter. An Interessenten mangelt es nicht. Nahezu täglich trudeln am Michaelerplatz Faxe ein, in denen mehr oder minder dubiose Makler anbieten, dem klammen Herausgeber unter die Arme zu greifen. „Die haben dabei noch zu den Besseren gehört. Wie mir später zugetragen wurde, haben damals Dutzende mir unbekannte Leute anderen mir ebenfalls Unbekannten den ‚Standard' zum Kauf angeboten", erzählt Bronner. Er selbst versucht zunächst mit großen internationalen Investmentfirmen ins Geschäft zu kommen, Morgan Stanley, der deutschen Morgan Grenfell und Merrill Lynch. Im Zuge dieser Gespräche kommt es im Juli 1995 zu einem denkwürdigen Mittagessen mit einem britischen Finanzconsulter von Morgan Stanley, der Bronner offenbart, wie unheimlich ihm und seiner auf materielle Werte fixierten Branche das Zeitungsgeschäft sei: „Every time I enter the world of the media, I have to get used to the fact that every evening the assets walk out of the building." („Jedes Mal, wenn ich es mit Medien zu tun bekomme, muss ich mich daran gewöhnen, dass die Vermögenswerte jeden Abend das Gebäude verlassen.") Weil die Investmentfirmen nicht zuletzt aufgrund dieser Argumentation vor einem Engagement zurückscheuen, beschließt Oscar Bronner, es fortan wieder mit klassischen Zeitungsverlagen zu probieren. Noch im Sommer 1995 tut sich ein potenzieller Partner auf, der in Österreich nahezu unbekannt ist. Orkla ist ein norwegischer Mischkonzern, der Anteile an der Konservenfabrik Felix Austria hält und zu dessen Einflussbereich über die Tochter Orkla Media zu jener Zeit auch zahlreiche Medien in den nordischen Ländern sowie in Teilen Osteuropas zählen. „Orkla wäre ein logischer Partner gewesen. Aber dann ist etwas passiert, was die dortigen Manager offenbar überfordert hat."

Die Verhandlungen über einen Einstieg der Norweger sind im Laufen, als bekannt wird, dass der Verlag Radda & Dressler, die Linzer Imperial-Finanzgruppe und der schwedische Medienkonzern Bonnier mit der Gründung einer neuen Tageszeitung in Österreich Ernst machen. Der Fokus des neuen Blattes soll den „Standard" in einer seiner Kernkompetenzen treffen: der Wirtschaftsberichterstattung. Am 6. Oktober 1995 erscheint die erste Ausgabe des „Wirtschaftsblatts". Die Norweger hatten sich zu diesem Zeitpunkt längst aus den Verhandlungen mit Bronner in der Überzeugung zurückgezogen, dass das neue Produkt den „Standard" Marktanteile kosten wird.

Als Oscar Bronner wenig später im Rahmen einer Feier des deutschen Nachrichtensenders ntv im Berliner Hotel Adlon den österreichischen Verlagsmanager Michael Grabner trifft, damals Geschäftsführer des Verlags Georg von Holtzbrinck (unter anderen „Die Zeit", „Wirtschaftswoche", „Tagesspiegel"), fragt er ihn, wie oft man ihm den „Standard" seit dem Bekanntwerden der Scheidung von Springer schon angeboten habe. Grabner antwortet: „Na ja, lassen Sie mich kurz überlegen. So neun- oder zehnmal sicher." An diesem Abend fasst Oscar Bronner einen weitreichenden Entschluss. „Nach dieser Unterhaltung habe ich gewusst: Bevor ich jetzt weiter Zeit mit der Suche nach einem neuen Partner verbringe, schaue ich erst einmal drauf, den Laden alleine hinzukriegen. Alles andere hat keinen Sinn mehr."

Seine erste Sorge gilt der Suche nach einem geeigneten Geschäftsführer. Für den Posten hat die Bank Austria das Vorschlagsrecht. Sie will den bei Hans Dichand in Ungnade gefallen Ex-„Krone"-Geschäftsführer Peter Merkl installieren, der mittlerweile als BA-Konsulent arbeitet. Bronner ist das nur recht. Er schätzt Merkl für die Fairness, die er ihm während der gescheiterten Verhandlungen über die „Südost-Tagespost" angedeihen ließ. Weil Merkl aber aufgrund arbeitsrechtlicher Probleme abwinken muss und sich die Bank mit der Suche nach Ersatz Zeit lässt, ergreift Oscar Bronner im Herbst 1995 selbst die Initiative.

Der gelernte Industriekaufmann Hans Peter Schmidtbauer arbeitet zu jener Zeit als Geschäftsführer der „Niederösterreichischen Nachrichten". Als die beiden im Rahmen einer Abendveranstaltung der alljährlichen „Österreichischen Medientage" ins Gespräch kommen, offenbart ihm der 49-Jährige, dass er schon einmal, gut drei Jahre zuvor, von einem Headhunter angesprochen worden sei, ob er nicht Interesse an dem „Standard"-Geschäftsführerjob habe. Oscar Bronner ruft am nächsten Tag Helmut Zambo an. Der bestätigt ihm, dass er damals neben Pirker auch mit Schmidtbauer gesprochen habe. Bronner verliert keine Zeit.

Nachdem er aufgelegt hat, ruft er in der BA-Zentrale an und schlägt Gerhard Randa Hans Peter Schmidtbauer als neuen „Standard"-Geschäftsführer vor. Randa hat keine Einwände. Am 1. Jänner 1996 nimmt Schmidtbauer die Arbeit auf.

Er findet, wie er Jahre später bekennen wird, eine „ernste Ausgangslage" vor: „Aus Sicht meiner Familie war es eine schwere Entscheidung. Die Branche sah den ‚Standard' vor dem Ende. Das Szenario las sich nur für begeisterte Verleger erträglich. Hohe Verluste. Hohe Bankkredite. Hohe Kosten. Zu geringe Umsätze. Kein Partner." Aber: „Eine herrliche Zeitung. Eine starke Marke."

Die Einschnitte fallen für das Erscheinungsbild wie für die Redaktion des „Standard" schmerzhaft aus. Bronner und Schmidtbauer verfolgen in Sachen Kosteneinsparungen eine Salamitaktik. Zuerst werden die Seitenumfänge reduziert, dann die Gehälter. Erstmals werden fix angestellte „Standard"-Journalisten, die neben Privilegien wie einem 15. Monatsgehalt Anspruch auf Quinquennien haben – im Kollektivvertrag für Journalisten festgelegte Gehaltssprünge alle fünf Jahre, die, je nach Dauer des Anstellungsverhältnisses, bis zu zehn Prozent des Gehalts betragen –, mehr oder weniger sanft gebeten, auf diese zu verzichten. Andere werden schlicht gekündigt. Oscar Bronner: „Ich mag es ganz und gar nicht, jemandem ins Gesicht sagen zu müssen, dass wir auf ihn oder sie verzichten müssen. Aber es ist Teil meines Jobs. Es ist wie bei einem Arzt, der Teile des Körpers wegschneiden muss, um das große Ganze zu retten." So schwierig die Rahmenbedingungen sein mögen, weht seit dem Antreten Schmidtbauers eine neue Art von

Kampfgeist durch die Büros am Michaelerplatz. Jetzt tritt offen zutage, dass es Oscar Bronner und vor allem Gerfried Sperl geschafft haben, die Zeitung in ihren ersten acht Jahren für das Gros ihrer Mitarbeiter zu mehr zu machen als einem Arbeitgeber, bei dem man sich halt sein Geld verdient: zu einer kleinen, aber flotten Familie, die sich mit ihrer Zeitung in einem Ausmaß identifiziert, das Kollegen von anderen Medien unheimlich erscheint. Manche verzichten freiwillig auf Teile ihres Gehalts, andere üben sich, bisweilen lautstark, in Solidarität mit Kollegen, die entlassen werden sollen. Auf der fürs Geschäft entscheidenden Seite, den Anzeigen, sorgt indes die Rückholung eines alten Bekannten für einen nachhaltigen Aufschwung.

Seit Oscar Bronner 1974 den „trend" und das „profil" verkauft hat, hat Peter Allmayer-Beck Karriere gemacht. Zeitweise ist er dem trend-profil-Verlag sogar als Geschäftsführer vorgestanden. Im Sommer 1996 hat sich für den nunmehrigen Lokalbesitzer (Allmayer-Beck ist in den Achtzigerjahren zum Gesellschafter des legendären Innenstadtlokals Gutruf geworden) aber eine Zäsur ergeben. Fast gleichzeitig mit dem Abgang des damaligen „profil"-Herausgebers Hubertus Czernin hat auch er den blauen Brief erhalten. Czernin war mit dem Argument, er habe gegen die Grenzen des guten Geschmacks verstoßen – das „profil" hatte Kanzler Franz Vranitzky in Anspielung auf dessen mangelnde Erfolge bei den Verhandlungen über die Neuauflage der Großen Koalition als buchstäblichen „Kaiser ohne Kleider" aufs Cover gehoben –, entlassen worden. „Der Czernin und ich sind kurz darauf gemeinsam in einem Restaurant im ersten Bezirk gesessen, und er hat zu mir gesagt: Weißt du, was das Beste an unserer Entlassung ist?" Allmayer-Beck antwortet: „Nein. Was?" Czernin: „Dass wir jetzt nicht mehr jedes Jahr mit dem Konrad Sauschädel essen gehen müssen."

Christian Konrad ist damals Generalanwalt des Österreichischen Raiffeisenverbandes und Aufsichtsratspräsident der Raiffeisenzentralbank (RZB). Gemeinsam mit der WAZ und Hans Dichand kontrolliert er den Mediaprint-Komplex. Nicht nur der Fall Czernin hat 1996 für ein Aufflackern von Widerstand aus der Zivilgesellschaft gegen die Akkumulierung medialer Macht gesorgt, die Konrad repräsentiert. Zu viel war in letzter Zeit Medien widerfahren, die nicht unter der Mediaprint-Kuratel standen.

Zuerst die Aufnahme des „Wirtschaftsblatts" in die Hauszustellung der Mediaprint, ein Schritt, der dem „Standard" stets verweigert worden war. Oscar Bronner hatte deshalb eine Kartellklage gegen die Mediaprint-Gruppe wegen „Missbrauchs einer marktbeherrschenden Stellung" eingebracht. Als Begründung hatte Bronner in einem Herausgeberbrief geschrieben: „In Kürze wird eine neue Zeitung gegründet, die sich als Konkurrenz für den ‚Standard' positioniert. Dieser Zeitung stellt die Mediaprint ihren kompletten Apparat kostengünstig zur Verfügung, von der Druckerei bis zur – dem ‚Standard' stets verwehrten – Hauszustellung. Offensichtlich, um dem ‚Standard' einen Wettbewerbsnachteil zuzufügen. Ein klassischer Fall von Preisdumping." Das Nächste, was für Aufregung sorgte, war der Fall des „Falter". Die Wiener Stadtzeitung sah sich von der Mediaprint seit Mitte der Neunziger mit einer Welle existenzbedrohender

Klagen konfrontiert, die aus heutiger Sicht einzig und allein dazu dienen sollten, den letzten Rest von Widerstand gegen den mächtigen Firmenverbund zu brechen. Eine Absicht, die Mediaprint-Geschäftsführer Bernd Nacke damals gegenüber der „Zeit" nicht einmal verhehlte: „Wer sich unter Beifall der kompletten linken Szene zum Sittenwächter des Landes ernennt, muss damit rechnen, dass der Angegriffene genauer hinschaut: ‚Falter', wer ist das eigentlich?" Und zu guter Letzt der Fall Czernin, der das Fass, kaum nachhaltig, aber doch, zum Überlaufen gebracht hatte. Unter dem Slogan „S.O.S. Medienfreiheit" schickte sich im Sommer 1996 ein loser Zusammenschluss aus Gewerkschaftern, nicht von der Mediaprint abhängigen Herausgebern und Journalisten an, ein Volksbegehren ins Leben zu rufen, das die Demokratiedefizite am Medienmarkt einer breiten Öffentlichkeit nahebringen sollte.

Ein Vorhaben, das typisch österreichisch endete. Nach der ersten großen Euphorie verlief das Projekt im Sand. „Ich bin heute noch sauer darüber, dass daraus nichts geworden ist. Ich wäre zu allem bereit gewesen. Aber plötzlich war von all den Proponenten, die sich nach der Czernin-Entlassung so hervorgetan hatten, nichts mehr zu hören", sagt Oscar Bronner. Für den „Standard" zeitigt weniger die Entlassung Czernins als die von Allmayer-Beck Folgen. Nachdem der profilierte Anzeigenverkäufer nunmehr arbeitslos ist, heuert er bei seinem alten Arbeitgeber Oscar Bronner an. Illusionen macht er sich keine: „Die Stimmung war am Boden. Als ich kam, habe ich eine total zerstrittene Anzeigenabteilung vorgefunden. Ich habe gewusst, das wird nicht leicht. Anders gesagt: Ich war in meinem Element." Als neuer Anzeigen-chef des „Standard" macht Allmayer-Beck fortan sich selbst wie seinen Mitarbeitern derart Feuer unterm Hintern, dass die Anzeigenumsätze in den ersten paar Quartalen nach sei-nem Antritt um bis zu mehr als ein Drittel im Vergleich zum Vorjahr steigen.

Jetzt, wo klar ist, dass es um nicht weniger als die Exis-tenz der Zeitung geht, macht auch die restliche Belegschaft des „Standard" Kräfte frei, die man ihr nicht zugetraut hät-te. Gleichzeitig entstehen aber auch Gerüchte, dass Oscar Bronner auf die „Standard"-Berichterstattung über die Bank Austria Einfluss nehmen würde, was er stets bestreitet. Der damalige Wirtschaftsressortleiter Michael Hann kann diese Vorwürfe bis heute nicht nachvollziehen: „Bronner hat ein einziges Mal interveniert, und das war nachvollziehbar. Ir-gendwann einmal hatten wir eine BA-kritische Geschichte im Blatt, und zufällig stand ein großes Inserat der Bank da-neben. Er hat gebeten, das Inserat auf eine andere Seite zu geben. Das war's dann auch schon mit der Einflussnahme."

Was zudem entscheidend zur Motivation der Mann-schaft beiträgt, ist ein Rechtsbruch, der so konsequenzlos wohl nur in Österreich passieren kann. Zunächst erscheint Ende Oktober 1996 – rund ein halbes Jahr bevor der Kredit der Bank Austria fällig wird – im Branchenmagazin „Hori-zont" eine Geschichte mit dem Titel „Gewitterwolken für Standard?" Über den Inhalt sagt Oscar Bronner damals: „Da stehen zum Teil Dinge drin, die nur der Bank und mir be-kannt sind." Die „Horizont"-Story bildet nur die Overtüre zu einem Feldzug gegen den „Standard", den die Konkurrenz, wenn sie ihn nicht selbst führt, mittels ausführlicher Berichterstattung dankbar aufgreift. Eine Woche später veröffentlicht die Info-Illustrierte „News" unter dem Titel „Gut gepokert – der 250-Millionen-Kampf um den ‚Standard'" komplette Auszüge des Kreditvertrags. Alfred Worm, der Autor der Geschichte, rühmt sich darüber hinaus, das Dokument „in voller Länge in Besitz zu haben".

Davon abgesehen, dass schwer zu argumentieren ist, warum die Öffentlichkeit Interesse am Geschäftsgebaren des „Standard" haben sollte, nichts weniger als ein Bruch des Bankgeheimnisses, wenn Worms Informant ein Mitarbeiter der Bank ist. Dass die Bank Austria Bronner versichert, eine interne Untersuchung einzuleiten, nützt ihm wenig. Der APA sagt Gerhard Randa, er lasse die Frage, wie der Kreditvertrag in die Hände von „News" gekommen sei, „prüfen"; er sei jedoch davon überzeugt, „dass der Vertrag nicht von einem Bank-Austria-Mitarbeiter weitergegeben worden ist". Der „Presse" sagt Randa: „Das ist einer der Momente, wo man besonders betroffen ist und den man gerne ungeschehen machen würde, wenn man wüsste, wie es passiert ist. Das ist absolut unangenehm. Wenn ich einen erwischen sollte, dann würde ich alles ausnutzen an rechtlichen Möglichkeiten." Oscar Bronner schreibt dem Chef seiner Hausbank einen Brief, in dem er nicht nur seinen Frust ablässt, sondern auch einen unzweideutigen Hinweis darauf gibt, wen er als Informanten von „Horizont" und „News" verdächtigt. „Sehr geehrter Herr Generaldirektor, ich bedaure außerordentlich, dass ich Sie zum wiederholten Male mit dem Thema Bankgeheimnis befassen muss. In der neuesten Ausgabe der Medienfachzeitschrift ,Horizont' ist der beiliegende Artikel erschienen, voll von Informationen, die nur der Bank Austria oder einem ihrer Berater bekannt waren. Ich muss darauf aufmerksam machen, dass dieser Artikel, der von Konkurrenzmedien wie ,Kurier' und ,Presse' sofort zitiert wurde, so wie die bisherigen auf Bankgeheimnissen beruht, in einer sehr sensiblen Phase des ,Standard' für diesen äußerst geschäftsschädigend ist und daher auch das Kreditrisiko der Bank erhöht.

Die Seltsamkeiten begannen mit der Veröffentlichung des Kreditvertrages in ,News'. Die Vertragsdetails, mit deren Hilfe das Kreditarrangement begleitet wird, lesen sich für einen Außenstehenden bei einem sensiblen Produkt wie einer Tageszeitung so, als wäre diese nun an die politische Kandare genommen worden. Dies wirkt sich auf das Geschäft des ,Standard' negativ aus, da die Unabhängigkeit der Zeitung wesentlicher Bestandteil der Geschäftsgrundlage darstellt und gerade diese Unabhängigkeit angesichts der vorhin erwähnten Veröffentlichung von Vertragsdetails angezweifelt wurde (…) In diesem Zusammenhang ist es vielleicht eine Überlegung wert, wieso den Medien eigentlich bekannt ist, dass Hr. Dr. Ewald Weninger – ein Duzfreund des Autors des ,News'-Artikels – fur die Bank Austria in Sachen ,Standard' als Rechtsberater tätig war. Im Kreditvertrag kommt sein Name nicht vor. (…) Sehr geehrter Herr Generaldirektor, es entsteht der Eindruck, dass jemand den ,Standard' mit so einer ,Informationspolitik' sturmreif schießen will, damit die Bank Austria dann als Retter in der Not aufscheinen kann."

Randas Antwort: Oscar Bronners Vermutungen würden ihn „bestürzen, wenngleich ich sie über weite Strecken nicht nachvollziehen kann." Er schlägt einen Gesprächstermin vor, in dessen Rahmen „man alles erörtern könne".

Ein Jahrzehnt später werden Alfred Worm und der Medienjournalist Freddy Kräftner – damals beim „News"-Schwesterblatt „Tv Media" ebenfalls mit der Berichterstattung zur Causa befasst – zugeben, dass der aggressive Ton der Publikationen der News-Gruppe in Sachen „Standard" von höchster Stelle befohlen worden war; von Wolfgang Fellner selbst, der die beiden mehrfach aufforderte, „dem Bronner ordentlich Dampf zu machen. Der schnauft eh schon aus dem letzten Loch, den machen wir jetzt endgültig fertig." Bronner nimmt das Gebärden Fellners, heute Herausgeber der Gratiszeitung „Österreich", damals wie heute sportlich: „Für die Fellner-Brüder hat schon immer gegolten: Wahr ist das, was ihnen nützt. Sie sind sehr talentierte Kaufleute in Sachen bedrucktes Papier. Wir haben zwei vollkommen verschiedene Berufe. Ich muss viel Geld verdienen, um ordentliche Zeitungen zu machen. Sie gründen viele Zeitungen, um ordentlich Geld zu verdienen. Sie erinnern mich in diesem Zusammenhang ein bisschen an Imre Békessy."

Der gebürtige Ungar Imre Emmerich Békessy war der Herausgeber der 1923 von ihm gegründeten Boulevardzeitung „Die Stunde", in ihrer Machart eine Art Urahn von „News", „Österreich" und Co.: viele Bilder, wenig Text, viele Inserate, eine Menge Klatsch und ein wenig Politik. Békessys Zeitgenosse Karl Kraus, der Herausgeber der „Fackel", hatte

Békessy ob dessen zweifelhafter Methoden unter anderem Skrupellosigkeit und Erpressung vorgeworfen („Hinaus aus Wien mit dem Schuft!"). 1926, als sich die Erpressungsvorwürfe konkretisierten und der Staatsanwalt Anklage erhob, verließ Békessy, der einschlägige Vorwürfe stets mit dem Verweis auf die „journalistische Freiheit im kapitalistischen Zeitungsbetrieb" konterte, Wien in Richtung Paris. Später emigrierte er in die USA, kehrte aber nach dem Ende des Zweiten Weltkriegs in seine Heimatstadt Budapest zurück, wo er 1951 Selbstmord verübte.

Während sich Bronner angesichts der Angriffe des Boulevards öffentlich cool gibt, weiß seine Frau, wie sehr es in ihm arbeitet: „Jedes Mal, wenn so etwas passiert ist, hat ihn das persönlich wahnsinnig gekränkt. Er ist einfach fassungslos über so viel Schlechtigkeit und Bosheit. Unwahrheiten, wie sie von Leuten wie dem Fellner verbreitet werden, verletzen und machen wehrlos, aber trotzdem hat er in diesen Situationen immer die Contenance bewahrt. Er kiefelt dann für sich, wird noch introvertierter als sonst. Aber er sekkiert die Menschen nicht damit, wie es ihm geht. Seine Mutter hatte mir von Anfang an gesagt: ‚Er macht die Sachen immer mit sich selber aus.' Aber in solchen Situationen macht sich auch seine Unbestechlichkeit bezahlt. Ein Aspekt, um den ihn diese ganzen furchtbaren Figuren beneiden und den ich an ihm unendlich liebe. Er ist moralisch absolut unbestechlich. Das geht so weit, dass er sozusagen sich nicht einmal von sich selbst bestechen lässt." In der „News"-Geschichte, die die Details aus dem Kreditvertrag enthält, wird auch Ewald Weninger zitiert. Mit den Worten, dass er sich „aufs Anwaltsgeheimnis beruft. Das ist mir gerade in dieser Causa sehr angenehm, weil so viel kreuz und quer geredet wird." Dass er selbst Interesse am „Standard" habe, dementiert Weninger: „Blödsinn." Tatsächlich hat er Bronners Anwalt Alexander Marquardt vorgeschlagen, die Anteile des Gründers „für die Bank Austria, wie er sagte", um 50 Millionen Schilling zu erwerben. Marquardt lehnte „erschüttert" ab: „Der ‚Standard' war schon damals viel mehr wert. Es gab Gutachten, die einen Unternehmenswert von ein paar hundert Millionen bestätigt haben." Die Herausgeberschaft sollte Bronner nach Weningers Wünschen formal behalten: „Ich hätte das Geld bekommen, wäre aus allen Verpflichtungen draußen gewesen und hätte dann so eine Art Frühstücksdirektorenposten bekommen."

Schon kurz vor der zeitgleich mit der ersten EU-Parlamentswahl abgehaltenen Wiener Gemeinderatswahl am 13. Oktober 1996 hat Weninger mit der Billigung Randas Bronner zu einer Entscheidung gedrängt. Am Freitag vor dem Wahlsonntag soll Bronner von sich aus ein entsprechendes Anbot formulieren, dem die Bank am darauf folgenden Montag zustimmen würde. Bronner lässt das Ultimatum verstreichen, wissend, dass er im Falle eines Ansuchens um eine Verlängerung des Kredits auf den Goodwill der Bank angewiesen wäre. Keine Woche später erscheint im „Horizont" die nächste Geschichte mit Details aus dem Kreditvertrag, die einmal mehr die sich bessernde, aber nach wie vor missliche finanzielle Lage des „Standard" thematisiert. Kurz danach meldet sich wieder Ewald Weninger bei Oscar Bronner: „Er hat so getan, als ob nichts passiert wäre, und mich um einen Gefallen gebeten." Der Anwalt bittet um Erlaubnis, Bronners Kreditvertrag Christian Konrad zeigen zu dürfen. Bronner fragt, warum. Als ihm Weninger darauf keine klare Antwort geben kann, verweigert Bronner seine Zustimmung. Es ist das letzte Mal im Jahr 1996, dass Oscar Bronner von Ewald Weninger hört. Es ist eine Ruhe nach dem Sturm, die den Keim eines heraufziehenden Orkans in sich trägt. Es ist jene Zeit, in der Oscar Bronner in einer schlaflosen Nacht beim Zappen durch die TV-Kanäle auf einen Boxkampf mit ungleichen Gegnern stößt, bei dem einer schon halb bewusstlos in den Seilen hängt und trotzdem nicht umfällt, während der andere weiter besinnungslos auf ihn eindrischt.

XVII

Andrea Bronner: „Es war eine schreckliche Zeit, er war verzweifelt. Okay, er war in diesen Monaten – rund ein halbes Jahr lang – richtig depressiv. Ich habe mich damals bemüht, ihn ganz genau zu beobachten. Ich wollte wach genug sein, um gegebenenfalls jederzeit einschreiten zu können. Es war die Zeit, in der sich der Gerhard Praschak umgebracht hat, und, ja, ich hatte Angst, dass etwas passieren könnte."

Der ehemalige Sekretär von Franz Vranitzky, zuletzt Direktor der Kontrollbank, hatte vor seinem Freitod im April 1997 einen offenen Brief an verschiedene Medien gesandt, in dem er politische Einflussnahmen bei Postenbestellungen im Bankenwesen und angebliche Steuerhinterziehungen anprangerte. Als Konsequenz war der sogenannte „Lombardclub" aufgeflogen, ein Zinskartell heimischer Banken. (Von den Fünfzigerjahren bis kurz vor der Jahrhundertwende hatten nach Einschätzung der EU-Kommission, die 2002 ein entsprechendes Urteil fällte, Absprachen – vor allem über Konditionen und Gebühren – „in Österreich eine lange Tradition und beruhten bis in die Achtzigerjahre zum Teil auf gesetzlicher Grundlage, die freilich spätestens mit dem EWR-Beitritt entfielen. Die betroffenen Banken – beteiligt waren beinahe alle Kreditinstitute aus allen wichtigen Sektoren – koordinierten ihr Verhalten hinsichtlich aller wesentlicher Wettbewerbsparameter.") Gerhard Praschak hatte bis zu seinem Selbstmord an schweren Depressionen gelitten. Andrea Bronner und ihre Familie dienen ihrem

Mann in diesen Monaten nicht nur als geistige Stütze. Als das Geld auszugehen droht, hilft ihr Vater beim Schulgeld für die Kinder aus, sie selbst verkauft eine ihr gehörende Eigentumswohnung in Wien-Gersthof. Den Erlös, rund drei Millionen Schilling, überlässt sie ihm: „Das war für mich selbstverständlich. Wir hatten beide immer ein entspanntes Verhältnis zum Geld. Dass Einzige, was sein muss, ist, dass genug für eine gute Ausbildung der Kinder da ist. Alles andere ist wurscht."

Am 8. Februar 1997 berichtet das „Wirtschaftsblatt" unter der Überschrift „Der rot-schwarze Mediencoup" von einem Deal, der „Österreichs Medienbranche bis heute entgangen ist" und der „bereits im Herbst 1995 perfekt gemacht wurde: Bank-Austria-General Gerhard Randa und Raiffeisen-Generalanwalt Christian Konrad sollen per Handschlag vereinbart haben, dass die Raiffeisen Zentralbank (RZB) von der Bank Austria 50 Prozent der beim ‚Standard' aushaftenden Kredite übernimmt. (…) Die Kredite zuzüglich Zinsen und Gebühren in Höhe von 50 Millionen sind in wenigen Wochen, am 30. April 1997, fällig. Wenn Bronner bis dahin das Geld nicht aufbringen kann, könnte die Bank Austria – im Gegensatz zu der vom ‚Standard'-Chef kolportierten Version – nicht nur den halben, sondern den ganzen Verlag übernehmen. Der Knalleffekt, für den Randa und Konrad damit sorgen, könnte für die Zukunft des Blattes folgendes bedeuten: Gemäß ihrem Geheimabkommen würden sich der rote Bank-General und der Raiffeisen-Macher, der im Namen der RZB als deren Aufsichtsratspräsident aktiv geworden war, den Einfluss auf das linksliberale Blatt teilen.

Die Vereinbarung, die von Randa dementiert und von Konrad nicht kommentiert wird, ist laut einem Insider aus der Raiffeisen-Szene lediglich ‚in einem unbestimmten, nicht einmal offiziell unterfertigten Schriftstück festgehalten, um den Kreis der Mitwisser so klein wie möglich zu halten'. Dies sei auf ausdrücklichen Wunsch Konrads geschehen, der befürchtet habe, dass einige vereinbarte Punkte ‚sofort einen Aufstand beim ‚Kurier' heraufbeschwören würden'.

Der grüne Riese ist nämlich seit langem über die Printmedien Beteiligungs GesmbH mit 50,49 Prozent am ‚Kurier' beteiligt, der kaum Verständnis aufbrächte, wenn das Herz des Haupteigentümers gleichzeitig auch für ein Konkurrenzprodukt schlägt. (…) Im schriftlich fixierten Text über den großen Handschlag der beiden Protagonisten ist ‚die gemeinsame konsortiale Ausübung aller gegenwärtigen und zukünftigen Rechte' der Bank Austria am ‚Standard' geregelt. (…) Für den Fall, dass die Bank Austria – aus welchen Gründen immer – auf ihre Rechte am ‚Standard' verzichten wolle, müsse sie diese ‚treuhändisch für die RZB ausüben, damit die RZB nicht offiziell als Inhaber auftreten brauche'. (…) Der Schulterschluss zwischen Randa und der RZB würde es dem BA-General ersparen, im schlechtesten aller denkbaren Szenarien plötzlich als unbarmherziger Killer der Qualitätszeitung dazustehen." Den Artikel ziert neben großen Fotos von Gerhard Randa und Christian Konrad auch ein kleines von Oscar Bronner. Bildunterschrift: „Ich weiß davon nichts." Am unteren rechten Rand der Seite kommentiert „Wirtschaftsblatt"-Mitbegründer Christian Radda die Causa: „Die Verträge zwischen Bank Austria und

Raiffeisen zeigen, dass die beiden Banken für den Fall der Nichteinbringlichkeit des Kredits das Unternehmen ,Standard' bereits filetiert haben." In den kommenden Wochen werden in „News", „Presse" und Co. neben den zwei Banken als potenzielle künftige Besitzer des „Standard" genannt: die Londoner „Financial Times"; Ex-US-Botschafter und Kunstsammler Ronald S. Lauder; JP Morgan; Jörg Haider mit Peter Sichrovsky; der World Jewish Congress und dessen Vorsitzender Edgar Bronfman; Gruner+Jahr; die Bawag unter ihrem Generaldirektor Helmut Elsner.

Auch Christian Radda reiht sich in die Reihe potenzieller „Standard"-Käufer ein. Acht Tage vor dem Auslaufen des Kredits am 30. April gibt er „tv Media" ein Interview, in dem der damals 37-Jährige darlegt, „dass ich mein Interesse in Verbindung mit einer Investorengruppe angemeldet habe". Im Übrigen zweifelt Radda, der sich bei den Produkten, an denen sein Verlag die Mehrheit hat, ebenfalls weitgehend auf die Erfolgsformel Békessys verlässt, in „tv Media" die kaufmännische Kompetenz Bronners an: „Man wird als Verleger auch nicht reich, wenn man wegen eines falsch verstandenen Qualitätsbegriffs nicht mehr in der Lage ist, zwischen einer guten Story und einer guten, aber viel zu teuren Story zu unterscheiden." Für Oscar Bronner, der bereits im Jänner um eine Verlängerung des Kredits ersucht hatte, ist das einer der letzten Tropfen, die das Fass zum Überlaufen bringen. Kurz nachdem er wieder einmal Gerhard Randa angeschrieben hatte, ist etwas passiert, das er in einem weiteren Brief an den BA-General so beschreibt: „Es kontaktierte mich ein Mann namens Michael Fink, der mir als Ratgeber des Herrn Dr. Weninger in Medienangelegenheiten bekannt war. Herr Fink legitimierte sich nunmehr als Berater der Bank Austria und verblüffte mich mit Detailkenntnissen aller relevanten Kennziffern des ‚Standard'. Er empfahl neben der Kreditverlängerung auch eine Kreditaufstockung und versicherte mir, dass beides kein Problem darstelle, unter der Bedingung, dass ich ihn de facto als Vorgesetzten für redaktionelle Belange akzeptiere. Ich lehnte ab."

Oscar Bronner ist nicht der Einzige, den der Ex-Journalist Michael Fink, der ein paar Jahre zuvor vom „trend" gekündigt worden ist, in dieser Zeit von seinem Vorhaben unterrichtet, neuer „Standard"-Chef zu werden. Bei einem Mittagessen erzählt der auch Anzeigenchef Peter Allmayer-Beck von seinen Plänen: „Der Fink hat ganz klar gesagt, dass er der operative Geschäftsführer werden will." Angesichts der öffentlichen Spekulationen über die Zukunft seiner Zeitung und der „Spielchen der Herren Weninger und Fink" beschließt Oscar Bronner, in die Offensive zu gehen. Er gewährt „tv Media" ein Interview, in dem er zu allen Vorkommnissen seit der Kreditgewährung Stellung nimmt.

tv Media: Die Bank Austria will nur ihr Geld zurück. Dennoch versucht irgendwei, den Marktwert des „Standard" mit der Preisgabe vertraulicher Unternehmensdaten zu unterminieren. Das registrieren Sie?
Bronner: Ja.
tv Media: Haben Sie eine Vermutung, wo das herkommt?
Bronner: Ja.
tv Media: Was vermuten Sie?

Bronner: Das kann ich nicht kommentieren.

tv Media: Aus dem Umfeld der Bank?

Bronner: Das kann ich nicht kommentieren.

tv Media: Ein weiteres sehr bemerkenswertes Detail hat vor kurzem die Tageszeitung „Wirtschaftsblatt" enthüllt: eine Absprache der Bank Austria mit der Raiffeisen Zentralbank (RZB). Die Bank Austria hat angeblich die Hälfte des Kreditrisikos an die RZB abgetreten, die dafür angeblich die Hälfte der Rechte am „Standard" erhalten hat. Nun ist es legitim, wenn eine Bank ihr Kreditrisiko minimiert, allerdings ist Raiffeisen auch Haupteigentümer des „Kurier", also eines Ihrer Konkurrenten. Haben Sie damit ein Problem?

Bronner: Ich kann das nicht einschätzen. Ich habe das gelesen und das Dementi der Bank Austria zur Kenntnis genommen.

tv Media: Nicht dementiert hat Raiffeisen-General Dr. Konrad. Er weigere sich, sagt er, auch nur irgendetwas zu erklären. Das ist kein Dementi.

Bronner: Auch das habe ich mit Interesse registriert. Ich habe auch registriert, dass die Bank Austria nicht plant, das „Wirtschaftsblatt" zu verklagen.

tv Media: Was läuft da? Will sich die Raiffeisen noch eine Tageszeitung zulegen? Will man den Markt zugunsten des „Kurier" bereinigen?

Bronner: Ich weiß es nicht, und es hat keinen Sinn herumzuspekulieren. Ich weiß nicht, ob es stimmt, was im „Wirtschaftsblatt" stand. Aber sollte es tatsächlich so geplant sein, so habe ich nicht vor, es zuzulassen.

Bronners Taktik, PR-technisch in die Offensive zu gehen, geht auf. Durch seine Antworten – aber noch viel mehr durch das, was er nicht sagt – bringt er die Bank Austria und ihren „Consigliere" Weninger dazu, vorsichtiger zu sein. Hinter den Kulissen gibt Bronner zu verstehen, dass er, falls es zu Problemen kommen sollte, alle Geschichten öffentlich machen wird, die sich seit der Kreditvergabe hinter den Kulissen abgespielt haben. Bei SPÖ-Bundeskanzler Viktor Klima, der Franz Vranitzky im Jänner 1997 abgelöst hatte, und dem er zu jener Zeit „irgendwo zufällig begegnet", deponiert er „buchstäblich zwischen Tür und Angel", dass er sich im Fall von weiteren Problemen an die Öffentlichkeit wenden werde; und dass dann „manche Westen nicht mehr so weiß sein werden wie bisher". Was unter anderem dazu führt, dass sich Gerhard Randa nach Erscheinen des Interviews nicht mehr zur Causa „Standard" äußern will.

Elf Jahre später wollte Ewald Weninger keinerlei Fragen über seine damalige Rolle beantworten: „Sämtliche damit verbundenen Obliegenheiten unterliegen dem Anwaltsgeheimnis." Nur so viel: Er sei damals „der persönlichen Meinung gewesen, man soll dem Herrn Bronner beziehungsweise dem ‚Standard' im Interesse der Medienvielfalt und der Pressefreiheit unter die Arme greifen. Der Vorstand der Bank Austria hat sich im Rahmen seiner Möglichkeiten dieser Meinung angeschlossen." Michael Fink arbeitet heute als Pressesprecher des milliardenschweren Unternehmers Martin Schlaff. Der im Osthandel reich gewordene Träger des Goldenen Ehrenzeichens der Stadt Wien, dem wegen einer Bestechungsaffäre in Israel eine Verhaftung droht, wurde vom DDR-Geheimdienst unter dem Decknamen „Landgraf" als Inoffizieller Mitarbeiter geführt. Auch Fink will sich zu seinem damaligen Tun nicht äußern, „aus Rücksicht auf meinen damaligen Klienten Bank Austria". Fink legt aber Wert auf die Feststellung, dass es „völliger Unsinn ist, dass ich jemals der Chef von Herrn Bronner hätte werden wollen". Christian Konrad, Gerhard Randa und Viktor Klima haben auf entsprechende Anfragen nicht reagiert, beziehungsweise ausrichten lassen, die Causa nicht kommentieren zu wollen.

Seit er den Bank-Austria-Kredit aufgenommen hatte, sieht es aus, als ob Oscar Bronner keinen Schritt mehr machen kann, ohne darüber am nächsten Tag oder in der Woche darauf in der Zeitung zu lesen. So ist auch die Kunde von zwei Leuten schnell bekannt geworden, die ihn seit Sommer 1996 unregelmäßig aufgesucht haben und in Österreich seit Gründung der Mediaprint keine Unbekannten mehr sind: Günther Grotkamp und Erich Schumann, die Chefs der WAZ-Gruppe. Bronner erlebt eine Art Déjà-vu. Er kennt die beiden schon aus Springer-Zeiten. Als sich in Deutschland die ersten Risse in der Beziehung zwischen Bronner und Springer herumsprachen, unterbreiteten ihm Grotkamp und Schumann das Angebot, den „Standard" in den „Kurier" hineinzufusionieren, weil er ihrer Meinung nach „ja ohnehin keine Überlebenschance hätte". Bronner erinnert sich vor allem an den damaligen Verhandlungsstil der beiden: „Privat haben diese beiden mächtigen Männer der Legende zufolge nie ein Wort miteinander gewechselt. Aber wenn sie mit Dritten ins Gespräch kamen, hat man den Eindruck bekommen, dass es sich um eineiige Zwillinge handelt. Es war unglaublich. Wenn der eine einen Satz angefangen hat, hat ihn der andere zu Ende geführt. Sie waren perfekt aufeinander abgestimmt." Kurz nach dieser im Oktober 1993 geführten Unterhaltung – der „Kurier" feierte an diesem Tag eine Relaunch-Party im Schloss Schönbrunn –, meldete sich Grotkamp wieder einmal bei Bronner, um nachzufragen, ob er schon zu einer Entscheidung gekommen sie. Bronner verneinte und erhob den Einwand, dass diese Variante ohnehin kaum denkbar sei, weil sie kartellrechtlich nie und nimmer durchgehen würde. Grotkamps Antwort: „Ach, wenn's nur das ist. Da machen Sie sich mal keine Sorgen. Das ist kein Problem. Da rufen wir einfach den Herrn Vranitzky an."

Der Zweck der neuerlichen Besuche des WAZ-Duos liegt in einem kühnen Plan begründet, der diesmal ein wenig anders aussieht als drei Jahre zuvor. Nicht mehr der „Standard" soll jetzt in den „Kurier" hineinfusioniert werden, sondern umgekehrt, weil der „Standard" mittlerweile die „stärkere Marke" sei, wie sie Bronner gegenüber betonen. Ihm selbst soll der Deal damit schmackhaft gemacht werden, ihn zum Kleinaktionär der Mediaprint zu machen. Auch Hans Dichand hat sich inzwischen in die Gespräche eingeschaltet. Wenn es ums Geschäft geht, hat der „Krone"-Gründer nie falsche Scheu gekannt. In den Anfangsjahren des „Standard" hat er mehrfach versucht, diesem seinen größten Kritiker auszuspannen: Günther Traxler, der die Ergüsse des Boulevardblatts bis heute in seiner Kolumne „Blattsalat" regelmäßig mit spitzer Feder thematisiert.

Dichand will Bronner in der von Grotkamp und Schumann vorgeschlagenen Konstellation zum Leiter des „Kurier neu" machen. Im Zuge der Gespräche kommen die beiden Zeitungsmacher auch über das Produkt des jeweils anderen ins Philosophieren. Dichand stellt folgende These auf: „Eine Zeitung des Typs, wie Sie sie machen, die muss natürlich leicht links der Mitte stehen. Und eine Zeitung, wie ich sie mache, für die große Masse, muss natürlich leicht rechts der Mitte stehen." Am Ende lehnt Oscar Bronner auch den neuen Vorschlag der Mediaprint-Bosse ab. Das Kartellrecht wäre dem Plan vermutlich wirklich nicht im Weg gestanden. Laut „News" hatten Grotkamp und Schumann im Zuge einer ihrer Aussage nach „routinemäßigen Tour d'Horizon" schon vor den Gesprächen mit Bronner Bundeskanzler Vranitzky aufgesucht und dabei ihr Interesse am „Standard" bekundet. „Der Kanzler hat dafür Verständnis gezeigt und die Zusicherung gegeben, mit der Bank Austria reden zu wollen", berichtet „News".

Was die Deutschen zum Zeitpunkt des Gesprächs mit Franz Vranitzky noch nicht wissen, ist, dass dieser schon bald politisch keine Rolle mehr spielen wird. Gegenüber Bronners Anwalt Alexander Marquardt hatte sich Viktor Klima, der vor seiner Kür zum Kanzler als Finanzminister an der Übernahme der „schwarzen" Creditanstalt durch die „rote" Bank Austria im Jahr 1996 maßgeblich beteiligt war, trotz Kritik des Rechnungshofs stets wohlwollend über eine Verlängerung des Kredits geäußert. Anfang März teilt Gerhard Randa Oscar Bronner mit, dass die Bank Austria den Kredit vorerst bis November 1997 verlängern werde. Dann werde man weitersehen. Alexander Marquardt führt diesen Schritt unmittelbar auf den Einfluss Klimas zurück: „Der zu Unrecht als ‚Medienkanzler' geschmähte Klima hat sich hinter den Kulissen wirklich sehr für den ‚Standard' eingesetzt. Dem war es wirklich ernst mit der Medienvielfalt. Er hat, nachdem ich ihm die Fakten präsentiert habe, meine Bemühungen immer argumentativ unterstützt."

Vom größten Druck befreit, setzen Oscar Bronner und Hans Peter Schmidtbauer im Mai 1997 einen weiteren Bestandteil ihres Sparprogramms um. Zum zweiten Mal in seiner Geschichte zieht der „Standard" um. Weil im Haus Herrengasse 19–21 die Miete deutlich geringer ausfällt als am Michaelerplatz, wird die Redaktion kurzerhand ein paar hundert Meter weiter verpflanzt. Weil die Kreditverlängerung nur für ein halbes Jahr gilt und nicht abschätzbar ist, wie sich die Bank Austria im Allgemeinen und ihr Anwalt Ewald Weninger und sein Freund Michael Fink bis dahin verhalten werden, will Oscar Bronner die Zeit nutzen, um einen neuen Partner zu finden. Mangels Alternativen führt Bronner sein Weg zurück in die Welt des Risikokapitals. Im Juli führt er Gespräche mit Vertretern der auf Medien spezialisierten Investmentfirma Veronis Suhler Stevenson.

Als auch die wieder erfolglos verlaufen – obwohl der radikale Sparkurs des „Standard" mittlerweile dazu geführt hat, dass er 1996 nur knapp am Break-even vorbeigeschrammt ist und bereits feststeht, dass er 1997 erstmals schwarze Zahlen schreiben wird –, führt er wieder Gespräche mit einem alten Bekannten, der ihm schon seit längerem suggeriert, ihm im Fall des Falles aus der Patsche zu helfen. Bronner: „Ich habe Alliierte gebraucht. Nach dem Motto: Der Gegner meines Gegners ist mein Freund. Wir sind in den Weinbergen nahe seinem Anwesen lange spazieren gegangen und haben festgestellt, dass wir nicht sonderlich viel gemeinsam haben. Außer, dass wir beide Einzelgänger sind. Dass er mir mit Geld aushelfen wird, wurde nie ausgesprochen. Aber er hat es immer insinuiert." Der Name des Spaziergängers von Döbling lautet Kurt Falk.

Der milliardenschwere Ex-„Krone"-Chef und nunmehrige Herausgeber des 1992 gegründeten Boulevardblatts „täglich Alles" einigt sich mit Bronner zunächst auf eine Zusammenarbeit bei Verlagsbeilagen; weitere Kooperationen, von denen vor allem der „Standard" profitieren soll, sollen folgen. Aber schon als die erste Probe aufs Exempel stattfindet, stellt sich für Oscar Bronner nicht mehr die Frage, ob er sich wirklich mit Falk einlässt, wenn das Worst-Case-Szenario eintritt. „Der Plan war, eine Beilage zu produzieren, die sowohl für den ‚Standard' als auch für ‚täglich Alles' passt. Er hat uns einen fertigen Entwurf geschickt, der fürchterlich war. Als wir ihn abgelehnt haben, ist er fuchsteufelswild geworden." Der Tag der Entscheidung rückt näher, und Oscar Bronner hat noch immer keinen Partner gefunden. Sollte die Bank Austria den Kredit Anfang November fällig stellen, würde der „Standard" ihr gehören.

Anfang September bittet Gerhard Randa Bronner zum Gespräch. Es dauert keine zehn Minuten. Randa eröffnet ihm, dass der „Standard"-Kredit verlängert werde. Ohne zusätzliche Konditionen und auf unbestimmte Zeit. Nachdem Oscar Bronner die BA-Zentrale verlassen hat, kramt er sein

Handy aus dem Mantel. Der erste Mensch, der davon erfährt, dass der „Standard" bis auf Weiteres gerettet ist, ist seine Frau Andrea. Erleichterung stellt sich auch an einer Stelle ein, die in den kommenden Jahren für die Zukunft der Marke „Standard" eine überlebenswichtige Rolle spielen wird.

XVIII

Rund drei Jahre zuvor ist eine junge „Standard"-Archivarin an einem kühlen Herbstmorgen mit einem schweren Kopf aufgewacht. Schuld daran trug vor allem der damalige „Falter"-Mitarbeiter und heutige stellvertretende „Wiener Zeitung"-Chedredakteur Thomas Seifert. Der studierte Biologe und Hightech-Freak war soeben von einer Reise in die USA zurückgekehrt, wo er zum ersten Mal ein in Österreich noch nahezu unbekanntes Medium gesehen hatte, das ihn begeisterte. Gerlinde Hinterleitner war mit „Standard"-Innenpolitikredakteurin Eva Linsinger, Seiferts Frau, nach Dienstschluss „noch auf ein Bier gegangen. Höchstens zwei wollten wir trinken."

Am Ende des Abends sollten es gefühlte 15 sein. Nicht nur, weil sich neben anderen auch die Archivkollegen Klaus Weinmaier und Sascha Zeller dazugesellt hatten, sondern auch weil Seifert den ganzen Abend lang nicht aufhörte, mit leuchtenden Augen über die unendlichen Möglichkeiten zu referieren, die dieses seltsame neue Ding biete. Wieder nüchtern, ist es für Hinterleitner und ihre Kollegen beschlossene Sache: Ein Internetanschluss muss her.

Ein paar Wochen und eingehende Recherchen später steht Hinterleitner im Zimmer von Verlagsleiter Michael Sedivy und präsentiert ihm die Idee der Archivmannschaft: eine Online-Präsenz des „Standard". Alles, was es dazu brauche, seien 10.000 Schilling, mit denen man einen der damals noch wenigen fachkundigen Techniker bezahlen will.

Sedivy gibt sich skeptisch. Schon wieder eine von denen. Erst vor kurzem ist „Album"-Literaturredakteurin Bettina Loidl zu ihm gekommen und hatte ihm und seinem Chef eingeredet, dass der „Standard" etwas in Sachen Lifestyle tun müsse. Am Freitag, dem 18. März 1994, ist deshalb die erste Ausgabe der Hochglanzbeilage „Detail" erschienen. Die hat Sedivy am Ende sogar privat Geld gekostet. Am Abend vor dem Erscheinungstag hat der Verlagsleiter angesichts des für „Standard"-Verhältnisse revolutionären Looks der Beilage – vor allem aber wegen der zahlreichen Hochglanzanzeigen, die sich darin fanden – einen überdimensionierten Strauß Rosen gekauft, den er Loidl nach Hause schickte. Als einer der wenigen hatte Sedivy trotz innerredaktioneller Bedenken und Widerstände schon damals erkannt, dass „Detail" ein Feld abzudecken verspricht, das das Haus, teils aus mangelndem Bewusstsein für den Zeitgeist, teils aus Überheblichkeit, bis dahin unbeackert gelassen hatte: das Bedürfnis seiner Leserinnen und Leser nach Glamour, Stil und Luxus.

Finanziell hat die Geschäftsführung Loidl und ihre Mitarbeiter nicht von der kurzen Leine gelassen. Die ersten paar „Detail"-Ausgaben erscheinen unter Umständen, die bisweilen denen des Ur-„trend" gleichen. Ändern wird sich das erst vier Jahre später, als jenes aus dem „Detail" hervorgegangene (und erneut von Loidl maßgeblich konzipierte) Produkt Premiere feiert, das bis heute als Cashcow gilt: die Freitagsbeilage „Rondo". Und jetzt steht Hinterleitner da. 10.000 Schilling sind im Verlagsgeschäft nicht viel Geld. Aber auch nicht so wenig, dass Michael Sedivy sie freihändig vergeben könnte. Er geht zum Herausgeber und zum Personalchef und trägt ihnen das Begehren vor. Anschließend teilt er Hinterleitner mit, dass diese die Summe genehmigt hätten „unter der Bedingung, dass wirklich nicht mehr dafür ausgegeben wird". Hinterleitner, Weinmaier und Zeller versprechen hoch und heilig, mit dem Betrag auszukommen. Mit Hilfe einer Handvoll Technikfreaks schreiben sie binnen eines Vierteljahres Geschichte. Am Mittwoch, dem 1. Februar 1995, geht die Website derStandard.at online. Als erste deutschsprachige Tageszeitung hat der „Standard" einen Auftritt im Internet. Zu sehen gibt es nicht viel. Eine Handvoll Storys, ein paar Anreißer, keine Bilder. Der ORF-Hauptnachrichtensendung „Zeit im Bild 1" ist es trotzdem eine Meldung wert.

Die Saat fällt auf einen Boden, der noch wenig fruchtbar ist. „Es gab einfach kein Bewusstsein fürs Internet. Wir haben ja teilweise noch mit Disketten gearbeitet, mussten zwischen den Stockwerken hin und her rennen. Und wenn wir fertig waren, mussten wir jedes Mal hoffen, dass die Techniker noch nicht nach Hause oder auf ein Bier gegangen waren", erzählt Hinterleitner. Von dem Boom, den das Medium in der zweiten Hälfte der Neunzigerjahre erleben wird, ist noch wenig zu merken. Als der „Standard" online geht, nutzen knapp 230.000 Österreicher das Internet.

Ein Jahr wird es dauern, bis der erste Werbebanner verkauft ist. Mitte Februar 1996 blinkt das Logo der Creditanstalt eine Woche lang auf der Startseite von www.derstandard.at. Der Preis des virtuellen Inserats: 1.245 Schilling. Als Erster im gesamten Betrieb hat das junge Archivteam das Potenzial des Internet erkannt. Was ihm anfangs nicht nur Lob einbringt. Hinterleitner: „Wir hatten eine Zeitlang nicht wirklich das Gefühl, dass uns Bronner und Sedivy vertrauen. Die zwei hatten am Anfang so einen komischen Typen hervorgezaubert, der sich als Experte aufgespielt und uns die Welt erklärt hat. Aber der war bald nach dem Start gottlob schnell wieder verschwunden."

Bis bei Oscar Bronner der Groschen in Sachen Internet fällt, dauert es noch bis zum Sommer 1997. Den verbringt er mit seiner Familie auf der Insel Mauritius, im Südwesten des Indischen Ozeans. Weil der Informationsjunkie nicht ohne seine tägliche Dosis Nachrichten auskommen kann und will, bastelt ihm Hinterleitner eine Vorrichtung, mit der er per Mobiltelefon Zugang zum Internet hat. Nach zwei Wochen kommt Bronner erholt zurück – und mit einer Telefonrechung, „die in einer Höhe liegt, die mit astronomisch nur unzureichend beschrieben ist". Noch teurer kommt aber die Erkenntnis, die er in den vergangenen Wochen gewonnen hat. Die, „dass von nun an wirklich eine neue Zeitrechnung beginnt". Unmittelbar nach seiner Rückkehr gewährt Bronner Hinterleitner und ihrem Team das erste Budget für eine eigenständige Online-Redaktion, die diesen Namen auch verdient. Einer Partie von zu diesem Zeitpunkt im Haus arbeitenden Zeitungspraktikanten, die laut Chefredakteur Gerfried Sperl „gar nicht so schlecht sind", und einer Handvoll Programmierer ermöglicht er damit nicht weniger als den Vollzug einer kleinen Revolution. Statt sich auf die Berichte der eigenen Zeitung zu beschränken, stellen sie ab sofort die durch die nationale Nachrichtenagentur APA vertriebenen Meldungen innert Minuten online. In „Echtzeit", wie es im Neusprech der New Economy heißt. Zweieinhalb Jahre nachdem er das virtuelle Licht der Welt erblickt hat, wird derStandard.at zum Nachrichtenportal.

Als Klaus Weinmaier beschließt, Anfang Mai 1998 für sechs Wochen am Stück auf Urlaub zu fahren, bittet Gerlinde Hinterleitner ihren Herausgeber um Geld für einen zusätzlichen Mitarbeiter. Bronner fragt: „Könnten Sie sich vorstellen, dass mein Sohn bei Ihnen arbeitet?" Hinterleitner ist zuerst baff. Dann antwortet sie: „Klar. Warum nicht?"

„Ich war gerade von einer Weltreise heimgekehrt, ziemlich pleite und hab nicht wirklich gewusst, was ich mit meinem Leben anfangen soll", erzählt Alexander Mitteräcker. Der Vater muss ihn dreimal fragen, ob er sich den Betrieb nicht zumindest einmal anschauen will. Am Ende tut Mitteräcker, wie ihm geheißen; und bemerkt als Erstes „eine gewisse Resignation bei den Leuten". Der Pionierleistung war eine lange Durststrecke gefolgt. Bis es fast zu spät war. Im Herbst 1997 hat die Konkurrenz den Vorsprung der mittlerweile landläufig unter „Online-Standard" bekannten Seite aufgeholt. Der ORF ist es mit seiner Internetpräsenz dank der Überzeugungskraft seines Online-Chefs Franz Manola gegenüber dem damaligen Generalintendanten Gerhard Zeiler spät, aber kräftig angegangen. Die Arbeitsabläufe im „Online-Standard" gestalten sich indes nach wie vor so mühsam wie ineffizient. Keine Hilfe ist auch die Zeitungsbelegschaft, die dem neuen Medium mehrheitlich misstrauisch gegenübersteht. Viele Redakteure wollen nicht einsehen, dass ihre Texte künftig in zwei Medien erscheinen sollen, sie aber nur von einem bezahlt werden. Während sich im restlichen Europa das Gros der Zeitungen bereits ein Wettrennen um die besten Plätze im globalisierten Medienmarkt liefert, diskutiert die „Standard"-Printredaktion noch darüber, ob angesichts der gespannten finanziellen Lage wirklich jeder Mitarbeiter einen Browser braucht; ob nicht eine „Surfstation" pro Stockwerk reicht.

Mit der Inthronisation Mitteräckers aber steigt das Vertrauen der Online-Pioniere wie die Motivation ihrer Redakteure. Erstmals spürbar wird das kraft der darauf folgenden Investitionen, die sich zehn Jahre später laut Bronner auf insgesamt rund sechs Millionen Euro belaufen werden, während der Fußballweltmeisterschaft in Frankreich 1998. Durch Innovationen wie die virtuelle Liveübertragung eines Fußballspiels, dynamische Tabellen und exklusiv für die Webseite verfasste Kolumnen von Print-Sportchef Johann Skocek erobert der „Online-Standard" seinen bereits verloren geglaubten Status als innovatives Unternehmen zurück. Und beginnt die ersten Kapitel einer Erfolgsgeschichte zu schreiben, deren Ende noch nicht abzusehen ist. Auch wenn die Zeitung vorerst das Flagschiff des Verlags bleibt.

1997, das ereignisreichste Jahr seit der Gründung des „Standard", scheint indes ruhig seinem Ende zuzugehen. Sein Herausgeber findet indes keine Zeit zum Durchatmen. Kaum hat die Bank Austria den Kredit verlängert, steht der nächste potenzielle Partner vor der Tür. Noch im September findet sich Oscar Bronner in Verhandlungen mit der kanadischen Hollinger Group wieder. Das an der New Yorker Börse notierte Unternehmen zählt zu dieser Zeit zu den weltweit größten Players im Verlagsgeschäft. Neben hunderten Lokalblättern in Nordamerika gehören ihm unter anderem die israelische „Jerusalem Post" und der britische „Daily Telegraph". Vertreter von Letzterem sind es auch, mit denen Bronner Gespräche über eine Beteiligung führt. Über die redaktionelle wie die wirtschaftliche Strategie ist man sich einig. Einzig am Umfang des Engagements spießt es sich. Die „Telegraph"-Leute wollen nur unter der Bedingung einsteigen, dass sie die Mehrheit am „Standard" erhalten. Weil das für Oscar Bronner nicht in Frage kommt, finden die Verhandlungen kurz vor Weihnachten ihr Ende. Glück im Unglück, wie sich später erweisen wird. Sieben Jahre später muss Hollingers CEO Conrad „Moffat" Black unter Vorwürfen von schwerem Betrug und mehreren Fällen von Rechtsbeugung zurücktreten. 2007 wird er in den USA zu einer sechseinhalbjährigen Haftstrafe verurteilt.

Bronner nimmt das Scheitern der Verhandlungen gelassen. Er lebt längst in der Gewissheit, dass sich die Prognose für das Geschäftsjahr 1997 erfüllen wird. Erstmals in seiner Geschichte wird der „Standard" schwarze Zahlen schreiben. Bescheidene, aber immerhin. Am Ende weist die Bilanz ein Plus von 1,6 Millionen Schilling auf. Die Braut ist geschmückt. Jetzt geht es nur mehr darum, in jenem Jahr, in dem der „Standard" seinen zehnten Geburtstag feiern wird, den richtigen Bräutigam zu finden.

Im März 1998 erscheint eine neue Media-Analyse. Sie bescheinigt dem „Standard" die höchste Reichweite seiner bisherigen Geschichte. Österreichweit finden sich 362.000 Leserinnen und Leser. Während der Vorbereitungen für das am 19. Oktober geplante „Zehn Jahre ‚Der Standard'"-Fest im Wiener Palais Liechtenstein empfängt Oscar Bronner hohen Besuch. Hans Wilhelm von Viereck ist der Geschäftsführer des Süddeutschen Verlags und damit der „Süddeutschen Zeitung". Auf seine Nachfrage präsentiert ihm Bronner die Zahlen, die der „Standard" seit der Trennung von Springer erwirtschaftet hat. Von Viereck zeigt sich beeindruckt, kennt er doch auch jene Bilanzen, die ihm sein eigener Buchprüfer noch vor drei Jahren präsentiert hat, als sein Gegenüber wirtschaftlich noch in den Seilen hing. Zurück in München kontaktiert von Viereck Reiner Maria Gohlke, den Vorsitzenden der Geschäftsführung des Süddeutschen Verlages.

Die beiden vereinbaren ein Treffen mit Bronner in Wien. Die Gespräche verlaufen im Geheimen, was kein großes Problem darstellt. Nicht zuletzt, weil nahezu alle Branchenberichterstatter die Namen und Gesichter der Süddeutschen-Chefs nicht kennen, weil sie ausschließlich auf den Inlandsmarkt fixiert sind. Erst als das Münchner Nachrichtenmagazin „Focus" kurz vor der Zehnjahresfeier des „Standard" die Verhandlungen in einer Kurzmeldung öffentlich macht, muss Bronner Farbe bekennen. Er nutzt die Bühne, die ihm das Fest bietet, um seiner Belegschaft mitzuteilen, was die meisten längst wissen: dass „ein Verlag aus Süddeutschland an einer Beteiligung interessiert ist", die Verhandlungen aber erst dann abgeschlossen würden, „wenn alles so ist, wie ich es mir vorstelle". Diese Sätze stehen auch am nächsten Tag im Herausgeberbrief auf der Seite eins des „Standard". Im Vorfeld der Feier haben sich hunderte Gratulationen auf dem Schreibtisch des Gründers gestapelt. Auch eine von Peter Sichrovsky. Der hat nach seinem Abschied aus dem Unternehmen 1994 eine seltsame Wandlung durchgemacht. Zwei Jahre später kandidierte er erfolgreich für einen Sitz im Europäischen Parlament – für die Freiheitlichen von Jörg Haider, was in der Wiener Kultur- und Medienszene für heftige Verwunderung sorgte.

Drei Tage vor dem Fest hatte Sichrovsky Oscar Bronner einen Brief geschrieben, in dem er bekundet, „dass ich es großartig finde, was aus dem ‚Standard‘ in diesen zehn Jahren geworden ist, und man kann dir nur gratulieren, dass neben dem ‚profil‘ auch die wichtigste Tageszeitung Österreichs Deiner Kreativität und unternehmerischen Energie zu verdanken ist“. Am Tag des Geburtstags schreibt derselbe Peter Sichrovsky für die „Presse“ einen Gastkommentar, in dem er unter anderem befindet, „dass der ‚Standard‘ der Originalität des Gebäudes des österreichischen Parlaments gleicht, das ein Kunstkritiker einst als schlechte Kopie einer schlechten griechischen Kopie bezeichnete. Der Plan des ‚Standard‘, gerade hier – wo es um die Vermengung von Meinung und Nachricht geht – ein Signal zu setzen, muss als gescheitert betrachtet werden, und dass der ‚Standard‘ nicht nur auf dem Medienmarkt, sondern auch in der politischen Landschaft Österreichs etabliert ist, ist gleichzeitig der Erfolg und auch das Versagen der Zeitung.“

Den Höhepunkt des Festes bildet neben einer Rede André Hellers ein umjubelter Auftritt von Gerhard Bronner am Klavier, mit dem er es sogar schafft, seinen stets unterkühlten Sohn zu rühren. In Abwandlung seines alten Gassenhauers „Da Papa wird's scho richten" singt Oscar Bronners Vater: „Da Papa muaß nix richten." Bronner junior: „Mein Vater war in den Fünfzigern und Sechzigern heiß. Dann galt er plötzlich als altmodisch, woran er sicher auch selbst schuld war. Aber ich finde es schön für ihn, dass er noch erleben durfte, wie er zu Lebzeiten zur Legende wurde." Kurz nach der großen Fete geht alles ganz schnell. Von Viereck und Gohlke einigen sich mit Oscar Bronner auf eine Minderheitsbeteiligung am „Standard" im Ausmaß von 49 Prozent. Sie ermöglichen ihm damit, der Bank Austria den Kredit zurückzuzahlen. Kurz vor Weihnachten 1998 hat Oscar Bronner sein Ziel erreicht. Es hat sich alles so ergeben, wie er es sich vorgestellt hat.

Bronner bekennt damals: „Ich bin nicht im Papier-, sondern im Nachrichtengeschäft. Mir sind die Inhalte der Zeitung wichtig und mir ist relativ gleichgültig, auf welchem Transportweg sie zum Rezipienten kommen." Sein neuer Partner teilt diese Meinung nicht. Wie die von Springer zeigen die Süddeutsche-Manager wenig Interesse an den Internet-Aktivitäten des „Standard". Im Zuge der Minderheitsbeteiligung an der Zeitung wird derStandard.at in die Bronner Internet-Services GesmbH ausgegliedert, Mitte 2000 wird sie in eine Aktiengesellschaft umgewandelt werden wird. derStandard.at gehört damit zur Gänze Oscar Bronner, teils direkt, teils über seine Familienstiftung.

Bronner kapriziert sich aber nicht nur auf Leser und User, er will sich auch an Hörer und Seher wenden. Im April 1998 ist in Wien 88,6 on air gegangen, ein Formatradio, das viel Popmusik spielt und ein wenig Information vermittelt.

Zehn Prozent des Senders gehören Oscar Bronner. Die Liste seiner Partner ist vielfältig. Sie reicht von der Bank Austria über den Gewinn-Verlag (eine Gründung des des ehemaligen „trend"-Mitarbeiters Georg Waldstein) bis zu Hans Dichand. Die ungewöhnliche Allianz liegt in dem Gesetz begründet, das Österreich Privatradio im internationalen Vergleich erst extrem spät flächendeckend ermöglicht hat. Und das ziemlich kompliziert: Kein Verleger darf mehr als 26 Prozent eines Senders besitzen und von jedem weiteren höchstens zehn Prozent. Außerdem wird schnell klar, dass es, um von der Behörde den Zuschlag für eine Frequenz zu bekommen, ratsam ist, die jeweiligen Eigentümergruppen politisch möglichst breit aufzustellen.

Ein Bogen von Dichand bis Bronner? Diesbezüglich ideal. Bronner: „Angesichts des geringen journalistischen Inhalts des Senders war das vernachlässigbar. Ich habe den ‚Standard' gegründet, weil es damals in Österreich keine Zeitung gegeben hat, die ich lesen wollte. Mit Ö1 gab und gibt es aber einen sehr guten Klassik- und Nachrichtensender. Journalistische Radioerfahrung hatte ich ja aus meiner Studienzeit, und nachdem ich auch kaufmännische sammeln wollte, hat sich mit 88,6 eine gute Gelegenheit ergeben." Anders als die „Kronen Zeitung" engagiert sich der „Standard" nicht übermäßig für 88,6. Daneben hat sich Bronner auch noch an einem weiteren Lokalsender beteiligt, dem burgenländischen „Radio Servus". Weil die Frequenz aber nicht, wie geplant, bis nach Wien ausstrahlen darf, verliert er bald das Interesse daran und verkauft seine Anteile. Ebenfalls ins Jahr 1998 fallen die Fernsehexperimente des „Standard".

Nachdem das Wirtschaftsressort der Zeitung schon im Jahr davor begonnen hat, dem deutschen Nachrichtenkanal n-tv Börse-News zu liefern, gestaltet sie seit Jänner eine tägliche Wirtschaftssendung für die Wiener Privat-TV-Station W1. Im Juli kommt die Börsenberichterstattung für den europäischen Ableger des auf Wirtschaftsnachrichten spezialisierten US-Senders CNBC dazu. Im Gegensatz zum Radio arbeitet die Zeitungsredaktion im Rahmen dieser Kooperationen eng mit den Fernsehleuten zusammen.

Die „Süddeutsche" tangieren die neuen Geschäftsfelder nicht, und auch sonst gestaltet sich die Zusammenarbeit reibungslos. Man hält sich an den Grundsatz: News business is local business. Wo es sinnvoll erscheint, teilen die Münchner mit den Wienern ihre Korrespondenten. Dafür übernimmt die „Süddeutsche" gelegentlich Texte von „Standard"-Redakteuren wie Gudrun Harrer, der Expertin für den arabischen Raum. Abgesehen davon gibt es über die monatlichen Geschäftsberichte und die halbjährlichen Gesellschaftersitzungen hinaus wenig Kontakt und weil der Markt Ende des Jahrhunderts floriert und die Gewinne steigen, kaum Anlass zum Ärger.

Wolfgang Bergmann ist zu dieser Zeit Kommunikationschef der Erzdiözese Wien und als solcher auch Geschäftsführer des Klassiksenders „Radio Stephansdom". Weil seine Mitarbeiter kein Gegengeschäft mit dem „Standard" zustande gebracht haben, entwickelt Bergmann den „sportlichen Ehrgeiz", ein solches mit Bronner persönlich einzufädeln. Was sich als einfacher entpuppt, als er angenommen hat. Die beiden Männer sind sich auf Anhieb sympathisch. Nicht zuletzt, weil sich Bronner als regelmäßiger Hörer des Kirchensenders zu erkennen gibt („Wegen der klassischen Musik, nicht wegen der gesprochenen Inhalte"). Kurz nach dem ersten Treffen der beiden im Februar 1999 entlässt Kardinal Christoph Schönborn seinen Generalvikar Helmut Schüller wegen „tiefgreifender Meinungsverschiedenheiten".Die öffentliche Aufregung ist groß. Mitten in der Nacht hat der konservative Bischof dem progressiven Pfarrer sein Kündigungsschreiben vor die Tür legen lassen. Bergmann sagt einen Termin mit Bronner an dem Tag, an dem die Causa bekannt wird, trotzdem nicht ab, denn: „Gerade an einem Tag wie heute muss man business as usual machen." Bergmann signalisiert Bronner, dass er nach Schüllers Abgang auch für sich keinen Platz mehr in der Diözese sehe. Bronner handelt. Dass Wolfgang Bergmanns Vater der frühere ÖVP-Abgeordnete Kurt Bergmann ist, der zu diesem Zeitpunkt im ORF hinter den Kulissen immer noch mitmischt, spielt für ihn keine Rolle.

Im Oktober 1999 übernimmt Wolfgang Bergmann die Verantwortung für Marketing und Vertrieb des „Standard". Praktisch aus dem Stand liefert er sein Gesellenstück. Der „Standard" gründet gemeinsam mit der „Presse" die Firma Printexpress, die der Mediaprint bei der Hauszustellung von Zeitungen in Wien, Niederösterreich und dem nördlichen Burgenland Konkurrenz machen soll. Als Hans Peter Schmidtbauer zur Kurier-Gruppe wechselt, wird Bergmann im Oktober 2000 mit der Geschäftsführung betraut. Er ist damals 37 Jahre alt.

XIX

Innenpolitisch stellt das Jahr 2000 eine Zäsur dar, die das Ende der österreichischen Konsensdemokratie und des Proporzsystems markiert. Im Nationalratswahlkampf 1999 sah sich die ÖVP nach 13 Jahren als Juniorpartner der SPÖ mit desaströsen Umfragewerten konfrontiert. Erstmals in der Geschichte der Zweiten Republik lief sie Gefahr, von der FPÖ auf den dritten Platz verwiesen zu werden. Der Obmann der Volkspartei, Vizekanzler und Außenminister Wolfgang Schüssel, erklärte angesichts des scheinbar Unvermeidbaren: „Wir werden unter keinen Umständen an einer Regierung teilnehmen, wenn wir nicht zumindest Zweiter sind." Obwohl diese Aussage etliche Wähler motivierte, ihr Kreuz am Ende doch bei der ÖVP zu machen, bekamen die Blauen bei der Nationalratswahl am 3. Oktober ein paar hundert Stimmen mehr als die Schwarzen.

Kanzler Viktor Klima, dessen SPÖ trotz Verlusten stärkste Fraktion blieb, versuchte daraufhin monatelang, die nicht mehr ganz so große Koalition wiederzubeleben. Aber Schüssel ergriff seine Chance und ließ sich von den Freiheitlichen Jörg Haiders zum Kanzler machen.

Am 4. Februar 2000 gelobt Bundespräsident Thomas Klestil mit versteinerter Miene die neue Bundesregierung an. Als Vizekanzlerin steht Schüssel die FPÖ-Politikerin Susanne Riess-Passer zur Seite. Haider bleibt als Landeshauptmann in Kärnten. Katharina Krawagner-Pfeiffer, damals Leiterin des innenpolitischen Ressorts des „Standard", kommentiert die neue Konstellation so: In Österreich sitze nun eine Partei in der Regierung, „deren Chef SS-Veteranen mit ‚liebe Freunde von der Waffen-SS' anredet, in der N.A.Z.I.-Buchstabierer Reinhart Gaugg ein Nationalratsmandat hat, für die Konzentrationslager Straflager waren, die regelmäßig in Wahlkämpfen gegen Ausländer mobilisiert und und und. Solche Dinge werden durch die Regierungsbeteiligung nicht ungeschehen gemacht. Eine grundlegende Änderung der Politik der FPÖ ist unter diesen Vorzeichen außerordentlich schwierig, wenn nicht gar unmöglich." Die anderen EU-Mitgliedstaaten werden ihre Missbilligung acht Monate lang so ausdrücken: keine offiziellen bilateralen Kontakte auf politischer Ebene, keine Unterstützung österreichischer Kandidaten in internationalen Organisationen, Empfang österreichischer Botschafter in den EU-Hauptstädten nur auf sogenannter technischer Ebene.

An jedem Stammtisch und noch mehr in den Redaktionen wird diskutiert: Darf es sein, dass der Drittplatzierte den Kanzler stellt? Ist diese Regierung überhaupt legitim? Handelt es sich bei der Reaktion der EU-Staaten um „angemessene Maßnahmen" oder um „Sanktionen"? Darf man, anfangs täglich, später jeden Donnerstag, gegen die Regierung auf die Straße gehen, obwohl sie über eine klare Mehrheit im Nationalrat verfügt? „Ich habe die Redaktion ohne Mühe und ohne Widerstand Bronners auf Anti-Regierungskurs gebracht", sagt der damalige „Standard"-Chefredakteur Gerfried Sperl. „Mühsam wurde es dann, als es galt, diesen Enthusiasmus jeden Tag so zu kanalisieren, dass wir nicht in Gefahr gerieten, unseren Grundsatz zu brechen, Bericht und Kommentar zu trennen. Das ist leider ein paar Mal passiert. Meine Linie war aber eindeutig. Wir bekämpfen diese Regierung nicht, wir kritisieren sie mit den uns journalistisch zur Verfügung stehenden Mitteln scharf." War die Berichterstattung über die regelmäßigen Demonstrationen gegen die Regierung vielleicht zeitweise zu euphorisch? „Das könnte sein", räumt Sperl ein. „Das hängt damit zusammen, dass ich mich innerlich nie von '68 verabschiedet habe." Oscar Bronner ermahnt seinen Chefredakteur in dieser Zeit immer wieder: „Pass auf, dass wir kein Kampfblatt werden."

Michael Fleischhacker, der am 1. Februar 2000, von der „Kleinen Zeitung" kommend, als Chef vom Dienst beim „Standard" begonnen hat, ist einer der wenigen Kommentatoren des Blattes, die Schwarz-Blau für eine legitime Regierungskombination halten. Er erinnert sich, dass Bronner mehrmals zu ihm gesagt habe: „Ich verstehe nicht, was Sie da schreiben." Fleischhacker meint: „Das kann ja wohl nicht sein, dass ein Oscar Bronner nicht versteht, was ich schreibe. Es hat ihm anscheinend nicht gefallen. Das wollte er aber nicht aussprechen. Er hat aber zugelassen, dass ich weiter meine Meinung vertrete." Ein Jahr später befindet Fleischhacker, der von 2004 bis 2012 als Chefredakteur die „Presse" leiten wird, in einem Essay in Buchform über die „Wende zur Hysterie": „Eine der bleibenden Erkenntnisse dieser Wende ist, dass wir alle miteinander den Ruf unserer Blätter als Qualitätszeitungen gefährdet haben. Eine solche musste sich nämlich – bei allen möglichen Unterschieden in der Bewertung – vor allem durch etwas auszeichnen, was wir alle vermissen ließen: Distanz."Worüber sich in der

Printredaktion im Jahr 2000 aber alle einig sind, ist, dass die jungen Kollegen von der Online-Ausgabe im Rahmen ihrer eigenen innenpolitischen Berichterstattung jegliche journalistische Standards vermissen lassen. Zwei Tage vor der Angelobung von Schwarz-Blau kann man Bundespräsident Thomas Klestil via derStandard.at ein Mail schicken, in dem man ihn auffordert, dies zu unterlassen. Wenige Tage danach bleibt der Bildschirm für ein paar Sekunden schwarz. „Als Zeichen der Trauer über die neue Regierung", wie auf der Website zu lesen steht.

Die derStandard.at-Redakteure glauben, sich den jugendlichen Leichtsinn leisten zu können. Das Online-Geschäft boomt. Am Mittwoch, dem 8. März 2000, dem Internationalen Frauentag, startet „diestandard.at", ein Kanal für Frauenthemen abseits von Mode, Kosmetik und Beziehungstipps. Im Mai übersiedelt die Mannschaft, die inzwischen auf 57 Mitarbeiter angewachsen ist, in eigene Büros in einem Dachausbau in der Schenkenstraße, ein paar Gehminuten vom Sitz der Zeitungsredaktion entfernt. Im Juni wird die Firma in eine Aktiengesellschaft umgewandelt, die Bronner Online AG. Im Jahr 2000 verzeichnet man pro Monat fast 2,9 Millionen Visits (Besuche auf den Seiten). Bei Bronner geben sich die Finanzinvestoren die Klinke in die Hand. Manche bewerten die Firma mit bis zu zwei Milliarden Schilling. Ein Börsengang scheint nur mehr eine Frage der Zeit. Bis die Dotcom-Blase platzt. Der Crash der „New Economy" sorgt weltweit für Ernüchterung. In diesen Tagen trifft Bronner auf einer Tagung einen Verlegerkollegen, der meint: „Es ist schon seltsam. Bis vor wenigen Monaten haben mich meine Aufsichtsräte wöchentlich angerufen und sich beschwert, warum wir noch immer so wenig Geld in unsere Online-Aktivitäten stecken. Seit einigen Monaten rufen sie mich an und beschweren sich darüber, warum wir noch immer so viel Geld in den Online-Bereich stecken." Für die Zeitung erweist sich das Jahr 2000 indes als bestes Geschäftsjahr seit der Gründung. Der Gewinn beläuft sich vor Steuern auf 27,5 Millionen Schilling. Aber die Zeichen, dass 2001 kein gutes Jahr für den „Standard" werden wird, mehren sich. Am 31. Jänner genehmigt das Kartellgericht den Zusammenschluss des trend-profil-Verlags (der Magazin-Tochter des „Kurier") mit dem „News"-Verlag. „profil", „trend", „News", „Format", „tv Media", „Autorevue", um nur die Wichtigsten zu nennen, gehören nun zu einer Gruppe.

Weil der neue Gigant über die Mediaprint auch noch mit der „Kronen Zeitung" verbunden ist, tauft ihn Armin Thurnher, der Chefredakteur des „Falter", auf „Mediamil-Komplex". Oscar Bronner sagt, als er von der APA gefragt wird, was er von diesem halte: „Die an sich unerträgliche Marktkonzentration am Tageszeitungssektor setzt sich im Magazinsektor fort. Wozu man überhaupt ein Kartellgesetz hat, verstehe ich jetzt nicht mehr." Die Auflagen des zuständigen Gerichts, die die Unabhängigkeit der „profil"-Redaktion garantieren sollen, nennt er ein „Pflaster gegen ein Karzinom". Sorgen bereitet Bronner auch eine Klage der Mediaprint. 1996 hat er mit einem Antrag beim Obersten Gerichtshof erreicht, dass es „Krone" und „Kurier" per einstweiliger Verfügung untersagt ist, Kombinationsangebote für Stellenanzeigen zu schalten. Außerdem ist den Platzhirschen verboten worden, ihre Preise unter das Niveau von 1995 zu senken. Nun fordert die Mediaprint mittels Gegenklage eine „Wiedergutmachung des Schadens", den sie dadurch erlitten habe. Der Streitwert beläuft sich auf 300 Millionen Schilling. Begründung: Beim „Standard" bringe die Beilage „Karriere" ein Drittel des gesamten Anzeigenerlöses ein. Beim „Kurier"-Äquivalent, seit langem Marktführer auf diesem Gebiet, verhalte es sich ähnlich. Die Klage wird später abgewiesen. 2001 stellt sie für den „Standard" aber noch eine Existenzbedrohung dar. Hat man noch im ersten Quartal 2001 Rekordergebnisse eingefahren, braut sich innerhalb der kommenden paar Monate der perfekte Sturm zusammen.

Zuerst beginnt die Konjunktur zu stottern. Der Preis für Papier steigt um 20 Prozent. Dann droht die Bundesregierung, die Tarife für die Postzustellung von periodischen Druckwerken zu vervierfachen. In Niederösterreich, wo der „Standard" gedruckt wird, läuft die regionale Presseförderung aus. Und wegen ihres Erfolgs am Anzeigenmarkt im Vorjahr verliert die Zeitung auch noch eine Bundessubvention von fast 8,9 Millionen Schilling, die unter dem Titel „besondere Presseförderung" vergeben wird. Geschäftsführer Wolfgang Bergmann erkennt bereits im April: „Wir müssen 60 Millionen Schilling einsparen, wenn wir nicht pleitegehen wollen. Quer durch alle Bereiche." Woran kann eine Zeitung sparen? An Seiten, was weniger Fotos und weniger damit verbundene Honorare mit sich bringt, weniger Papier, geringere Druckkosten, weniger Porto. Der Umfang des Montagsblattes wird auf 24 Seiten reduziert. Das bedeutet aber auch, dass man weniger Text braucht, ergo weniger Redakteure. Als Erstes streicht Wolfgang Bergmann die Pauschalen für die Sonntagsdienste. Geld gibt es künftig nur mehr für Wochenenden, an denen tatsächlich gearbeitet wird. Wer mehr verdient, als ihm laut Kollektivvertrag zusteht, macht so lange keinen Quinquenniumssprung, bis er sich wieder auf dem Niveau seiner Kollegen befindet. Letztere Maßnahme trifft vor allem „Standard"-Mitarbeiter der ersten Stunde.

Das erste prominente Opfer ist Michael Hann. Er hat ab 1988 das Wirtschaftsressort geleitet, ist 1992 zum Chef vom Dienst aufgestiegen. Seit 1996 schreibt er wieder über Wirtschaft. Als einfacher Redakteur, aber bei vollen Bezügen. Die Geschäftsführung schlägt ihm eine Änderungskündigung vor. Hann verweigert das Angebot. Man verständigt sich darauf, das Dienstverhältnis aufzulösen. „Dabei ist es mir weniger ums Geld gegangen", sagt Hann, „als um den Ton, in dem man mit mir geredet hat." Es folgen weitere Abgänge verdienter Redakteure aus der Wirtschaft und aus der Außenpolitik. Nach den Terroranschlägen auf die USA am 11. September 2001 bricht die Konjunktur weiter ein. Das Anzeigengeschäft geht immer schlechter. Die Konsequenz für den „Standard": Es darf keine Ausnahme mehr von der Quinquenniums-Regel geben, nicht einmal für prominente Autoren. Aspiranten werden nach ihrer Lehrzeit nicht weiterbeschäftigt, ältere Kollegen auf Teilzeitarbeit reduziert, freie Mitarbeiter bekommen weniger Aufträge. Redakteure, die in Karenz gehen, kehren danach nicht zwangsläufig in ihr altes Ressort zurück. Als eine Sekretärin, die älter als

50 Jahre alt ist, gekündigt wird, klagt der Betriebsrat und bekommt Recht. „Da ist die Geschäftsführung überhaupt erst draufgekommen, dass es so etwas wie sozial ungerechtfertigte Kündigungen gibt", erinnert sich die damalige Betriebsratsvorsitzende Astrid Zimmermann. „Sie haben kapiert, dass sie mit uns reden müssen. Es war ein langer, schwieriger Prozess, bis das funktioniert hat." Die Verhandlungen übernimmt großteils Wolfgang Bergmann, der sein Handeln so rechtfertigt: „Wenn ich es nicht tue, leidet das ganze Unternehmen und es gehen noch mehr Arbeitsplätze verloren. Ein harter Sparkurs ist das kleinere Übel." Als Bergmann wegen einer schweren Erkrankung monatelang ausfällt, muss Bronner diese undankbare Aufgabe selbst erfüllen. „Angenehm war es ihm sicher nicht, mit uns zu verhandeln", erinnert sich Zimmermann. „Wenn ihm etwas nicht gepasst hat, dann hat er – und das ist wörtlich gemeint – gemurrt." Obwohl die Sparmaßnahmen schnell zu greifen beginnen, schließt der „Standard" das Geschäftsjahr 2001 vor Steuern mit einem Minus von 28,9 Millionen Schilling ab.

Wiewohl die Konkurrenz ebenfalls unter der Konjunkturflaute leidet, breitet sie die Zwangslage des „Standard" genüsslich aus. Vor allem in den Magazinen des News-Verlags erscheinen Berichte, die das bevorstehende Ende der Zeitung suggerieren. Tenor: Der Süddeutsche Verlag, der selbst hohe Verluste zu verzeichnen habe, wolle die Beteiligung in Österreich loswerden. Die Styria stehe bereit, den „Standard" zu übernehmen. Nichts davon tritt ein. Aber die Hiobsbotschaften verschlechtern die ohnehin miserable Stimmung in der Herrengasse weiter. Außerordentliche

Betriebsversammlungen bilden keine Seltenheit mehr. Auf einer solchen sagt Oscar Bronner: „Ich brauche keine unmotivierten Mitarbeiter." Was bei vielen nur den Effekt hat, dass ihre Motivation weiter nachlässt.

Für den 6. Mai 2003, einen Dienstag, kündigen die Drucker einen Streik an. Damit will die Gewerkschaft gegen die von der Bundesregierung geplante Pensionsreform protestieren. Die „Standard"-Redaktion versammelt sich kurz nach Bekanntwerden der Nachricht im Archiv und berät. Sollen sich die Journalisten dem Streik anschließen? Den meisten von ihnen geht es weniger um die künftigen Pensionen als um die aktuellen Löhne. Die Leute verlangen nach einem der Chefredakteure. Gerfried Sperl, der aus Solidarität mit seinen Mitarbeitern auf 20 Prozent seines Gehalts verzichtet hat, eilt herbei. Er stellt sich auf einen Sessel und hält eine flammende Rede. Er verstehe den Unmut der Mitarbeiter, aber die Mannschaft möge, bitte, noch ein bisschen durchhalten. Sein leidenschaftliches Engagement zeigt Wirkung: Die Redaktion stimmt gegen einen Streik. Am 6. Mai erscheint die neue Ausgabe des „Standard" – nicht auf Papier, sondern im Internet.

Am Ende des Geschäftsjahres 2003 wird der Verlag wieder einen Gewinn schreiben, 1,6 Millionen Euro vor Steuern. Nach Berechnungen des Betriebsrates haben seit 2001 90 Mitarbeiter den Verlag verlassen, 40 sind neu dazugekommen. Geschäftsführer Wolfgang Bergmann sagt rückblickend: „Wir haben niemanden verloren, bei dem das Haus gesagt hätte: Schade, dass wir da nicht mit einem guten Angebot dagegenhalten konnten." Gerfried Sperl dagegen räumt ein, dass die Qualität der Berichterstattung gelitten habe: „Nicht im Alltagsgeschäft. Aber bei Großereignissen haben sich dann doch Löcher aufgetan. Hätte sich etwa damals eine Geschichte von der Dimension des Bawag-Skandals ereignet, hätte ich niemanden gehabt, der sich dem Thema ausschließlich hätte widmen können."

Der Chefredakteur tobt temperamentvoll wie eh und je durchs Haus Herrengasse 21. Aber seine Ära neigt sich langsam aber sicher dem Ende zu. Am Tag seines 65. Geburtstags wird sein Vertrag auslaufen. Wer könnte ihm nachfolgen? Ein paar Kandidaten aus dem Haus hat er sich gemeinsam mit Bronner, Bergmann und Helmut Zambo schon näher angesehen. Wie seinerzeit bei „profil" versuchen die Mitarbeiter aus Bronners Miene, seinem Gang und seinem Tonfall herauszulesen, wen er favorisiert. Wie damals bis zuletzt erfolglos.

Um die Menschenscheu des Oscar Bronner ranken sich im „Standard" viele Legenden. Er nehme nie den großen, sondern immer den kleinen Lift, der so langsam fährt, dass ihn alle anderen meiden, damit er auf dem Weg ins Büro nur ja niemandem begegnet; er habe die Sicherheitsmaßnahmen am Eingang verstärkt, nachdem er ständig ihm fremde Personen im Haus gesehen habe – Menschen, die schon jahrelang für ihn gearbeitet hätten; er habe sich heftig dagegen gewehrt, das Sitzungszimmer zu verlegen, um nur ja nicht über den Gang gehen zu müssen, weil er dabei einen seiner Angestellten treffen könnte. Bronner kann all diese Geschichten widerlegen. Er geht meistens zu Fuß hinauf in sein Büro im zweiten Stock; die Sicherheitsmaßnahmen hat die Polizei empfohlen; der Konferenzraum war auch nach der Verlegung im Bereich der Chefredaktion angesiedelt. Doch was würde passieren, wenn er sich plötzlich auf den Weg durchs Haus machte, um dem einen oder der anderen auf die Schulter zu klopfen? Die meisten würden sich wahrscheinlich fragen, ob er etwas getrunken habe.

Nicht nur die Mitarbeiter beobachten Bronner, auch er hat sie genauer im Auge, als diese glauben. Mitte der Neunziger hat ihn sein damaliger Personalchef Günther Vanicek auf eine junge Mitarbeiterin („Ein echtes Alphatier") aufmerksam gemacht. Die 19-jährige Studentin Alexandra Schmid hatte 1990 im Linzer Regionalbüro des „Standard" angeheuert. Als ihr Mann Markus Föderl, ebenfalls Journalist, zwei Jahre später einen Job beim Nachrichtensender n-tv annahm, folgte sie ihm nach Berlin. Für eine Pauschale von 5.000 Schilling pro Monat berichtete sie fortan aus der alten und neuen deutschen Hauptstadt. Die vielen Reisen in den Osten des Landes bewirkten, dass daraus, wie sie sagt, „die schönste Zeit meines Berufslebens wurde".

Nebenbei machte sie ihren Doktor in Publizistik, später begann sie ein Wirtschaftsstudium in Oxford. Während andere im Urlaub am Strand lagen, bereiste Föderl-Schmid Südamerika und kam nie ohne ein Interview mit einem Staatspräsidenten oder Premierminister zurück. In Berlin avancierte sie zur Chefin der Auslandspresse in Deutschland, einem Verein mit fast 100-jähriger Geschichte. Im Frühling 2005 wechselt Föderl-Schmid in die Brüsseler Dependance des „Standard". Personalverantwortung hat sie auch dort keine zu tragen. Dass sie eine gute Journalistin ist, weiß man in der Zentrale. Aber kann sie auch Mitarbeiter führen? Bronner, Sperl und Bergmann beschließen, ihre Fähigkeiten im für seine Grabenkämpfe berüchtigten Wirtschaftsressort zu testen. Föderl-Schmid, die von diesen Hintergedanken nichts ahnt, kämpft um jeden Tag, den sie noch von Brüssel aus über die österreichische EU-Präsidentschaft berichten darf. Am 1. April 2006 tritt sie ihren Dienst als neue Wirtschaftsressortleiterin an. Es gelingt ihr binnen kurzer Zeit, das Ressort zu befrieden.

XX

Oscar Bronner hat Gerfried Sperls Vertrag bis zu dessen 66. Geburtstag Ende 2007 verlängert. Doch der Chefredakteur sieht seine Macht mittlerweile fast im Wochentakt schwinden, die Konflikte mit manchen Ressortchefs häufen sich. Sperl will seine „Standard"-Karriere nicht als lahme Ente beenden. Am 19. Dezember 2006, nach einer mühsamen Redaktionssitzung zu viel, teilt er Bronner und Bergmann mit: „Ich glaube, ich muss aufhören." Am nächsten Morgen wundert sich Alexandra Föderl-Schmid, dass Bronner sie persönlich am Handy anruft und zu einem Termin am Nachmittag bittet. Bei dem Gespräch eröffnet er ihr Folgendes: „Sie sind nun seit einiger Zeit im Haus und machen Ihren Job sehr gut. Sie sind eine der Kandidaten für die Nachfolge Sperls." Föderl-Schmid antwortet: „Nein, danke. Diese Schuhe sind mir zu groß."

Das Bronner'sche Familienleben hat inzwischen eine kleine, aber signifikante Veränderung erfahren. Seit seiner Rückkehr aus Florida wohnt auch Gerhard Bronner im Zinshaus in der Böcklinstraße beim Prater. „Er war ein sehr kühler, in vieler Hinsicht schwieriger Mensch, und deshalb war es am Anfang nicht leicht. Aber mit der Zeit ist er aufgetaut, und ich habe ihn sehr lieb gewonnen und er mich auch. Ich kann mich erinnern, wie wir einmal von einem längeren Urlaub aus Israel zurückgekehrt sind, und er stand in der Tür und hat gesagt: ,Ihr habts mir gefehlt. Das Haus war so leer ohne euch.' Dann hat er uns zum Essen in der

Meierei eingeladen. Das war nach außen hin keine große Sache, aber für seine Verhältnisse war das denkwürdig", erzählt Andrea Bronner. Mit Enkel Leonard, der den Schmäh des Großvaters geerbt hat, verbindet Gerhard Bronner eine besondere Beziehung, die ihren Ausdruck unter anderem in gemeinsamen Besuchen am Fußballplatz findet. Zuletzt schreibt er an einem Musical, das auf dem Roman „Hotel Savoy" von Joseph Roth basiert. In einem Interview mit dem „Standard" sagt er darüber: „Ich habe so viele Träume geträumt in meinem Leben, aus denen nichts geworden ist. Es würde mich nicht wundern, wenn auch aus diesem nichts würde." Die Einladung zum Essen in die Meierei bildete eine der letzten Zusammenkünfte von drei Generationen der Familie Bronner. Am Freitag, dem 19. Jänner 2007, erliegt Gerhard Bronner den Folgen eines Schlaganfalls, den er wenige Tage zuvor erlitten hat. „Es wäre schöner, wenn es ein paar Jahre später passiert wäre", sagt Oscar Bronner. „Aber besser, er konnte bis kurz vor seinem Tod auftreten, als dass er nach dem Schlaganfall fünf Jahre dahingesiecht wäre. Wir haben nie darüber gesprochen. Aber ich gehe davon aus, dass er es auch so gesehen hätte."

Obwohl Morbus Hodgkin nicht genetisch bedingt ist, erkrankt zur gleichen Zeit auch noch Oscar Bronners Tochter Laura an derselben Krebsart wie ihr Halbbruder Alexander. Im gleichen Alter wie er damals, mit nur 17 Jahren. Auch wenn sie, wie seinerzeit Aco, auf die medizinische Behandlung anspricht, können die Ärzte wie bei ihm erst nach fünf Jahren endgültig Entwarnung geben.

Anfang 2007 laden Klaus Josef Lutz und Hanswilli Jenke, die damaligen Geschäftsführer des Süddeutschen Verlages, Alexandra Föderl-Schmid nach München ein. Die zwei Manager geben sich vor allem von ihrer Detailkenntnis der deutschen Innenpolitik beeindruckt. Kaum ist sie wieder in Wien gelandet, hat sie Bronner am Handy. „Wie ist es gelaufen?", will er wissen. „Hat es funktioniert?" Föderl-Schmid glaubt immer noch, nur eine von mehreren Kadidaten zu sein, sie hält einen der Chefs vom Dienst für den Favoriten. Am folgenden Tag sitzt sie wieder in Bronners Büro. Er fragt sie: „Wären Sie bereit, die Chefredaktion des ‚Standard‘ zu übernehmen?" Ein letztes Mal zählt Föderl-Schmid auf, was ihr zu einem Sperl fehle. Sie fragt, ob sie, mit ihren gerade erst 35 Jahren, für diesen Job nicht zu jung sei. Bronner antwortet: „In Ihrem Alter war ich schon in Pension." Am 15. Februar 2007 unterschreibt Alexandra Föderl-Schmid ihren neuen Arbeitsvertrag. Am nächsten Tag, während der Morgenkonferenz, geht ein E-Mail an alle Mitarbeiter: „Oscar Bronner hat etwas zu verkünden und will darauf anstoßen." Die „Standard"-Belegschaft versammelt sich in den Prunkräumen des Palais. Bronner gibt seine Entscheidung bekannt. Die Redaktion applaudiert, heftig und herzlich.

Wenige Wochen später trifft Bronner bei einer Ausstellung zur Erinnerung an den Anfang des Jahres verstorbenen Künstler Adolf Frohner auf die ehemalige „profil"-Redakteurin Trautl Brandstaller. „Ich gratuliere Ihnen zu Ihrem Mut, eine Frau zu bestellen", sagt Brandstaller, die ihm so einen Schritt angesichts ihrer Erfahrungen in den Siebzigerjahren nicht zugetraut hat. Bronner, der derlei nicht zum ersten Mal hört, antwortet grantig: „Dazu bedarf es keines Mutes. Sie war einfach die Beste." Zum Amtsantritt Föderl-Schmids am 1. Juli 2007 schreibt Bronner in einem Herausgeberbrief: „Leider ist es immer noch ungewöhnlich, wenn eine Frau eine Spitzenposition übernimmt. Daher werde ich immer wieder gefragt, ob dies bei der Auswahl eine Rolle gespielt hat. Meine Antwort: Die Chefredaktion ist über die journalistische Arbeit auch für den wirtschaftlichen Erfolg einer Zeitung mitverantwortlich. Da wäre es fahrlässig, sich nicht für die bestmögliche Option zu entscheiden."

Alexandra Föderl-Schmid nimmt das Heft beim „Standard" rasch in die Hand. Sie wechselt Ressortleiter und Mitarbeiter aus und setzt sogar durch, wogegen sich Bronner lange gewehrt hat: Veränderungen beim Layout. „Wir haben die Layoutreform bisher in rund 80 verschiedenen Einzelschritten umgesetzt. Er ist mit mir diesen Weg gegangen, und ich habe – zugegeben, gegen mein Naturell – eingesehen, dass viele kleine, langsame Schritte die richtige Methode sind", sagt Föderl-Schmid Ende des Jahres 2012.

Den Veränderungen in Wien folgen größere in München. Bisher haben fünf Familien die Mehrheit am Süddeutschen Verlag gehalten. Im Februar 2008 wird diese von der Südwestdeutschen Medien Holding übernommen. Deren Hauptgesellschafter ist die Ludwigshafener Medien Union, neben Springer und der WAZ das dritte große Zeitungsimperium Deutschlands. Die neuen Herren klopfen sofort alle Beteiligungen der „Süddeutschen" auf ihre Rentabilität ab. Am „Standard", der nun schon seit fünf Jahren Gewinne schreibt, haben sie nichts auszusetzen. Einer Zusammenarbeit mit dem neuen Geschäftspartner würde dementsprechend nichts im Weg stehen. Weil der Vertrag mit den alten Eigentümern aber eine entsprechende Option enthält, hat sich für Oscar Bronner durch den Besitzerwechsel die Gelegenheit ergeben, seinen neuen Partner auszuzahlen. Er bespricht die Konsequenzen eines Rückkaufs des 49 Prozent-Anteils am „Standard" mit seiner Frau. „Die Frage hat ihn Tag und Nacht beschäftigt. Aber am Ende war klar: Er kann nicht mit den Ludwigshafnern", erzählt Andrea Bronner. Ende Juni 2008 steht Oscar Bronners Entschluss fest, wieder hundertprozentiger Alleineigentümer des „Standard" zu werden. Mitte August informiert er die Öffentlichkeit, dass er die Südwestdeutsche Medien Holding auszahlen wird. Käufer der 49 Prozent ist die Bronner Online AG, die derStandard.at herausgibt. Das Geld bringen beide unter dem „Standard"-Dach versammelten Firmen auf.

Der Rest stammt aus einem Kredit, der laut Bronner „anders als seinerzeit beim Bank-Austria-Kredit mit keinen Bauchschmerzen verbunden ist". Als der „Standard" am 19. Oktober 2008 seinen 20. Geburtstag feiert, stellen sich die Eigentümerverhältnisse folgendermaßen dar: 49 Prozent Bronner Online AG (an der langjährige Mitarbeiter 2,25 Prozent halten), 41 Prozent Bronner Familien-Privatstiftung, 10 Prozent Oscar Bronner. Heute sind die Unternehmen in der Holding Standard Medien AG zusammengefasst. Andrea Bronner: „Es hat sich seitdem nie die Frage gestellt, ob es die richtige Entscheidung war. Und das ist ihm und mir im Grunde auch egal. Das Einzige, was zählt, ist, dass es für ihn die richtige war." Ob seine Kinder eines Tages den „Standard" übernehmen werden? „Ich wollte mit der Zeitung keine Dynastie begründen. Wenn meine Kinder die Lust und die Fähigkeiten haben, mir eines Tages nachzufolgen, werde ich sie dabei unterstützen. Aber ich will sie nicht damit belasten, indem ich sie darauf hintrimme oder auch nur hinführe." Alexander Mitteräcker arbeitet heute als Co-Geschäftsführer des „Online-Standard" und sitzt im Vorstand der Holding. Laura Bronner studiert im englischen Oxford Politikwissenschaften mit Schwerpunkt Vergleichende Demokratieforschung und hatte eine Zeitlang überlegt, Journalistin zu werden. Im Sommer 2008 hat die damals 19-Jährige ein Praktikum bei „profil" absolviert. Leonard Bronner hat im Herbst 2012 an der kalifornischen Eliteuniversität Stanford ein Wirtschaftsstudium begonnen. Oscar Bronner wurde im November einstimmig zum Präsidenten des Österreichischen Presserats gewählt, dem Selbstkontrolle-Organs der heimischen Zeitungen. Die Marke „Standard" wird heute von drei Leuten geführt, „die alle mein absolutes Vertrauen genießen".

Alexandra Föderl-Schmid fungiert mittlerweile auch als Co-Herausgeberin von Print- und Online-„Standard" („Für mich gilt: Wo ‚Der Standard' draufsteht, muss Qualitätsjournalismus drinstehen. Das gilt für die Zeitung wie fürs Internet"). Ihrem Chef streut sie nach rund fünf Jahren an der Spitze des Unternehmens Rosen: „Im ersten Jahr war er sehr viel da, hat mich unterstützt und ist für alle Fragen offen gewesen. Und er hat sich bei Teamdiskussionen nie direkt eingemischt. Wenn er mir etwas zu sagen hatte – weil er naturgemäß nicht immer hundertprozentig mit allem einverstanden war, was ich vorgeschlagen habe –, hat er mir das nie coram publico, sondern immer unter vier Augen gesagt. Heute bin ich dafür dankbar, dass er immer gerne noch mitmischt, auch wenn er nicht mehr in den Tagesbetrieb involviert ist. Uns schützt sein Blick aus der Distanz nicht selten vor Betriebsblindheit." Zusätzlich zu ihr und Online-Chefredakteurin Gerlinde Hinterleitner stieß im August 2012 die junge Journalistin Anita Zielina zum Führungsteam, die beiden Medien als stellvertretende Chefredakteurin dient. Föderl-Schmid: „Wir haben uns nicht zu einer Zusammenlegung, sondern einer Zusammenarbeit zwischen Print und Online entschieden und damit werden wir auch künftig gut fahren."

Ein kleines Stück Mediengeschichte hat das Triumvirat bereits geschrieben. Nachdem am Abend des 11. März 2011 – einem Freitag, die Wochenendausgabe war bereits in der Druckerei – bekannt geworden war, dass ein Erdbeben und ein Tsunami das japanische Atomkraftwerk Fukushima zerstört hatten, produzierte das „Standard"-Printteam unter Föderl-Schmids Leitung die erste Sonntagsausgabe in der Geschichte der Zeitung, die online kongenial umgesetzt wurde. 2013 sind beide „Standard"-Redaktionen erstmals seit Gründung des derStandard.at – wenn auch unter gänzlich anderen Kräfteverhältnissen – wieder unter einem Dach vereint, in einem Haus an der Vorderen Zollamtsstraße in Wien-Landstraße. Die Immobilie, die 1965 als Hauptsitz für die damalige Zentralsparkasse errichtet wurde, wurde nach Plänen des Architekten Heinz Neumann generalsaniert. Die Büros von Redaktion und Verwaltung der Standard Medien

AG sind in den ersten drei Etagen auf einer Bürofläche von insgesamt 6.000 Quadratmetern angesiedelt. Was kommt jetzt noch, Herr Bronner?

„Ich versuche, mich konsequent überflüssig zu machen. Ich habe der Zeitung gegeben, was ich zu geben hatte. Nun müssen sie Jüngere mit neuen Ideen weiter entwickeln. Anlässlich des zehnjährigen Jubiläums des ‚Standard‘ habe ich gesagt: ‚Ich werde die Zeitung noch zehn Jahre lang leiten, dann will ich wieder malen.‘“ Zum 20-jährigen Jubiläum im Jahr 2008 hat Oscar Bronner seinen Mitarbeitern mitgeteilt, dass er sich schrittweise aus der operativen Tätigkeit zurückziehen wird. Ende 2012 bereitet er seine erste Ausstellung nach einem Vierteljahrhundert vor.

Epilog

Zuletzt sei Dank angebracht. An Oscar Bronners Sekretärinnen Beatrix Prüwasser und Angela Pieta, die unsere Anfragen und Terminbitten während der Arbeit an der ersten Ausgabe dieses Buches stets in jener ihnen eigenen Art erduldeten, die sie zu den wahrscheinlich besten Chefsekretärinnen des Landes macht. Weiters geht unser Dank an WolfErich Eckstein, Leiter der Servicestelle Matrikeln bei der Israelitischen Kultusgemeinde Wien für die Hilfe bei den Recherchen zur Geschichte von Oscar Bronners Familie; an die ehemalige „Datum"-Textchefin Michaela Maywald für die „Last-Minute-Checks" der Erstausgabe; sowie an die Belegschaft des Café Limbeck und an Frau Margit vom Café Malipop in Wien-Landstraße, die es einem der Autoren mittels großzügigen Anschreibens ermöglichten, die erste Ausgabe dieses Buchs zeitgerecht fertigzustellen und währenddessen nicht zu verhungern und zu verdursten.

Vor allem aber sei drei Menschen gedankt, ohne die dieses Buch niemals hätte zustande kommen können. Erstens dem Historiker Klemens Kaps, ohne dessen Kenntnisse, Konsequenz und Genauigkeit in Sachen Stammbaumforschung im In- und Ausland und sein Wissen um den korrekten Umgang mit Magistratsbeamten der Stadt Wien die Autoren ob der komplizierten Familiengeschichte Oscar Bronners nicht nur einmal den Mut verloren hätten. Zweitens dem Literaturwissenschafter und Betriebswirt Matej Kundracik, der in tage- und nächtelanger Arbeit sämtliche

Interviewbänder für dieses Buch abgetippt und unschätzbare Recherchearbeit bei der Verifizierung von Namen, Orten und Daten geleistet hat. Drittens dem „Datum"-Textchef Thomas Unger, dem besten Freund und Lektor, den sich ein Autor wünschen kann. Für die Art von Dankbarkeit, die wir für diese drei Menschen empfinden, gibt es keine Worte. Wir danken Oscar und Andrea Bronner und ihrer Familie für das Vertrauen.

Inhalt

Die Autoren

JM Stim (aka Klaus Josef Stimeder) lebt und arbeitet als Autor und Journalist in New York City. In Österreich und Deutschland wurde der ehemalige Außenpolitikreporter unter anderem als Gründer und Herausgeber des vielfach international ausgezeichneten Monatsmagazins „DATUM – Seiten der Zeit" bekannt. Sein im Dezember 2011 erschienenes Buch „Hier ist Berlin", ein Essay über die deutsche Hauptstadt, wurde bisher in vier Sprachen übersetzt.

Eva Weissenberger ist Chefredakteurin der „Kleinen Zeitung" Kärnten und lebt und arbeitet in Klagenfurt. Die vielfach ausgezeichnete Journalistin (Kurt Vorhofer-Preis 2009, Ambassador Milton Wolf Fellowship der Duke University, North Carolina 2004, Spitze Feder 2002) arbeitete zuvor für „Die Presse", „Falter" und den ORF („Report").